证券侵权
民事赔偿标准研究

袁　康　等／著

法律出版社
LAW PRESS·CHINA
——北京——

图书在版编目(CIP)数据

证券侵权民事赔偿标准研究 / 袁康等著. -- 北京 :
法律出版社, 2022
(金融创新与法治发展丛书)
ISBN 978-7-5197-6367-1

Ⅰ. ①证… Ⅱ. ①袁… Ⅲ. ①证券交易-侵权行为-赔偿-研究-中国 Ⅳ. ①D923.84②D922.287.4

中国版本图书馆 CIP 数据核字(2022)第 008602 号

证券侵权民事赔偿标准研究
ZHENGQUAN QINQUAN MINSHI PEICHANG BIAOZHUN YANJIU

袁 康 等著

策划编辑 沈小英
责任编辑 陈 妮 黄 筝
装帧设计 李 瞻

出版发行 法律出版社
编辑统筹 法治与经济出版分社
责任校对 晁明慧 王 皓
责任印制 吕亚莉
经　　销 新华书店

开本 710 毫米×1000 毫米 1/16
印张 14 **字数** 213 千
版本 2022 年 4 月第 1 版
印次 2022 年 4 月第 1 次印刷
印刷 北京虎彩文化传播有限公司

地址:北京市丰台区莲花池西里 7 号(100073)
网址:www.lawpress.com.cn
投稿邮箱:info@lawpress.com.cn
举报盗版邮箱:jbwq@lawpress.com.cn
销售电话:010-83938349
客服电话:010-83938350
咨询电话:010-63939796

书号:ISBN 978-7-5197-6367-1
定价:68.00 元

凡购买本社图书,如有印装错误,我社负责退换。电话:010-83938349

作者简介

张 阳 山东日照人，法学博士，武汉大学法学院讲师，美国密西西比大学、澳大利亚墨尔本大学访问学者。在《法学》《华东政法大学学报》《中国金融》等期刊发表论文 20 余篇，主持中国法学会部级课题、中国证券业协会重点课题，参与国家社科基金、教育部、司法部、上海证券交易所、上海金融法院等课题多项。获教育部国家奖学金、王保树商法学优秀博士论文奖、中国商法学研究会论文一等奖、中国证券法学研究会论文二等奖、全国挑战杯比赛一等奖等荣誉奖励。

张 梁 湖北十堰人，武汉大学法学院经济法专业博士研究生，马克斯-普朗克比较法与国际私法研究所联合培养博士研究生。主要研究方向为证券法、公司法。在《湖北大学学报（哲学社会科学版）》《湖北社会科学》《金融法苑》等CSSCI期刊发表论文多篇，参与教育部哲学社会科学重大攻关项目、国家社科基金重点项目等省部级及以上项目5项，科研成果获省部级奖项3项。

张弋羲　河南南阳人，法学博士，经济学博士后，深圳职业技术学院经济学院讲师。主要研究方向为公司法、金融法。在《证券市场导报》《证券法苑》等核心期刊发表论文多篇。参与合著《债券市场风险防范的法治逻辑》等著作。

阎维博　湖北武汉人，法学博士，武汉大学资本市场法治研究中心研究人员。主要研究方向为经济法、金融法。在《现代法学》《私法》等核心期刊发表论文多篇。参与教育部哲学社会科学重大课题攻关项目、国家社科基金重点项目、司法部国家法治与法学理论研究项目、中国法学会部级法学研究课题等省部级以上项目多项。

张东昌　法学博士，湖南大学法学院助理教授。主要研究方向为金融法。在《现代法学》《证券法苑》《证券市场导报》《经济法论坛》等核心期刊发表多篇学术论文。出版专著《从市场分割到互联互通——债券市场发展的模式转换及制度实现》。主持和参与了国家社科基金青年项目、湖南省教育厅科学研究项目、教育部哲学社会科学研究重大课题攻关项目等课题多项。

总　　序

当下,“大众创业、万众创新”的浪潮正在席卷华夏大地,“创新是一个民族进步的灵魂,是国家兴旺发达的不竭动力”再度得到广泛关注。就金融法而言,创新从来就是其立足的根基与制度变迁的主线,金融创新作为经济与社会发展动力之源的认知早已成为无可置喙的经验常识。作为一种“创造性破坏”的力量,金融创新是一把典型的“双刃剑”,既能够创造经济效益和社会福利,也会带来经济灾难和社会病痛,其对经济与社会发展毁誉参半的复杂影响和功罪交集的矛盾冲突当属这种双重角色的典型映射。尤其是在2008年全球金融危机发生之后,批判与反思金融创新的言论甚嚣尘上,甚至将金融创新当作金融危机的罪魁祸首。但回到我国的现实语境,我们面临的不是创新过度而是创新不足,我们需要的是在加强金融监管的前提下鼓励、培育和引导金融创新而不是因噎废食地抑制、阻却甚至扼杀金融创新。在全面推进依法治国的时代背景下,如何通过金融法治助推金融创新,扬长避短、趋利避害,成为亟待思考和研究的重大现实问题。

近年来,我国金融市场的法律制度供给日益丰富,反映出金融市场发展过程中的“立法饥渴”,暗含着通过金融法治为金融改革保驾护航的美好期待。然而,“徒法不足以自行”,有法律不代表有法治,金融法律制度的不断供给并不意味着金融法治秩序的持续增长。金融法治可以从金融法的运行状态、运行方式、运行程度和运行过程四个方面进行衡量。就其运行状态而言,金融法治指涉的是金融法本身的合法性问题,其合法性评判的形式标准应看金融法的制定是否符合民主立法程序,实质标准应看法律条款的内容是否符合公平正义的自然法原则和人权保障精神。就其运行方式而言,金融法治主张金融市场主体和金融监管机构都要守法,但更强调金融监管机构首先应守法。就其运行程度而言,金融法治强调“法的统治”,突出金融法的目的性价值,以法律至上为价值圭臬。就其运行过程而言,金融法治表达了从金融法的形成、遵守、实施到产生预期的、最佳的法律秩序状态。显然,我国金融市场的现实状态与金融法治的理想状态还有相当大的距离,金融创新所依赖的法制权威性、法制整合力、法制公信力、法制执行力、法制创新力等因素尚未齐备,金融创新与法制变革的良性互动关系尚未形成。因此,我国必须继续推进金融体制改革,进一步放松管制,改进监管,寻求金融创新与金融监管的竞争性平衡,为经济和社会发展提供源源不断的创新动力。

武汉大学法学院是全国较早开展金融法教学与科研的单位之一。2004年,经济法专业开始挂靠民商法专业博士点招收金融法方向的博士研究生。2010年设立经济法博士点之后,金融法成为专门的博士生招生方向。2014年,武汉大学资本市场法治研究中心成立,成为全国第一家专门从事资本市场法律问题研究的学术机构。十余年来,武汉大学法学院金融法学科承担了国家社科基金、教育部重大攻关课题等多项国家级和省部级科研项目,出版与发表了大量的学术专著与专业论文,在公司资本制度、公司融资法、互联网金融法制、金融法基础理论等方面取得了有较大影响力的学术成果,为社会培养了一大批高层次专门人才。为进一步推动武汉大学资本市场法治研究中心的发展,提升人才培养和学术研究水平,强化学科建设与社会服务力度,我们决定出版“金融创新与法治发展丛书”,集中展示金融法领域具有思想性、前沿性和创新性的学术精品。本丛书的入选标准坚持学术性,要求立足学术前沿,追求学术创新,注重学术规范,恪守学术伦理。热忱欢迎有更多的金融法著作入选“金融创新与法治发展丛书”,也希望“金融创新与法治发展丛书”的连续出版能为促进学术研究繁荣和推动金融法治进程贡献绵薄之力。

是为序。

冯　果

2015 年岁末

目 录

导　论

证券市场的快速发展，客观上要求与证券违法行为相伴相生的投资者救济机制能够跟得上时代的脚步。在行政处罚、刑事制裁和民事赔偿三大投资者救济途径中，民事赔偿因其具有直接性和补偿性特征，对有效保护投资者受损利益起着至关重要的作用。而证券侵权民事赔偿标准是投资者能够有效主张证券侵权民事赔偿诉讼请求的关键。但是毋庸讳言，我国证券侵权民事赔偿标准尚未完全建立，在制度设计上的缺陷主要体现在以下几个方面：第一，制度构建仅局限于虚假陈述民事赔偿，内幕交易和操纵市场的民事赔偿标准尚未形成。我国证券法律、法规规范群所规定的法律责任主要是行政责任和刑事责任，对于证券侵权行为的民事赔偿并未予以规定。证券侵权民事赔偿标准的制度构建主要依赖最高人民法院在司法实践中颁布的司法解释。第二，个案实践在民事诉讼上呈虚假陈述案件单一化特征，但替代性赔偿上也出现了颇多亮点。事实上形成了只有虚假陈述民事赔偿案件的司法实践，内幕交易和操纵市场民事赔偿标准在我国司法实践中并无太多案例可循。但是除诉讼外，法院、监管层和市场也在寻求替代性的赔偿方案上作出了诸多尝试，而替代性赔偿方案中的赔偿标准的选择也为建立证券侵权民事赔偿标准提供了经验积累。进一步对证券侵权民事赔偿标准进行系统性的深化研究，为证券侵权民事责任的落实和投资者民事权利救济提供制度供给，在当前证券市场发展和证券法制完善的背景下具有重要的理论与实践价值。

证券侵权民事赔偿标准是一组彼此关联的概念整体，包括赔偿责任认定标准、赔偿数额确定标准和赔偿责任分配标准，贯穿行为发生、责任涵摄、损失计算、主体归责、责任分配从证券侵权行为发生到证券侵权责任认定，再到证券侵权责任承担这一证券侵权民事赔偿案件全部流程。所谓赔偿责任认定标准，是指能够据以认定某种类型的证券市场违法行为是否符合证券侵权责任规范要件的依据，包括客观认定标准和主观认定标准两类。对于具体的证券市场违法行为事实能否为该认定标准所涵摄，一般遵循从客观认定标准到主观认定标准的逻辑脉络。赔偿责任认定标准是证券侵权责任分析的逻辑起点，也是判断证券侵权行为是否承担侵权民事赔偿责任的概念基础。赔偿数额确定标准，是指在认定侵权人应当对其行为承担赔偿责任的基础上，如何确定被侵权人的损失范围，进而通过何种计算方法对被侵权人的损失范围予以限定和明确。赔偿数额确定标准是证券侵权民事赔偿标准的核心，损失范围的界定体现立法者的基本立场，而损失计算方法在成熟资本市场国家则是司法者发挥自由裁量权的主要场域。所谓赔偿责任分配标准，是指侵权人因其行为给被侵权人造成损失之后，应当依据何种归责原则对各个侵权人的行为进行追诉，以及如何确定不同证券侵权主体之间的赔偿责任的规范标准。赔偿责任分配标准主要解决证券侵权责任如何在赔偿义务人之间合理配置的问题，对于赔偿责任分担的认定既是体现立法智慧、权衡各方利益关切之后的制度选择，也是回应被侵权人基本诉求、正当分配被侵权人所担责任的现实基础。

本书围绕证券侵权民事赔偿标准这一命题，结合虚假陈述、内幕交易和操纵市场3种典型的证券侵权行为，着重从两个层面展开研究：一方面，从理念价值层面上对证券侵权民事赔偿标准的内涵进行阐释，探讨证券侵权民事赔偿标准的构成要素，据此明确证券侵权民事赔偿标准的确定原则；另一方面，分别就虚假陈述、内幕交易和操纵市场这3种典型的证券侵权行为的民事赔偿标准进行研究，提出具体的标准确定方案。全书包括以下6个章节：第一章尝试对证券侵权民事赔偿标准的构成要素进行界定，剖析了证券侵权民事赔偿标准的具体特点，并提出了证券侵权民事赔偿标准的确定原则；第二章、第三章和第四章分别从虚假陈述、内幕交易和操纵市场3种证券侵权行为出发，分析每种证券侵权行为的认定标准、数额确定标准以及责任分配标准的具体内容；第五章在充分考虑我国证券市场民事赔偿实践和未来发展的基础上，就先行赔付制度提出相应的制度设计构想；第六章在前五章的基础上提出我国证券侵权民事赔偿的立法与司法相衔接的具体制度构建方案。

第一章　证券侵权民事赔偿标准的构成要素与确定原则

一、证券侵权民事赔偿标准的构成要素

（一）赔偿责任认定标准

赔偿责任认定标准，是据以判断证券侵权行为是否承担侵权责任的依据。理论上一般分为客观认定标准（要件）和主观认定标准（要件）两大类，但在此两大类项下具体构成要件则有诸多分歧。在认定某一证券侵权行为是否承担侵权责任时，须遵循的一般分析路径为：先判断该行为是否符合客观认定标准，再判断该行为是否符合主观认定标准，即从客观到主观的分析逻辑。

客观认定标准，是证券侵权行为的外在表现形式，以认定证券侵权民事赔偿责任的基础。包括违法行为、损害结果和违法行为与损害结果之间的因果关系。按照先客观、后主观的分析路径，行为的违法性判断是衡量某一侵权行为是否承担责任的关键，而违法行为必须满足“重大性”标准。证券市场上的信息来源极为广泛，倘若任何可能导致投资者损失产生的行为都被赋予请求权基础，那么证券市场将呈现诉讼较多的情景，不利于证券市场健康、正常运行。因此，无论是虚假陈述行为，还是内幕交易行为，在认定其是否构成证券侵权行为时，都必须坚持“重大性”标准。在虚假陈述行为中，是对“重大事件”作出虚假记载或误导性陈述，或是在披露信息时发生重大遗漏。在内幕交易行为中，内幕信息必须是“重大的”。只有在对违法行为的重大性进行判断之后，其他构成要件的分析才能依次展开，“重大性”标准是我国证券侵权民事责任的认定的前提要件。

主观认定标准，是指在满足客观认定标准之后，应依何种主观归责依据使其负责的标准。此种标准体现了法律对证券侵权行为的价值判断。传统

侵权责任以过错责任为原则，以其他归责原则为补充。过错责任，是指侵权人必须对损害结果具备主观上的故意或者过失。所谓故意，是指侵权行为人对违法行为所产生的损害结果明知，且希望或放任损害结果的发生。所谓过失，是指侵权行为人对违法行为所产生的损害后果应当知悉，但由于疏忽大意或者过于自信而导致了损害结果的发生。伴随社会发展，证券侵权责任归责原则逐渐向传统侵权法靠拢，形成了以过错责任为基础，以无过错责任和过错推定责任为支撑的归责体系。具体而言，虚假陈述行为主要采无过错责任、过错责任和过错推定责任，内幕交易和操纵市场行为则以行为人过错作为认定其是否承担民事赔偿责任的主要依据。

(二)赔偿数额确定标准

在明确赔偿责任认定标准之后，赔偿数额如何确定就成了侵权人和被侵权人最关心的议题，赔偿数额确定标准直接关乎侵权人和被侵权人的直接利益。域外发达国家证券市场发展的经验表明，采取何种计算方法确定侵权人致损数额是一个至关重要的问题。就虚假陈述行为而言，以美国为代表的证券市场较为成熟的国家一直在讨论计算赔偿额的价格基准应如何排除欺诈因素对证券价格的影响，由此形成了以直接损失法为主，以其他方法为辅的损失计算方法群，①包括直接损失法、撤销交易法、返还不当得利法、赔偿期待利润法、补进法、重新卖出价格法、平均分摊法等。② 就内幕交易而论，损害赔偿数额通常根据原告所受损失加以确定，一般而言包括实际价值法、实际诱因法、差价计算法和返还不当得利法 4 种。其中差价计算法较为合理且易于操作，实践中被大多数国家和地区采用。在操纵市场案件中，法院主要有毛损益法和净损差额赔偿计算法两种，而实践中多以净损差额赔偿计算法来确定被告致损数额。综观域外国家或地区诸多有关证券侵权赔偿数额计算的方法，直接损失法是立法机构和法院在制定赔偿数额认定标准和审理证券欺诈侵权案件时最常采用的方法，该方法的基本理念在于将欺诈信息(因素)对证券价格的影响直接关联，通过确定欺诈因素对证券价格的影响程度，进而确定侵权人应当在多大程度承担赔偿责任。与此同时，侵权人不应对其他因素对被侵权人造成的投资损失承担赔偿责任。直接损失法的优点在于

---

① 参见王丹：《证券虚假陈述损害赔偿计算方法论》，载《法学》2003 年第 6 期。

② 参见张明远：《证券投资损害诉讼救济论》，法律出版社 2002 年版，第 89 页。

可以直接确定欺诈因素对证券价格的影响,符合传统侵权法理论对于损失数额计算的一般思路,但其缺陷在于,“真实价值”这一抽象概念难以确定且因对其内涵理解不同进而导致实践中计算结果差异甚大。修正的直接损失法则可避免这一状况的发生,虽不能完全精准认定侵权人具体致损数额,但可使损失数额的计算结果较符合客观实际损失结果,最大限度保护投资者利益。未来,我国证券侵权赔偿数额确定标准的制定应参酌直接损失法的基本理念,适当借鉴修正的直接损失法中的合理要素,依此合理配置原、被告之间权利义务。

(三)赔偿责任分配标准

赔偿责任分配标准主要解决证券侵权责任如何在赔偿义务人之间合理分配的问题。基于不同的责任基础,赔偿义务人分为主要赔偿义务人和次要赔偿义务人,主要赔偿义务人包括上市公司与承销商,次要赔偿义务人包括会计师事务所、律师事务所和资产评估机构等中介服务机构。各个赔偿义务人对证券侵权行为共同承担连带责任,在内部,不同赔偿义务人承担的责任是不同的,不能按照简单的相同比例均等划分赔偿责任。

我国当前证券立法尚未制定证券侵权赔偿责任的内部分配标准,在确定不同责任主体之间责任如何划分时,通常以行政机关的前置性处罚结果作为认定除上市公司、承销商等主要赔偿义务人外的赔偿义务人是否构成共同侵权的依据。以我国司法实践中案例素材较为丰富的虚假陈述案件为例,通常由行政机关认定中介机构在发行人的虚假陈述中存在违法事宜,再由法院据此认定中介机构的民事责任。而在认定主要赔偿义务人与次要赔偿义务人之间承担责任的具体份额时,法院往往享有较大的自由裁量权,对于责任的分配通常难以形成较具确定性与一致性的司法裁判结果,不利于法律权威的树立和法院公信力的塑造。

二、证券侵权民事赔偿标准的确定原则

(一)易于确定性

证券侵权民事赔偿标准应当具备易于确定的特征,使各级法院在审理证券侵权民事赔偿案件时有法可依、有章可循。就司法实践中出现的大量虚假陈述民事赔偿案件而言,充分提炼、总结相关司法解释施行十数年以来的实践经验与学术界研究成果,对虚假陈述损失数额计算方法的完善、系统风险

存在与否以及致损数额的认定、损失计算时点的确定等可以具体明确的法理与规则进行梳理和总结，是当前学术研究的燃眉之急。就内幕交易与操纵市场民事侵权赔偿案件而言，清晰界定该类案件中的投资者保护范围、确定损害赔偿计算的基本思路、明确内幕交易中的真实价格等，是当前学术研究需要向前推进且极富现实意义的研究命题。

证券市场的发展要求证券侵权民事赔偿标准应易于确定、具有可操作性。随着我国证券市场的发展壮大，客观上，证券侵权民事赔偿案件越来越多，在数量上呈现快速增长的态势。受制于法院审理该类案件经验之多寡、不同区域间法治水平的差异、现行规范群体系的不确定性等因素的影响，证券侵权民事赔偿标准须满足不同层级法院审理该类案件的实践需要，对审理该类案件经验匮乏的地区法院而言更是如此。易于确定性原则是制定证券侵权民事赔偿标准的首要原则，将易于确定的损失计算方法与时点认定规则通过立法形式予以明确，不仅回应了证券市场日益发展所带来的相关案件增多的现实审判需求，也能够增强法律的确定性，为证券市场投资者提供更为充分保护。

（二）直接性

受证券侵权行为影响的是投资者，投资损失是其所持证券在有效市场前提下正常价格与受到欺诈后价格之间的差额，此差额构成投资者的直接损失，依附证券价值而发生的佣金与印花税，也在直接损失范围之内。就虚假陈述民事赔偿案件而言，投资者的直接损失为虚假陈述揭露日之后卖出时或持有至基准日时证券交易价格与投资者买入证券时交易价格之差。就操纵市场民事赔偿案件而言，投资者的直接损失由两部分构成，即投资者以遭到扭曲的不实价格买入股票受到的投资损失与卖出股票时受到的投资损失。就内幕交易民事赔偿案件而言，投资者直接损失是通过在内幕信息公开以后一段合理时间内的价格，与证券交易时的价格之差予以确定。综观 3 种证券侵权行为下直接损失的确定方法，可见，认定直接损失的关键在于将证券欺诈侵权影响股价的因素从其他引起股价波动的因素中分离出来。或曰证券侵权行为人只对其证券侵权行为致使投资者所发生的直接损失承担赔偿责任。不考虑系统风险以及投资者的合理减损义务，一概将投资者所有的差价损失、佣金、印花税和资金利息损失纳入赔偿范围的思路是不可取的。

（三）补偿性

证券侵权民事责任制度具有损害填补与预防损害两个功能，损害填补功能因其具有使被侵权人的损害获得实质、完整和迅速的填补之法律效果，能够实现充分保护投资者的证券法立法目的。在制定证券侵权民事赔偿标准的过程中，也应当将补偿性原则置于首要位置，以达到充分保护投资者的合理损失得到有效填补的效果，同时对证券侵权行为人进行惩罚，从而预防和遏制证券侵权行为发生。补偿性原则还体现在对证券侵权所致损失数额进行计算时，应根据侵权行为属于内幕交易、操纵市场还是虚假陈述性质而有所差异，在贯彻补偿性原则确定民事赔偿范围时，有必要对赔偿责任作适当限制，不能简单援引侵权法一般赔偿理论来确定侵权人的责任范围，同时排除精神损害赔偿的可能，排除证券交易中的期待利益等间接损失。

（四）适当性

证券侵权民事赔偿标准需要符合我国证券市场的基本运行状况，使侵权人所承担的民事赔偿责任与其侵权行为对投资者造成的损失程度相当。适当性原则具体包含了“侵权人为自身行为负责”和“侵权人不为不可归责于自身的损失负责”两方面的内容：一方面，在证券欺诈侵权中普遍存在的“合理期间”是侵权人对自身行为负责的最好写照。合理期间的法律意义在于，经过这期间股份的交易，证券欺诈信息在市场中逐渐得到消化，证券欺诈行为对证券市场的影响逐渐减弱，股价可能逐渐恢复至未受证券欺诈行为影响的状态，以此时的股价作为计算损失数额的基数，能够确保被侵权人的受损利益得到较充分的补偿，侵权人承担的民事责任更为公允、适当。另一方面，投资者有合理避免遭受更大损失的义务，侵权人不为不可归责于自身的损失承担责任。例如，美国证券法规定，在证券欺诈行为被揭露之后，如果投资者置其投资损失不顾而不在合理期间内采取避免更大损失的措施，则投资者主观上对本可通过合理避损而减轻损失的扩大部分，具有放任的过失，相应地，投资者对扩大部分丧失了胜诉权。

三、证券侵权行为类型与归责原理

证券侵权责任，是指在证券发行、交易及相关活动中，当事人因违反法定义务，侵害他人财产权益所应承担的法律责任。[①] 证券侵权行为在实践中呈现各种复杂多变的具体形态，不同形态的证券侵权行为由于其表现形式、致

---

① 参见冯果主编：《证券法》，武汉大学出版社 2014 年版，第 324 页。

损原理和损害结果的差异而需要按照不同的方式承担侵权责任,因此不论是在理论上还是在实践中,对证券侵权的具体类型进行有效划分,无疑具有非常重要的意义和必要性。正如考夫曼所言,人类思维对现实世界的把握就是从分类开始的,对事物本质的思考便是一种类型学的思考。①

由于各国和地区理论研究与司法实践情况各异,当前各国或地区对于证券侵权类型的划分并无统一的标准。由于现实中关于虚假陈述、内幕交易、操纵市场等证券行为往往存在一定的交叉与重合,从而导致行为界定和归责处理上会具有较大的难度,因此美国证券执法和司法中通常采取一种比较具有概括性和抽象性的一般规定即反欺诈条款,将各类证券侵权行为统一界定为"欺诈",从而将归责过程中的争议和难题予以规避,比较简单直接地实现行政处罚和民事救济的结果。尽管从类型化区分这一立法技术而言,美国证券法上的证券侵权行为分类存在一定的模糊性,但是这种立法模式事实上也表明,欺诈在各种证券侵权行为的违法性认定中均有重要判断价值,只是由于不同证券侵权行为表现形式各异,因此欺诈很难成为各项证券侵权行为的统一判断标尺。

虚假陈述,是指证券信息披露义务人违反信息披露义务,在提交或公布的信息披露文件中作出违背事实的陈述或记载。② 根据行为人行为方式的不同,虚假陈述主要有如下四种表现形式:虚假记载、误导性陈述、重大遗漏、不正当披露。根据虚假陈述定义可知,引起证券发行主体承担侵权责任的主要原因在于,相关证券责任主体违反了证券法有关信息披露的"全面、真实、及时、准确"的立法意旨,证券发行主体以及其他相关信息披露义务主体所披露的信息存在较明显的欺诈色彩,将会严重干扰证券投资主体的投资判断。

内幕交易,是指证券交易内幕信息的知情人和非法获取内幕信息的人利用内幕信息从事证券交易以获取利益或减少损失的行为。内幕交易行为的核心是内幕信息,内幕信息是指在证券交易活动中,涉及公司的经营、财务或者对该公司的证券价格有重大影响的尚未公开的信息。内幕交易行为之所以须被严格规制,主要原因如下:(1)内幕交易行为违反了证券法的基本原则、损害了广大投资者的合法权益。公开、公平、公正是证券法最典型也是最

---

① 参见王轶:《民法典的规范类型及其配置关系》,载《清华法学》2014 年第 6 期。

② 参见冯果主编:《证券法》,武汉大学出版社 2014 年版,第 325 页。

基础的原则,是证券市场运行的基本条件。内幕人员利用其特殊地位和信息优势,以未对投资者公开的信息与不知情的交易者进行交易,并且无须承担商业风险,这不仅与公开原则的制度要求背道而驰,而且与公平原则的价值理念格格不入。当然,在这一点上,内幕交易与虚假陈述和操纵市场行为都是一致的,对公开、公平、公正原则的违反是此 3 种证券侵权行为必须接受规制的共同原因。(2)从理论上而言,当前学界有关内幕交易的信用义务理论、信息泄露理论与信息盗用理论无一不是围绕着内幕信息展开的。与虚假陈述责任主体违反信息披露义务不同的是,内幕交易主要是以相关责任主体通过非法获取或者非法利用信息的途径创造其与普通投资者之间的信息不对称,进而谋取利益或者减少损失。前者之所以被规制,是因为虚假陈述导致事关证券交易的重大信息未能按照法定要求进行披露,后者则是因为不应或尚未被披露的信息在披露之前被相关责任主体非法利用在客观上形成了信息不对称的状况。

操纵市场,是指个人或机构背离集中竞价和市场供求关系原则,通过各种不当方式影响证券交易价格或证券交易量,制造证券市场假象,人为地操纵证券交易价格,以引诱他人参与证券交易,为自己谋取不当利益或者转嫁风险的行为。操纵市场与虚假陈述、内幕交易在侵权行为表现样态上存在较大差异,该行为往往不限于对证券市场信息进行非法利用,而是直接通过大量的证券交易直接影响证券价格与交易数量,其欺诈成分相对较小。操纵市场行为主体之所以需要承担侵权民事责任,主要是因为该类行为主体的单独或连续买卖、串通相互买卖、冲洗买卖或者自买自卖等非法行为将严重地影响证券市场秩序,对国家金融管理秩序与广大投资者利益而言均会造成直接影响。

四、前置程序

自最高人民法院分别于 2002 年、2003 年发布《关于受理证券市场因虚假陈述引发的民事侵权纠纷案件有关问题的通知》及《关于审理证券市场因虚假陈述引发的民事赔偿案件的若干规定》以来,虚假陈述的侵权民事赔偿责任认定即被明确设定了一定的前置程序,即需有关机关先对虚假陈述行为作出行政处罚或刑事处罚,然后投资者方可依照生效的前述处罚来提起民事赔偿诉讼。十余年来,由于内幕交易和操纵市场始终未有具体法规或司法解释出台,虚假陈述的前置程序规定遂被频频延拓引用。

作为证券侵权民事诉讼的前置程序确有其合理性。首先,前置程序可以形成一道“屏障”,避免因为原告的多重动机而提起的滥诉影响上市公司的正常经营和造成证券市场的波动,防止低成本、低门槛的诉讼导致司法资源的浪费。其次,前置程序所要求的行政处罚和刑事追责能够借助证券监管部门或刑事司法机关强有力的调查取证能力搜集和固定证据,减轻民事诉讼原告的举证责任负担,也能够避免法院和当事人在民事诉讼的事实认定程序中浪费过多资源和精力,从而简化民事侵权赔偿案件的审理。

然而,前置程序的设立亦一直饱受争议。一方面,其削弱了受害人的正当诉权。前置程序的实质是将判定能否采取诉讼的前提条件付诸行政机关或执法部门的公权力判定,一旦行政执法机关怠于执法,投资者便难以行使诉权。这实际上是用一种明确的方式限制了当事人行使诉权。另一方面,将刑事诉讼立案及审理标准强加于本质为民事诉讼的证券侵权民事赔偿诉讼。民事诉讼只要受害投资者符合起诉条件,即有明确被告,有具体事实和诉讼请求即可起诉,而无须审核其事实理由是否确实充分。而刑事诉讼的证明标准要求“案件事实清楚,证据确实、充分”,其标准明显高于民事诉讼。故前置程序的设立实际上提高了受害人采取民事诉讼维权的门槛。此外,前置程序的规定,还导致维权过程烦琐、维权周期冗长,不益于司法执行效率的提升。①

2015 年 12 月 24 日,最高人民法院颁布了《关于当前商事审判工作中的若干具体问题》,其明确了“根据立案登记司法解释规定,因虚假陈述、内幕交易和市场操纵行为引发的民事赔偿案件,立案受理时不再以监管部门的行政处罚和生效的刑事判决认定为前置条件”。此规定正式将施行了十余年的证券领域行政前置程序画上了句点。但前置程序的取消并不意味着投资者不提供任何证据证明被告可能存在证券违法行为即可提起诉讼,投资者仍需举出初步证据证明被告可能存在证券违法行为。如表 1 - 1 所示,初步证据包括但不限于以下 6 种情形,其中交易所的自律监管行为尤其需给予重视。

---

① 刘文:《前置程序成历史,证券民事赔偿之路向何方?》,载证券时报网,http://www.stcn.com/2016/0123/12559091.shtml。

表1-1 投资者举证可使用的初步证据

类属	主体	内容
公主体	证券监督管理机关	对被告进行立案调查
		对被告采取监管措施
	其他机构:公安机关等	对被告涉嫌证券犯罪进行立案调查
公+私	证券交易所	对被告采取监管措施、惩戒或处分
私主体	被告自身:上市公司	已披露更正公告或其他自认违法行为
	外在主体:如媒体等	披露被告存在证券违法行为

交易所处于市场前沿,是一线监管者,其深谙证券违法行为的特征和规律,以其自律管理行为(如监管措施、纪律处分)作侵权认定的标准较为恰当。2015年《关于当前商事审判工作中的若干具体问题》的颁布,更是为其被投资者合法引用提供了法律正当性的注脚。且证券市场发展日新月异,经济和金融活动的发展催生出了很多复杂行为,其合法性难以通过立法事先予以标准化,作为市场"守门人"的监管机构难以及时精准跟进监管。[1] 而交易所则能及时变化,相对动辄修法,动态灵活的市场因应性使其更能富有效率地进行证券侵权判定。随着投资者的逐渐成熟和交易所"独立性"的提高,交易所自律管理行为将日益成为证券侵权认定的重要依据。

证券民事赔偿中的前置程序虽然在现阶段的证券市场中有存在的合理性,但由于缺乏合理的法理支撑和有力依据,不仅在学术界引起广泛讨论,也在司法实践过程中带来了很多困难。设置前置程序只是权宜之计,并非长久之策。取消前置程序后,如何防止滥诉是后续需要关注的重点问题。

集团诉讼(class action)也称代表人诉讼、群体诉讼,指一人或数人代表其他具有共同利害关系的人提起的诉讼,具有共同或同种类法律利益的一方当事人人数众多,且不能进行共同诉讼时,由其代表人进行诉讼的一种制度。[2] 集团诉讼应用得比较普遍,主要被用于环境损害等大规模侵权的案件中,主要是考虑在这类案件中受害者数量众多且多为弱势主体而创造的一种受害者无须直接提起诉讼便可以"搭便车"的形式来享受诉讼利益,代理费

---

① 参见缪因知:《证券诉讼在中国——适用前景与改进方略》,载《北方法学》2012年第1期。

② 参见章武生:《我国证券集团诉讼的模式选择与制度重构》,载《中国法学》2017年第2期。

用的提成机制也可以激励律师事务所等机构积极代表受害者维权。对于证券侵权损害的当事人来说，集团诉讼程序灵活简便、诉讼成本较低；就法院而言，集团诉讼能够实现集中管辖和审理，减少大量程序性工作和重复性审理，避免在处理原告人数众多的证券侵权案件中浪费司法资源，从而提高审判工作的效率。不过，目前我国尚未引入集团诉讼模式，在证券侵权民事赔偿案件中，原告只能选择单独诉讼或共同诉讼的方式提起诉讼。如果采取单独诉讼方式，则是分别立案，合并审理；如果是共同诉讼方式，则是人数确定的共同诉讼。这可能导致证券侵权民事诉讼的原告维权困难，给原告寻求司法救济造成人为的制度障碍和制度成本。切实把原告人数不确定的代表诉讼引入证券民事赔偿诉讼程序中，能够实现民事诉讼程序的相对集中和成本的有效降低，也可以在一定程度上解决单个原告滥诉恶诉的问题。《证券法》在2019 年修订后在第 95 条第 1 款和第 2 款规定“投资者提起虚假陈述等证券民事赔偿诉讼时，诉讼标的是同一种类，且当事人一方人数众多的，可以依法推选代表人进行诉讼。对按照前款规定提起的诉讼，可能存在有相同诉讼请求的其他众多投资者的，人民法院可以发出公告，说明该诉讼请求的案件情况，通知投资者在一定期间向人民法院登记。人民法院作出的判决、裁定，对参加登记的投资者发生效力”。同时，《证券法》在第 94 条第 2 款规定了投资者保护机构对损害投资者利益的行为，可以依法支持投资者向人民法院提起诉讼。从《证券法》修改的思路来看，其没有直接移植集团诉讼模式，而是以更加符合我国民事诉讼制度特点的角度出发，以中国式的代表人诉讼加证券支持诉讼的方式构建了中国证券侵权诉讼的模式。

这对滥诉风险客观上有所减小。滥诉问题会导致诉讼案件的激增，原告数量增加，若诉讼案件激增超过了法院的处理能力，将过度占用司法资源，对法院审判工作造成不良影响。但从现阶段我国证券侵权案件的审理情况来看，法院系统已经积累了许多处理证券侵权案件的经验，并形成了规范化、体系化的处理模式，对证券侵权案件的处理能力已有所提升。同时，2015 年经国务院批准，中国证监会在证券期货领域试点行政和解制度，下发了《行政和解试点实施办法》，并联合财政部下发了《行政和解金管理暂行办法》。上述文件规定，行政相对人因其涉嫌违法行为对投资者造成损失，投资者可以申请使用该行政相对人根据行政和解协议所交纳的行政和解金补偿损失；《公开发行证券的公司信息披露内容与格式准则第 1 号——招股说明书》(2015 年修订)也明确规定:“保荐人承诺因其为发行人首次公开发行股票制作、出具的文件有虚假记载、误导性陈述或者重大遗漏,给投资者造成损失的,将先行赔偿投资者损失。”行政和解与先行赔付为被侵权投资者提供了更多可选的救济途径,在一定程度上分流了进入诉讼程序的证券民事侵权案件,降低了法院系统受相关案件激增影响,不能正常开展业务的可能性。

第二章　虚假陈述民事赔偿标准及其适用

一、证券虚假陈述民事责任的认定标准

(一)虚假陈述概念的界定

1. 虚假陈述的概念

虚假陈述的概念最早源于英国普通法的合同法和侵权法中。[①] 在英美法上,虚假陈述一词为"misrepresentation",是指以语言或其他行为作出与事实的实际情况不符的意思表示。《美国合同法重述(第二次)》将虚假陈述界定为一项"不符合事实地表示"。[②] 美国法学会(American Law Institute,ALI)在对该条进行评析中指出:隐匿与不公开亦可构成虚假陈述行为。在普通法国家,虚假陈述既可以是作为也可以是不作为,而且并不限于言词的形式。在大陆法系民法上,没有虚假陈述这个概念,不过大陆法系国家在证券立法中均借鉴了普通法系中的"虚假陈述"这一概念,并赋予其以具体的内涵。

在我国,最高人民法院于2003年颁布的《关于审理证券市场因虚假陈述引发的民事赔偿案件的若干规定》首次明确了证券法意义上的虚假陈述的概念。该规定第17条将"虚假陈述"定义为:"信息披露义务人违反证券法律规定,在证券发行或者交易过程中,对重大事件做出违背事实真相的虚假记载、误导性陈述,或者在披露信息时发生重大遗漏、不正当披露信息的行为。"可见,最高人民法院在对"虚假陈述"进行定义时,并未采取传统大陆法系抽象概念的做法,而是通过类型分类的方式将"虚假陈述"概念具体化为4种类

---

① 参见杨峰:《证券民事责任制度比较研究》,法律出版社2006年版,第183页。

② See *Restatement* (*Second*) *of Contract*, Chapter 7, § 159.

型。就其定义不难发现:虚假陈述制度与信息披露制度可谓是一枚硬币的两面。[①] 虚假陈述的直接危害便是信息披露实质性意义的丧失,这种行为不仅会造成投资者的直接损失,更可能触发资本市场的道德风险与逆向选择问题,[②]损害资本市场的有效性。[③] 我国关于虚假陈述的规定集中体现在《证券法》第五章"信息披露"与《关于审理证券市场因虚假陈述引发的民事赔偿案件的若干规定》当中,将虚假陈述明确定性为一种民事侵权行为,并对相关责任人课以一定的民事责任与行政责任,甚至是刑事责任。

2. 虚假陈述的表现形态

虚假陈述行为的表现形态,是指虚假陈述行为在客观意义上的表现形式。从各国立法与司法实践来看,虚假陈述行为形态一般具有准法定性特征,即作为侵权行为的虚假陈述的表现形式往往由法律或其他规范性文件直接规定,而不能由当事人约定或创设。[④] 易言之,虚假陈述行为作为一种法定的证券违法行为,其行为构成和表现形式必然是由法律和其他规范性文件确认的。根据《关于审理证券市场因虚假陈述引发的民事赔偿案件的若干规定》第 17 条的规定可知,我国目前已确认的虚假陈述行为共有以下 4 种表现样态。

(1)虚假记载。虚假记载也称为不实陈述,是指将不实之重要事项即在于证券文件中的故意或过失行为。[⑤] 此种行为特点表现为:行为人已经作了公开陈述,且陈述的信息中存在不实内容,这种内容会影响投资者的决策。虚假记载的内容十分广泛,就其对证券价格的影响而言,可以分为诱多虚假陈述和诱空虚假记载两类。[⑥] 在实践当中,虚假陈述借由"美化"财务报表的诱多型虚假陈述。例如,虚构公司偿债能力、虚构投资者权益、虚报盈利、虚

---

① 参见赵万一主编:《证券交易中的民事责任制度研究》,法律出版社 2008 年版,第 107 页。

② See Stanford J. Grossman, Oliver D. Hart, *An Analysis of the Principal-agent Problem*, *Econometrica* 14, 1983, p. 7 – 45; George A. Akerlof, *The Market of Lemons*, Quarterly Journal of Economics, 84(3), 1970, p. 488 – 500.

③ See Eugene Fama, *The Behavior of Stock Market Prices*, Journal of Business 38, 1965, p. 34 – 105.

④ 参见郭锋主编:《虚假陈述证券侵权赔偿》,法律出版社 2003 年版,第 186 页。

⑤ 参见杨志华:《证券法律制度研究》,中国政法大学出版社 1995 年版,第 269 页。

⑥ 参见贾纬:《如何理解〈关于审理证券市场虚假陈述民事赔偿案件的若干规定〉》,载《人民法院报》2003 年 1 月 22 日,第 3 版。

构资产价值等。

(2)误导性陈述。所谓误导性陈述,是指信息披露文件中的某事项的记载虽为真实,但由于该记载的表现形式存在缺陷而易被误解,致使投资者无法获得清晰、正确的认识。[①] 误导性陈述主要有以下3种类型:语义模糊歧义型,即对于同一种陈述,不同的投资者可以作出不同的解读,每种解读都具有一定合理性依据;语义难以理解型,此种陈述多表现为具有大量的专业性表述且语言晦涩;半真陈述型,即披露人仅仅陈述了部分内容,并未说明与之相关的条件与环境等关键信息。[②] 某项陈述是否构成误导性陈述,应当参照社会公众的一般认识加以判断,而不完全拘泥于信息披露文件本身的文字内容。[③]

(3)重大遗漏。所谓重大遗漏,是指信息披露文件未记载依法应当记载的事项或为避免文件不致被误解所必须记载的重大事项。重大遗漏是一种消极的虚假陈述,以不作为的方式表现。重大遗漏既有可能是出于当事人的故意,也有可能源自当事人的疏忽。就量的方面而言,重大遗漏有信息完全没有公开的完全遗漏与仅有部分信息公开的部分遗漏之分,后者在一定程度上与半真陈述型的误导性陈述较为相近。[④]

(4)不正当披露。根据《关于审理证券市场因虚假陈述引发的民事赔偿案件的若干规定》的规定,不正当披露,是指信息披露义务人未在适当期限内或者未以法定方式公开披露应当披露的信息,具体包括不适时披露、方式不当的披露。如果不正当披露成立,那么即便披露的信息没有虚假成分,但由于披露的时间或方式不当,均构成虚假陈述行为。信息披露是证券市场的基

① 参见杨明宇:《证券发行中不实陈述的民事责任研究》,载《证券法律评论》2001年第1期。

② 参见蒋银华:《证券市场典型侵权行为及赔偿制度研究》,武汉大学2004年硕士学位论文,第42页。

③ 参见叶林:《证券法》,中国人民法大学出版社2006年版,第279页。

④ “半真陈述型的误导性陈述”与“部分重大遗漏”在信息披露的量上较为相似,但是两者仍有不同之处,误导性陈述较重大遗漏而言具有一定的主观意图,即信息披露人意图通过所披露的误导性信息指引投资者从事某类证券交易,且其所遗漏的多为原因、条件之类的内容,信息披露人多存有故意的主观心态;而部分重大遗漏主要是信息披露日意图掩盖某种事实,避免完全的信息披露对其证券价格产生不利影响,虽然当事人多为主观故意,单也存在过失的可能。另外,就我国既有的证券法规而言,两者的区分更多的是一种理论上的讨论,因为不论是误导性陈述还是重大遗漏,只要其中一者成立,披露人所承担的责任形式都是虚假陈述责任,也不会影响受害人的受偿数额,因此这一区分并无多大实益。

石。信息在证券市场上具有高度的时效性,重要信息的晚披露、小范围披露等不正当披露都将影响信息披露的效率,无论其表现形式如何,都将被视为对信息披露实质性标准的背离而应归入虚假陈述之列。

(二)虚假陈述的构成要件

1. 违法行为——虚假陈述具体的表现样态兼论“重大性”标准

《关于审理证券市场因虚假陈述引发的民事赔偿案件的若干规定》第17条第1款规定:“证券市场虚假陈述,是指信息披露义务人违反证券法律规定,在证券发行或者交易过程中,对重大事件作出违背事实真相的虚假记载、误导性陈述,或者在披露信息时发生重大遗漏、不正当披露信息的行为。”由此可见,我国证券法对于虚假陈述的认定采用了“重大性”标准,即证券法所规制的虚假陈述是以重要信息为披露对象的陈述,只有在此种虚假陈述中投资者才能以我国证券法相关规定为请求权基础请求侵权行为人承担民事侵权责任。从投资者角度来判断某种信息是否会对投资者的投资决策产生重要影响,如果该信息会明显影响投资决策,那么该信息即应被归入“重大性”标准之内。美国联邦最高法院在TSC Industries v. Northway案中指出:“如果一个理性投资者在决定如何投票的时候认为该事实是重要的,那么该遗漏的事实便是重大的”;[①]从其对证券价格的影响来判断,如果某种信息会显著地影响证券的市场价格,那么该信息即应属于重大信息。在司法实践中,只要虚假陈述触发“影响投资者决策标准”与“影响证券市场价格标准”的其中之一,那么虚假陈述违法行为即可成立,若其他侵权责任要件满足,违法行为人即应承担虚假陈述的民事侵权责任。

“重大性”标准的引入可为我国证券侵权民事责任的认定提供一把标尺。“重大性”标准为证券发行人的信息披露提供了一项可以参考的宽严尺度,降低发行人信息披露的不确定性,并为其信息披露义务划定红线,此其一。这一标准同时也是证券投资者举证与被告抗辩的关键,明确虚假陈述侵权诉讼中的焦点,此其二。“重大性”标准也为法院在虚假陈述侵权诉讼中明晰当事人间权利义务提供了一条便捷的途径,即若构成“重大性标准”,则原告具有请求权基础,在此基础上审查其他侵权行为要件是否成立;若不具

---

① TSC. Indus. v. Northway, 426 v. s. 438, 96 s. ct. 2126(1976).

有此项请求权基础，则直接驳回原告诉讼请求，此其三。①

2. 因果关系——信赖的推定

侵权责任的成立必须以违法行为与损害结果之间具有因果关系为前提。在因果关系的判断上，普通法系国家将因果关系区分为事实上的因果关系与法律上的因果关系两类。前者强调以违法行为与损害是否具有事实上的原因，来判断当事人是否需要承担责任；后者则旨在明确既有的损害是否存在侵权行为以外的原因，并以此确定责任人的责任范围。无独有偶，大陆法系国家一般也采因果关系两分法，即从责任成立与责任范围来界定因果关系。② 大陆法系对于因果关系的判断采“相当因果关系说”，该说由“条件关系”与“相当性”构成，分别用来判断责任成立与责任范围。两大法系虽然在判断规则上存有差异，但其规则体系均采纳两分法，且各自具体的判断规则存在相通之处。理论相似性为两大法系在因果关系认定规则上的相互借鉴与贯通提供了可能。美国实务界将证券侵权责任中的因果关系分为交易的因果关系与损失的因果关系。前者旨在认定受害人的证券交易行为是否源自其对侵权行为人欺诈行为的信赖；后者之旨趣在于确定侵权行为人的赔偿范围。可见，在证券侵权实务中，美国将事实上的因果关系（责任成立因果关系）与法律上的因果关系（责任范围因果关系）转化为交易的因果关系与损失的因果关系，从而使证券侵权责任的认定更具针对性。交易的因果关系主要证明原告是基于被告实施的欺诈行为而从事了证券交易，由于此种内心信赖属于心理活动，且证券侵权具有群体性特征，所以让所有受害人证明自己的交易是出自对侵权行为人欺诈行为的信赖将十分耗力。

信赖推定原则以欺诈市场理论为理论基础，该理论认为：在一个有效资本市场中，证券的实际价格应当与在所有投资者都掌握同等信息的情况下股票所具有的价格一致。因此，向市场供应虚假信息的行为，是对市场和所有投资者的一种欺诈，并且妨碍了市场价格作为证券真实价格指标功能的发挥。当被告就重大事实进行虚假陈述时，相关证券的价格会将这一事实反映出来，此时的证券价格已经失去其本该有的公正性，投资者因而遭受损失。

---

① 参见广州市中级人民法院民事判决书，(2013)穗中法金民初字第5号。

② 参见王泽鉴：《侵权行为法·基本理论》，中国政法大学出版社2001年版，第214页。

这就足以表明原告的损害与被告的虚假陈述行为之间存在事实因果关系。[①] 欺诈市场理论并不是一种单独确立事实因果关系的方法,而是为信赖推定原则提供了理论基础。[②] 由此可见,美国的司法实践在证券侵权责任的认定上采取因果推定规则,即"推定损害与该事实之间因果关系的存在,受害人无庸再证明其间之因果关系,即得对表见事实之行为人请求损害赔偿,而行为人则唯于以反证证明损害与该事实无关时,始可免责"。[③] 信赖原则的运用减轻了投资者的举证压力,此举不仅充分考虑了证券侵权行为隐蔽性、技术性的特征,更平衡了投资者与侵权行为人在证券侵权诉讼中的地位,体现了证券侵权诉讼对实质公平正义的追求。

我国关于虚假陈述证券侵权责任因果关系的认定集中体现于《关于审理证券市场因虚假陈述引发的民事赔偿案件的若干规定》第 18 条,该条规定:"投资人具有以下情形的,人民法院应当认定虚假陈述与损害结果之间存在因果关系:(一)投资人所投资的是与虚假陈述直接关联的证券;(二)投资人在虚假陈述实施日及以后,至揭露日或者更正日之前买入该证券;(三)投资人在虚假陈述揭露日或者更正日及以后,因卖出该证券发生亏损,或者因持续持有该证券而产生亏损。"由此可见,我国在虚假陈述民事侵权责任的认定上借鉴了美国司法实务中的信赖推定原则,并在其基础上进行了进一步拓展与创新。所谓借鉴,指《关于审理证券市场因虚假陈述引发的民事赔偿案件的若干规定》在因果关系的认定上采用信赖推定原则,即投资者不必举证其证券交易行为源自其对虚假陈述的信赖,法院自动推定其证券交易是出自对虚假陈述的信赖而为之的;所谓创新,即我国在审理虚假陈述民事侵权责任案件中不再区分责任成立的因果关系与责任范围的因果关系,也即投资者不必再就损失上的因果关系负有举证责任,法院在司法审判中对责任的成立与损失的范围进行一体把握,将举证责任倒置于被告。事实上,信赖推定原则虽然减轻了原告的举证责任,但是原告对于损失上的因果关系的举证责任并未免除,由于证券侵权行为极具隐蔽性与技术性,且证券价格往往受多种因素影响,因此,损失因果关系的证明对投资者而言仍有较大困难。鉴于我国

---

① See Cf. Peil v. Speiser, 806 F. 2D. (CA 3 1986).

② 参见廖升:《诱空虚假陈述侵权责任之因果关系》,载《法商研究》2016 年第 6 期。

③ 参见邱聪智:《民法研究》,中国人民大学出版社 2002 年版,第 225 页。

目前证券市场投机风气较重与投资者群体分散且不成熟的市场现状，将交易与损失的因果关系进行一体把握的措施在我国极具现实意义，此举也更能回应我国《证券法》的立法宗旨。

虽然我国对虚假陈述证券侵权行为的因果关系进行了一体把握，原告不必就损失与侵权行为之间存在因果关系承担举证责任，但这并不意味着原告所有的损失都在赔偿范围之内。我国对虚假陈述行为责任范围因果关系的判断体现在《关于审理证券市场因虚假陈述引发的民事赔偿案件的若干规定》第30条中，该条规定："虚假陈述行为人在证券交易市场承担民事赔偿责任的范围，以投资人因虚假陈述而实际发生的损失为限。投资人实际损失包括：(一)投资差额损失；(二)投资差额损失部分的佣金和印花税。前款所涉资金利息，自买入至卖出证券日或者基准日，按银行同期活期存款利率计算。"结合我国《证券法》第69条关于虚假陈述主体责任的相关规定可知，我国对于故意的虚假陈述损害赔偿因果关系的判定上采纳的是直接结果标准。我国证券法并未明确过失虚假陈述责任的损害因果关系，由于此种侵权行为主观恶性相对较小，所以，不宜采直接结果标准，而应以合理预见标准为宜。

3. 责任主体及其归责原则

在侵权责任的认定上，最重要且最复杂的部分可能莫过于归责原则的适用问题。所谓归责，是指行为人因其行为和物件致他人损害的事实发生以后，应依何种根据使其负责，此种根据体现了法律的价值判断，即法律应以行为人的过错还是应以已发生的损害结果为价值判断标准，抑或以公平考虑等作为价值判断标准，而使行为人承担侵权责任。[①] 自社会化大生产时代以后，侵权责任以过错责任为原则，兼采其他归责原则予以补充，如过错推定、公平责任和无过错责任原则(严格责任原则)。过错责任原则指无过错即无责任，以行为人有无主观上的过错作为其承担责任的最终要件，在举证责任上奉行"谁主张、谁举证"之原则。过错推定责任原则也是过错责任的一种表现形式，所不同的是，其是指在因果关系存在的基础上，根据法律规定或案件需要，法律自动推定侵权行为人具有过错，除非其能证明自己没有过错，否则即应承担侵权责任。公平责任指侵权人和受害人对造成的损害事实均没

---

① 参见王利明：《侵权行为法归责原则研究》，中国政法大学出版社2003年版，第15~16页。

有过错,而根据公平的观念,在考虑当事人的财产状况、支付能力等实际情况的基础上,责令侵权人或受益人对受害人所受的损失予以补偿。[①] 此种责任乃衡平理念的具体体现,在证券侵权责任中尚无体现。无过错责任也称严格责任,是指基于法律的特别规定,侵权人对其行为造成的损害即使没有过错也应当承担责任,但如果侵权人之行为满足法定的免责抗辩事由,则仍可免责。

在虚假陈述证券侵权行为中,由于虚假陈述行为主体的多元化加之不同主体所负有的注意义务的差异,以及他们在虚假陈述行为过程中所发挥作用的不同,对于虚假陈述责任人应当适用不同的归责原则,以更好地在责任追究与行为自由之间需求平衡。对此问题,蒋银华教授作出了非常细致的研究,其观点堪可赞同。具体而言,虚假陈述主体的归责原则适用如下。

(1)发行人、发起人和上市公司承担无过错责任。就比较法角度而言,发起人、发行人或者上市公司就其虚假陈述行为所承担的是无过错责任,除非发起人、发行人或者上市公司能够证明投资者是在明知有关文件不实的情况下作出投资决策(这种可能性在实践中几乎微乎其微)。我国证券法明确了发行人和发起人、上市公司对虚假陈述行为无过错责任的归责原则。我国2014年修订的《证券法》第69条不仅明确了虚假陈述中相关主体应对虚假陈述行为承担民事责任,同时也明确了其具体的归责原则。该条规定:"发行人、上市公司应当承担赔偿责任",虽然这一表述并未明确其具体的归责原则,但是根据本条中关于上市公司的董事、监事、高级管理人员适用过错推定原则的规定以及《关于审理证券市场因虚假陈述引发的民事赔偿案件的若干规定》第21条至第24条就不同责任主体归责原则的表述来判断,显然可以得知发行人、发起人和上市公司应承担无过错责任。之所以对其适用无过错责任,主要原因在于:首先,上述主体直接参与披露文件的整理,对于信息的真实性也最为了解,对此负有最大的注意义务,不能以其不存在故意或过失而免责。其次,发行人是证券发行的直接受益者,同时也是违规信息披露的直接行为人,信息披露的风险也是由发行人和发起人引起的,由利益享有者

---

① 参见蒋银华:《证券市场典型侵权行为及赔偿制度研究》,武汉大学2004年硕士学位论文,第52页。

承担最终风险能最大化地实现风险内部化。最后，在证券市场运行过程中，要求发行人就虚假陈述承担无过错责任，能够使受害投资者的维权更加便利和确定，从而有助于增进市场信心和维持市场稳定，促进证券市场的健康发展。[①] 2019年修订的《证券法》第85条规定："信息披露义务人未按照规定披露信息，或者公告的证券发行文件、定期报告、临时报告及其他信息披露资料存在虚假记载、误导性陈述或者重大遗漏，致使投资者在证券交易中遭受损失的，信息披露义务人应当承担赔偿责任；发行人的控股股东、实际控制人、董事、监事、高级管理人员和其他直接责任人员以及保荐人、承销的证券公司及其直接责任人员，应当与发行人承担连带赔偿责任，但是能够证明自己没有过错的除外。"新规定基本上沿袭了原《证券法》中虚假陈述归责原则的规定，即发行人承担无过错责任，控股股东、实际控制人等其他主体承担过错推定责任。

（2）承销商、上市推荐人及中介专业服务机构承担过错推定责任。过错推定责任乃过错责任的一种表现形式，在此种归责原则下，法律直接推定侵权行为人存有主观过错。过错推定与过错责任的区别就在于前者实行了举证责任倒置，即将本应由受害人承担的举证责任转移给侵权人承担，即要求被告举证自己并无过错，若其不能有效证明其不存在过错，则法院可以推定其存在过错并要求其承担侵权责任。《关于审理证券市场因虚假陈述引发的民事赔偿案件的若干规定》第23条第1款规定："证券承销商、证券上市推荐人对虚假陈述给投资人造成损失承担赔偿责任。但有证据证明无过错责任的，应予免责。"第24条规定："专业中介服务机构及其直接责任人违反证券法第一百六十一条和第二百零二条的规定虚假陈述，给投资人造成损失的，就其负有责任的部分承担赔偿责任，但有证据证明无过错的，应予免责。"我国2019年修订的《证券法》第85条中对此予以了明确。以上规定明确了承销商、上市推荐人以及中介专业服务机构在虚假陈述责任认定中适用过错推定原则。之所以将其与发行人、发起人与上市公司的归责原则予以区别，原因在于：首先，此类主体在信息披露中主要承担一种保证义务，且其远不如发行人、发起人与上市公司了解披露信息的真实性，若适用无过错责任，则对其

---

① 参见张明远：《证券投资损害诉讼救济论》，法律出版社2002年版，第176页。

过于苛刻,也不利于其业务的开展与证券市场活力的释放。其次,如果适用过错责任,那么要求承销商、保荐人和其他专业中介机构承担民事赔偿责任的前提是原告须证明上述机构存在主观过错,而这无疑增加了原告的举证负担,对于原告尤其是个人投资者来说显然是难以完成的任务,这会导致投资者权益的维护变得更加困难。最后,以上主体具有非常高的职业素养与社会公信力,其出具的各种证明材料将会对投资者的投资决策产生重大影响,因此,上述主体应当负有高度的注意义务,宜推定其对虚假陈述行为存在主观过错。

(3)发行人、上市公司、承销商、上市推荐人,有责任的董事、监事、经理等高级管理人员以及中介专业服务机构直接责任人承担过错推定责任。《关于审理证券市场因虚假陈述引发的民事赔偿案件的若干规定》第 21 条第 2 款规定:发行人、上市公司负有责任的董事、监事和经理等高级管理人员对前款的损失承担连带赔偿责任。但有证据证明无过错的,应予免责。《证券法》第 85 条第 2 分句规定:发行人的控股股东、实际控制人、董事、监事、高级管理人员和其他直接责任人员以及保荐人、承销的证券公司及其直接责任人员,应当与发行人承担连带赔偿责任,但是能够证明自己没有过错的除外。通过这两款条文不难发现:在我国,发行人及上市公司的董事、监事、经理等在虚假陈述诉讼中适用过错推定原则。因此,发行人、上市公司的董事、监事、经理等可以通过证明自己并无过错以及存在《关于审理证券市场因虚假陈述引发的民事赔偿案件的若干规定》第 19 条规定的情形获得责任免除。此种立法例与其他国家(地区)的通行做法相似。例如,在日本,依据《证券交易法》第 21 条至第 24 条的规定,如果发行人的高级职员能够证明其不知晓或者经过相当注意也不能知晓的有价证券申请书、说明书或有价证券报告书中存在虚假陈述,则可以不承担责任。此外,《日本商法典》第 266 条之 3 以及第 280 条第 2 项规定,当董事对有价证券申报书、说明书以及有价证券报告书中应记载的重要事项作出虚伪记载,或者进行虚伪登记或公告时,应当向第三人承担连带损害赔偿责任,除非其能够证明自己对记载、登记或公告没有疏忽大意。

(4)发行人、控股股东等实际控制人直接和间接承担过错责任。这里的"实际控制人"指的就是发起人、控股股东以及通过其他法律关系控制发行人或上市公司的机构与个人。实际控制人通过股权控制、协议控制、代理控制或者其他安排,能够对发行人或上市公司施加控制,支配其实施虚假陈述行为。尽管该虚假陈述行为的外观是由发行人或上市公司造成的,但究其根源,实际控制人才是该虚假陈述行为的真正行为人。基于自己责任原则,实际控制人必须为其实际实施的虚假陈述行为给投资者造成的损害承担责任。我国2019年修订的《证券法》对实际控制人的责任予以了明确,即将实际控制人纳入与发行人承担连带责任的主体范围。《关于审理证券市场因虚假陈述引发的民事赔偿案件的若干规定》对其也有规定,即"实际控制人操纵发行人或者上市公司违反证券法律规定,以发行人或者上市公司名义虚假陈述并给投资人造成损失的,可以由发行人或者上市公司承担赔偿责任。发行人或者上市公司承担赔偿责任后,可以向实际控制人追偿。实际控制人违反证券法第四条、第五条以及第一百八十八条规定虚假陈述,给投资人造成损失的,由实际控制人承担赔偿责任"。据此可知,如果实际控制人以发行人或者上市公司名义实施虚假陈述行为并导致投资者损失的,可以基于虚假陈述行为的外观或者直接关联要求发行人或者上市公司承担赔偿责任。但是从虚假陈述行为的实质以及其背后的行为链条来看,为了保护其他股东的利益,发行人或者上市公司承担赔偿责任后,有权向实际控制人追偿。但是,如果实际控制人违反证券法规定从事虚假陈述行为,给投资人造成损失的,应当由实际控制人直接承担赔偿责任。就此来看,实际控制人承担责任都应以存有主观过错为要件。

4. 虚假陈述侵权责任的请求权主体

从各国证券立法和实践来看,因虚假陈述行为受到损害的投资者提起民事诉讼以实现权利救济,既是维护投资者利益之必要,也符合侵权责任法的基本原理。然而,由于虚假陈述行为可能发生在证券发行过程中,亦可能出现在证券交易过程中,因虚假陈述行为受到损害的投资者可能在不同的环节进行了证券的买卖交易。按照一般原理,只要在虚假陈述行为实施期间或产生影响期间,持有或交易证券的投资者都应享有诉权,然而如果过度放开原告资格要求,则很有可能导致一些具有特殊目的的投资者滥用侵权赔偿诉讼而滥诉或者恶意诉讼,导致上市公司的损失。因此,研究和确定虚假陈述民事损害赔偿诉讼的原告资格标准并对合格原告进行适当限制非常必要。[①]日本《证券交易法》第22条第1款规定：在有价证券呈报书中重要事项有虚假记载，或者应记载的重要事项或为避免产生误解所必需的重要事实记载有欠缺时，对于不知晓该记载虚假或欠缺，而取得该有价证券的人对其损失可要求赔偿。[②] 不过，我国证券法并未对虚假陈述侵权责任诉讼的主体范围予以明确规定。根据我国《证券法》与《关于审理证券市场因虚假陈述引发的民事赔偿案件的若干规定》的规定，虚假陈述民事损害赔偿的请求权主体至少应符合以下几个要素：原告必须是证券市场的投资者；原告须为不知道有虚假陈述存在而进行证券投资的投资者；原告必须遭受了实际损失；虚假陈述行为和原告的损失具有因果关系。我国《证券法》第85条明确了各种虚假陈述行为责任主体负有赔偿义务，从而成为受害投资者的请求权基础，如此规定仅仅解决了请求权基础的问题，对于请求权主体范围并未有效地圈定。《关于审理证券市场因虚假陈述引发的民事赔偿案件的若干规定》也沿用了此种粗线条的规范思维，该规定第6条第1款规定："投资人以自己受到虚假陈述侵害为由，依据有关机关的行政处罚决定或者人民法院的刑事裁判文书，对虚假陈述行为人提起的民事赔偿诉讼，符合民事诉讼法第一百零八条规定的，人民法院应当受理。"

5. 损害结果

所谓损害，是指财产或其他法益所受之不利益，这包括财产上及非财产上之积极损害，履行利益以及信赖利益。[③] 具体到虚假陈述的民事责任而言，损害则仅限于积极损害，且局限于财产之损失，若投资者因虚假陈述所导致的证券价格下跌等异常现象而遭受精神上的损害，则不能以相关证券法规为依据提起虚假陈述侵权责任赔偿。侵权责任之成立，须有损害的实然结果，"纵然有违反法定义务情事，如果没有发生损害，仍然无法产生损害赔偿请求权"。[④] 虚假陈述的发生并不必然导致投资者的损失，例如，投资者虽然因信赖虚假陈述（如上市所披露的财务年报虚报公司利润）而购买系争证

---

① 参见齐斌：《证券市场信息披露法律监管》，法律出版社2000年版，第278页。
② 参见卞耀武主编：《日本证券法律》，徐庆译，法律出版社1999年版，第23页。
③ 参见史尚宽：《债法总论》，中国政法大学出版社2000年版，第287页。
④ 黄立：《民法债编总论》，中国政法大学出版社2002年版，第256页。

券,但投资者在虚假陈述披露日之前便已将证券转让,此时,如果该证券正处于价格上升阶段,那么投资者不仅没有遭受损失,反而还因虚假陈述获益;或者是,虚假陈述虽已披露,但投资者并未交易系争证券,此时投资者所面临的损失仅仅是证券市价的波动损失,此中损失尚未现实化,因此显然不得追究相关主体的虚假陈述责任,只有那些真正因信赖虚假陈述而从事相关证券交易并因此而遭受实际财产损失的投资者方能请求相关责任主体承担责任。损害必须满足客观性与可确定性方可追偿。前者是指损害是客观的、现实存在的(如市值蒸发即不属此列);后者指可依价值尺度衡量出来的具体数额,它是决定赔偿数额的依据。[①] 不过可确定性受到诸多因素的影响,例如,损失的计算时点、系统风险的剔除等。换言之,损害数额的确定具有很强的技术性特点,本书将在下节展开介绍。

二、证券虚假陈述民事责任的数额确定标准

(一)损失数额计算方法

证券侵权民事赔偿损失数额的计算方法是落实证券侵权民事赔偿责任的关键,损失数额如何确定,直接关乎投资者的切身利益。从总体来看,有关虚假陈述民事赔偿损失数额计算方法主要有两大类:一是以证券的真实价值与买卖证券时的交易价格之间的差额确定被侵权人损失的计算方法,该计算方法的难点在于证券的真实价值通常较难准确观测,进而导致被侵权人损失难以确定。二是以虚假陈述信息被市场完全消化时该证券的交易价格与买卖证券时的交易价格之间的差额确定被侵权人损失的计算方法。该计算方法原理与第一类基本相同,背后的逻辑是,虚假陈述信息通常会对证券真实价值形成"遮蔽",在计算投资者实际损失时,需要剔除虚假陈述信息对证券价格产生的影响,进而确定投资者具体损失数额。与第一类计算方法不同的是,第二类计算方法采用了实践中较容易观测的"虚假陈述信息被市场完全消化时的交易价格"来确定证券的真实价值,避免了计算真实价值的困难。第二类计算方法也是我国《关于审理证券市场因虚假陈述引发的民事赔偿案件的若干规定》所采用的计算方法。

---

① 参见刘士国:《现代侵权损害赔偿责任研究》,法律出版社 1998 年版,第 64 页。

（二）我国虚假陈述损失数额计算方法的现状和问题

1. 虚假陈述损失数额计算方法的立法现状

2003年1月9日，最高人民法院发布的《关于审理证券市场因虚假陈述引发的民事赔偿案件的若干规定》第30条第1款第1句规定："虚假陈述行为人在证券交易市场承担民事赔偿责任的范围，以投资人因虚假陈述而实际发生的损失为限。"从而确定了虚假陈述损失数额计算的基本方法，即投资者实际损失计算法。对于如何认定投资者具体实际损失，《关于审理证券市场因虚假陈述引发的民事赔偿案件的若干规定》第31条规定："投资人在基准日及以前卖出证券的，其投资差额损失，以买入证券平均价格与实际卖出证券平均价格之差，乘以投资人所持证券数量计算。"第32条规定："投资人在基准日之后卖出或者仍持有证券的，其投资差额损失，以买入证券平均价格与虚假陈述揭露日或者更正日起至基准日期间，每个交易日收盘价的平均价格之差，乘以投资人所持证券数量计算。"其中对于基准日的认定，采用了以"虚假陈述信息被市场完全消化时"这一标准。即《关于审理证券市场因虚假陈述引发的民事赔偿案件的若干规定》的起草者认为：基准日的证券价格是剔除虚假信息对证券价格影响后的真实价格，能够反映投资者的实际损失。《关于审理证券市场因虚假陈述引发的民事赔偿案件的若干规定》第30条、第31条、第32条共同组成了虚假陈述损失数额计算方法规范群。

2. 虚假陈述损失数额计算方法的问题检视

（1）损失数额计算方法没有考虑市场因素的影响

根据《关于审理证券市场因虚假陈述引发的民事赔偿案件的若干规定》第31条、第32条的规定，在计算投资者损失数额时，仅需考虑两个时间点：一是投资者买入证券的时点；二是投资者卖出或持有至虚假陈述信息完全被市场消化的时点。以这两个时间点证券价格的差额为基础，计算投资者实际损失。但是由于该种方法只计算证券买卖差价，不考虑证券的真实价值，从而在一定程度上无须考虑影响证券价格的市场因素对原告损失的影响。[①] 尽管《关于审理证券市场因虚假陈述引发的民事赔偿案件的若干规定》第19条规定了"损失或者部分损失是由证券市场系统风险所导致"，可以从投资

---

① 参见郭锋：《虚假陈述侵权的认定及赔偿》，载《中国法学》2003年第2期。

者损失赔偿金额中予以扣除。但由于没有确定系统风险的具体认定标准及扣除计算方法，在司法实践中尚存不确定性。只计算买卖价差，实际上是一种从便利裁判角度衍生的程式化操作：一方面，为法官在裁判具体案件时提供了简便、易操作的法律裁判规则；另一方面，却在一定程度上忽视了证券市场整体波动、行业板块波动等市场因素对证券价格的影响，容易致使投资者（市场上涨行情下）或者上市公司（市场下跌行情下）过度承担不可归责于自身的经济损失。

（2）法律用语的模棱两可导致司法自由裁量权过大

《关于审理证券市场因虚假陈述引发的民事赔偿案件的若干规定》规定的"证券平均价格"在实践中存在不同理解。例如，投资者在虚假陈述揭露日以前卖出证券的，根据《关于审理证券市场因虚假陈述引发的民事赔偿案件的若干规定》第19条的内容，其投资损失被认为与虚假陈述行为之间不存在因果关系。这就存在投资者多次、分批购买的证券，又多次、分批于虚假陈述揭露日以前卖出，进而如何认定投资者买入或卖出证券平均价格的问题。再如，《关于审理证券市场因虚假陈述引发的民事赔偿案件的若干规定》第32条规定的"每个交易日收盘价的平均价格之差"，在实践中就存在对于收盘价平均价格是采用"算术平均法"还是"加权平均法"来计算的两种不同的认识。法律用语的模棱两可，导致我国法院在审理虚假陈述民事赔偿案件时，对于个案认识的不统一，依据不同认识计算的损失数额也全然不一。

3. 虚假陈述损失数额计算方法的完善

（1）提高立法位阶，将虚假陈述损失认定计算方法纳入《证券法》

我国现行的有关虚假陈述损失数额的计算方法规定于最高人民法院2003年颁布的《关于审理证券市场因虚假陈述引发的民事赔偿案件的若干规定》，其性质仅为司法解释，立法位阶不高，导致在司法实践中不确定性较强。将虚假陈述损失数额计算方法纳入立法位阶更高的《证券法》，是提升虚假陈述案件损失数额计算方法确定性的最切实可行的方案。首先，在《证券法》中规定虚假陈述行为人应当承担的民事赔偿责任范围；其次，对于数额计算中的关键时间点和计算基准（如买入平均价格、卖出平均价格、交易日收盘价）进一步明确和细化，并将系统风险如何在损失认定中扣除通过立法条文的形式固定下来。不过颇为遗憾的是，2019年修订《证券法》时并未对虚假陈述民事赔偿的相关问题进行规定。一方面,这是由于当前立法任务主要是解决更为紧迫的发行制度改革的问题;另一方面,是由于当前证券立法并未将非常具体细致的民事赔偿问题纳入法律的层级。

(2)设计有利于投资者进行充分价格发现的激励机制

在我国目前虚假陈述民事损害赔偿案件中,损失计算方法采用的是交易价差额计算法。在损失计算的基准日之前卖出证券的,以卖出价格与买入价格作为计损依据;在损失计算基准日之后卖出证券的,以基准日价格与买入价值作为计损依据,缺少对于投资者进行价格发现的激励机制。鉴于此,可以借鉴美国证券法规定在投资者提起的民事诉讼中,投资者所得的损害赔偿不得超过其买入价格或者卖出价格和自虚假陈述被揭露之日起至损失计算的基准日之间每个交易日平均交易价格之间的差额。以此激励投资者在欺诈事实发生后,积极行使权利,使自身能够获得尽可能多的损害赔偿数额。

(3)增加投资者起诉后处分权约束规则,防止诱发证券市场投机行为

投资者因侵权人的虚假陈述行为而向法院提起诉讼,表明其已经知道或者应当知道侵权人虚假陈述的事实,那么在提起诉讼后,需要对其处置证券的权利予以限制,以免投资者滥用法律赋予的权利,实施转嫁证券下跌风险的证券投机行为。但应当注意的是,这种处分权的约束规则仅适用于损失计算的基准日尚未确定的情形,如果基准日已经确定,则应当按照现有规则计算投资者投资损失。在明确这一点的情况下,可以借鉴美、日证券法规定虚假陈述损失计算基准日在开庭审理前尚未确定的,投资者所得的损害赔偿不得超过投资者因购买或出售证券时支付的金额与其提起诉讼时该标的证券的价格之间的差额。

(三)损失计算时点

在虚假陈述民事赔偿案件中,损失计算时点的确定至少对于以下3个方面产生重要影响:(1)确定被侵权人保护的范围;(2)认定被侵权人损失数额的大小;(3)分配原、被告双方在诉讼中的权利义务安排。虚假陈述实施日与揭露日(更正日)通常决定原告投资损失与被告的虚假陈述行为之间是否具有因果关系,当投资者的买入证券行为发生于虚假陈述实施日之后,而卖出(或持有)证券行为发生于虚假陈述揭露日之后,投资损失与虚假陈述行为之间的因果关系通常会被法院予以确认。实施日与揭露日的认定直接关

乎被侵权人保护的范围。依据《关于审理证券市场因虚假陈述引发的民事赔偿案件的若干规定》第32条之规定,自投资者持有证券起至基准日,持有期间投资差额损失为买入证券平均价格与揭露日至基准日止每个交易日收盘价平均价格之差,故而,揭露日与基准日的确定对于认定被侵权人损失数额大小直接相关。依据欺诈市场理论和信赖推定原则,损失计算时点确定之后,原告只需证明其购买证券的行为发生于虚假陈述行为实施日之后,卖出证券的行为发生于虚假陈述行为揭露日之后,即完成了损害后果与虚假陈述行为之间因果关系的证明责任,进而原告、被告双方在诉讼中的实体、程序上的权利义务安排得以明确。

1. 实施日

虚假陈述实施日,通常是指虚假陈述行为人作出虚假陈述的日期,但对于"作出"一般作扩大解释。当虚假陈述行为人作出虚假陈述行为后,如果不对外公开,则虚假陈述信息并未对证券市场产生影响。只有当虚假陈述信息对外公开后,才开始对证券价格产生影响。故而,域外证券法一般将虚假陈述信息对外公布的日期作为实施日,而非将行为人实际作出虚假陈述行为的日期作为实施日。在我国虚假陈述案件审理过程中,存在虚假陈述实施日认定不统一的情况,在具体案件中影响了投资者保护的范围,兹分述如下。

(1)性质相同的若干个虚假陈述行为中实施日的认定

所谓相同性质的若干个虚假陈述行为,是指虚假陈述行为人在一段时间内实施了披露内容相似、披露方式相近且对于该公司证券价格影响程度相当的若干虚假陈述行为。因为在司法实践中,通常只确认最早实施的虚假陈述行为日期为虚假陈述实施日,故而可能对于投资者保护范围、投资者损失数额计算产生不利影响。例如,在东方电子虚假陈述案中,被告东方电子公司在1997年中报、1998年年报中存在虚增收入、虚构每股收益的情形,[①]法院认定1997年中报发布日期为虚假陈述实施日。再如,在蓝田股份虚假陈述案中,被告蓝田公司在1999年中报、1999年年报、2000年中报、2000年年报、

---

① 参见青岛市中级人民法院民事调解书,(2003)青民三初字第45号。

2001年中报等5个信息披露文件中存在虚增收入、虚构利润的情形,[①]法院最后只确认了1999年中报的发布日期作为被告虚假陈述行为的实施日。

笔者认为,对于存在若干个性质相同的虚假陈述行为实施日的认定,应当遵循分别认定的原则,不宜只确定最早实施的日期为虚假陈述实施日。所谓分别认定原则,是指应当根据虚假陈述行为的个数认定实施日的个数。例如,在上述东方电子虚假陈述案中,应分别确认1997年中报、1998年年报发布日期为虚假陈述实施日。在蓝田股份案中,应分别确认1999~2001年中报、年报的发布日期为虚假陈述实施日。这样做的法律实益在于:虚假陈述行为可能在不同时间点揭露,分别认定虚假陈述实施日,可以对应多个不同的揭露日:(1)当证券市场上揭露的虚假陈述是一系列相同性质的行为中的一个时,可以更加精准地认定哪些投资者能够提起民事赔偿诉讼,哪些投资者应当被排除出投资者保护的范围;(2)当证券市场上一系列性质相同的虚假陈述行为分别、分批被揭露时,对于不同时间点揭露的虚假陈述行为,不同类型投资者的损失数额计算可以更加精准。

(2)性质不同的若干个虚假陈述行为中实施日的认定

所谓性质不同的若干个虚假陈述行为,是指虚假陈述行为人在一段时间内实施了披露内容、披露方式或者对于该公司证券价格影响程度不一的若干个虚假陈述行为。对于性质不同的虚假陈述行为,在法理上也应遵循分别认定的原则,在这一点上,与性质相同的若干个虚假陈述行为中实施日的认定一致。在虚假陈述案件的司法实践中,经常出现的情况是,对于上市公司定期报告所构成的虚假陈述行为,较为容易认定实施日(通常是定期报告发布之日),对于上市公司临时报告所构成的虚假陈述行为,不容易认定实施日。例如,在科龙电器虚假陈述案中,科龙公司于2001年未按规定披露重大关联交易,与此同时,还存在2002~2004年年度报告虚假记载、重大遗漏等违法事实,[②]但是法院在认定科龙公司虚假陈述行为时,仅将2002年年报的发布之日确定为虚假陈述实施日,对于2001年未按规定披露重大关联交易问题只字未提。根据我国《证券法》第81条的规定,上市公司发生可能对该公司

---

① 参见武汉市中级人民法院民事判决书,(2008)武民商初字第23号。

② 参见广州市中级人民法院民事调解书,(2007)穗中法民二初字第221号。

股票交易价格产生较大影响的重大事件时，上市公司应当向监管部门报送临时报告。对于重大关联交易，显属影响上市公司股价的重大事件，科龙公司未按规定报送临时报告，已构成证券市场上的虚假陈述，需要法院据此认定虚假陈述实施日。与此案类似，在九州股份虚假陈述案中，被告九州股份公司对于订立重要合同，可能对公司经营状况产生重要影响的重大事件，也没有通过临时报告的形式报送，[①]法院亦未据此认定未披露临时报告的行为构成虚假陈述行为，进而确认虚假陈述实施日。从我国法院审理虚假陈述的案件中，可以看出其基本审理立场：(1)对于临时报告涉嫌虚假陈述的，由于其实施日的认定没有相应法律依据，实践中法院倾向于尽可能少认定，甚至不予确认虚假陈述实施日；(2)对于某一案件中涉嫌多个性质不同(临时报告与定期报告并存)的虚假陈述行为时，法院倾向只确认定期报告的虚假陈述实施日，且往往只确认最早实施的虚假陈述行为实施日。笔者认为，对于虚假陈述实施日的认定，应当遵循分别认定的原则，能够区分虚假陈述行为个数的，应分别根据不同虚假陈述行为的实施时间点确认虚假陈述实施日。此外，应通过立法、法律解释等途径明确对临时披露义务人实施虚假陈述行为实施日的认定，廓清司法实践中对于临时信息披露虚假陈述实施日认定混沌不清、模棱两可的情形。

2. 揭露日

虚假陈述揭露日是虚假陈述行为被证券市场参与者广泛知悉的日期，随着虚假陈述信息被揭露，被揭露的证券之价格也将受到证券市场供求关系的影响而产生变动。揭露日是虚假陈述民事赔偿案件发生的重要界定之日，也是损失计算起始的基准日。[②] 广义的虚假陈述揭露日还包括虚假陈述更正日，在某些案件中，虚假陈述行为人的虚假陈述行为是通过其自身自行公告并更正虚假陈述的形式被证券市场上的参与者广泛知悉，而非通过一般意义上的外部揭露(报刊、杂志、电视台、电台等)从而被市场参与者知悉。虚假陈述揭露日的认定，不仅影响可以提起民事赔偿诉讼的投资者群体的范围，同时将对损失数额计算产生重要影响。

---

① 参见福建省高级人民法院民事判决书，(2007)闽民终字第348号。

② 参见贾纬：《审理证券市场虚假陈述民事赔偿案件的几个疑难问题》，载《人民司法》2002年第5期。

(1)司法实践中认定揭露日的要点与难点

①分批、分次揭露的虚假陈述案件中揭露日如何认定

《关于审理证券市场因虚假陈述引发的民事赔偿案件的若干规定》第20条对虚假陈述揭露日进行了规定,其是指虚假陈述在全国范围发行或播放的报刊、电台、电视台等媒体上首次被公开揭露的日期。尽管如此,在司法实践中对于揭露日的认定仍难统一,其中,当以分批、分次揭露的虚假陈述行为揭露日最难认定。在东方电子虚假陈述案中,对于虚假陈述揭露日的认定,在庭审中有两种截然相反的观点,第一种观点认为:早在2001年7月,[①]中国证监会已开始调查东方电子公司虚构销售合同、虚增利润的虚假陈述行为,至少应认定2001年7月的某天为虚假陈述揭露日。第二种观点认为:2001年10月12日央视《证券时间》播出题目为"东方电子:原来如此!"的报道,该报道的日期应被认定为虚假陈述揭露日。最终,法院认定2001年10月12日为该案的揭露日。[②]

在科龙电器虚假陈述案中,原被告双方的争议焦点之一就是揭露日的认定问题。被告科龙公司认为,虚假陈述行为揭露日应该为2004年8月11日,因为8月10日经济学家郎咸平发表演讲,揭露了科龙公司的盈利假象,这与后来证监会处罚书认定的主要事实一致,且自8月11日起,全国各大媒体对该次演讲都进行了刊登和报道。[③] 原告一方则认为,虚假陈述揭露日应该为2005年5月10日,因为该日科龙公司董事会发布公告,公告内容披露了其因涉嫌违反证券法规已被证监会调查的事实,且在随后数日科龙公司股票价格产生剧烈波动。最终,法院认定2005年5月10日为该案的揭露日。[④]

上述两个案件都指向一个共同的问题——分批、分次揭露的信息,揭露日如何认定。在上述两个案件中,主张以较早揭露的日期(东方电子案是2001年7月,科龙电器案是2004年8月11日)为虚假陈述揭露日的背后逻

---

① 持该种观点的一方并未提出虚假陈述揭露日具体为哪一天,只是概括地认为至少应当确认2001年7月中的某天为虚假陈述揭露日。支持其论点的依据为:在2001年7月,证监会已开始着手对东方电子公司的调查,该公司股票在其后十数个交易日内下跌,累计跌幅超过40%。

② 参见青岛市中级人民法院民事调解书,(2003)青民三初字第45号。

③ 参见梁爽:《日本证券虚假陈述责任法律适用对我国的启示》,载《法学》2011年第1期。

④ 参见广州市中级人民法院民事调解书,(2007)穗中法民二初字第221号。

辑在于有效市场假说。[①] 持该主张的一方认为:证券市场是有效的,至少能够对影响证券价格的因素产生反应。尽管被揭露的消息仅可能反应的是初步调查结论,或者这种消息并不具有相应的法律效力,但由于能够对证券市场产生影响,一些投资者也可能减仓或者清仓,因而应当确定该日期为虚假陈述揭露日,以扩大保护一般投资者。[②] 但是,根据经济学学者对于现阶段我国证券市场的实证分析,部分实证证据证明了我国证券市场尚未达到半强式有效市场程度,[③]在未达到半强式有效程度的情况下,证券市场上各类证券价格仅能反映所有过去历史的证券价格信息,[④]而对所有已公开信息则反映不足或者迟滞,如若将此揭露的时间点界定为虚假陈述揭露日,可能面临认定投资者损失数额过少、收窄被侵权人保护范围的实践困境。例如,在科龙电器案中,2004 年 8 月 11 日后,科龙电器股票下跌幅度仍然较小,如果认定该日为揭露日,投资者可能获得的损失赔偿数额相较认定 2005 年 5 月 10 日为揭露日会少很多。

因此,对于分批、分次揭露的虚假陈述信息,应当按照市场有效程度认定揭露日:(1)当证券市场能够充分反映所有已公开信息时,此时,即使先前散播的信息并非特定监管机构深入调查后的结论性信息,或者揭露主体并非监管机构本身,亦可构成对虚假陈述行为的实质性揭露;(2)当证券市场难以充分反映已公开信息时,先前散播的信息能否构成对虚假陈述行为的实质性揭露应审慎考虑,需结合其他因素综合认定,比如,证券市场对该类信息的反应程度(证券价格下跌或上涨幅度)、该类信息对证券价格的影响程度(虚增 10% 利润与虚增 100% 利润对证券价格影响程度显著不同)以及社会公众对该类信息的知悉程度(如果绝大多数投资者没有认识到此类信息会影响其自身权利,而没有行使诉讼权利,则不宜认定为揭露日)等;(3)当前我国证券市场并不能够及时反映所有已公开信息,对于较早批次散播的虚假陈述信息

---

① 参见陈奇斌:《尤金·法马与有效市场理论》,载《福建论坛》2014 年第 1 期。

② 参见梁爽:《日本证券虚假陈述责任法律适用对我国的启示》,载《法学》2011 年第 1 期。

③ 参见谢晓霞:《有效市场假设理论在上海股市的实证检验》,载《经济体制改革》2007 年第 2 期;胡金焱、郭峰:《有效市场理论论争与中国资本市场实践——2013 年度诺贝尔经济学奖获奖成就实证检验》,载《经济学动态》2013 年第 12 期。

④ 参见唐国平、黄帅:《有效市场:假说还是理论——基于现有研究成果的述评与展望》,载《湖北社会科学》2015 年第 10 期。

能否据此认定揭露日应当审慎判断，但是，证券市场的有效性与个股的有效性不可一概而论。例如，有些证券的社会公众关注度、历史价格与证券所反映的信息关联度较高，从而导致该证券价格形成机制较其他证券特殊，对于此类证券，即使是少量的信息也能引起价格的剧烈波动，需要慎重考虑先前散播的初步性、少量信息能否构成对虚假陈述行为的实质性揭露。

②揭露日的个数如何认定

大多数虚假陈述民事赔偿案件只认定一个揭露日和一个实施日，赔付金额的计算从一个实施日到一个揭露日计损，但是在有些案件当中亦存在一个实施日对应多个揭露日，或者多个实施日对应多个揭露日的情形，故而，对于揭露日的认定就显得尤为重要。

在大庆联谊虚假陈述案中，大庆联谊公司于1999年4月21日首次在《中国证券报》上公告该公司“因涉嫌利润虚假，正在接受有关部门调查”，随后，中国证监会于2000年4月27日对大庆联谊公司作出行政处罚，认定大庆联谊公司存在欺诈上市、1998年年报虚假等行为，法院据此认定1999年4月21日为该公司1998年年报虚假陈述揭露日，2000年4月27日为该公司欺诈上市揭露日。[①] 由此导致能够提起诉讼的适格投资者范围收窄，即1999年4月21日前买入大庆联谊股票，且于2000年4月27日之前卖出的投资者不能作为本案的适格原告，丧失对虚假陈述行为人大庆联谊公司的起诉权。诚然，在绝大多数案件中，揭露日只有一个，对于确定适格投资者范围也相对简单。但是，如果发生可能存在多个揭露日的事实，法院需谨慎判断。笔者认为，揭露日的个数的认定至少应当遵循如下步骤：(1)对于揭露虚假陈述行为的事实需要定性，判断是否构成实质性揭露。如果证券市场上的参与者能够认识到该揭露事实对证券价格可能产生影响，就应当认定构成实质性揭露。(2)在构成实质性揭露的前提下，再判断后一个或几个揭露行为是否是前次揭露事实的再次确认。如果是对前一次揭露事实的再确认，则不宜再认定新的揭露日；如果揭露的是新的事实，则可以被认定为新的揭露日。

③认定揭露日的原则

最高人民法院《关于审理证券市场因虚假陈述引发的民事赔偿案件的若

---

① 参见哈尔滨市中级人民法院民事判决书，(2003)哈民三初字第472号。

干规定》对揭露日的规定过于僵硬,认定揭露日时需满足多个法律限制,如"全国范围"、"首次"与"公开"都在一定程度上制约了法院自由裁量权的行使,致使在一些案件当中对于揭露日的认定过于刻板,缺乏灵活性。例如,在东方电子案中,法院遵循以往判例确定的裁判标准认定全国性的媒体报道之日为该案虚假陈述揭露日。[①] 在银广夏案中,法院将《财经》杂志对广夏公司的报道之日认定为虚假陈述揭露日。[②] 诚然,对于司法解释确定的认定标准严格遵循,是法院审理虚假陈述案件时的应尽之责,但对于司法实践中出现的揭露日认定过于刻板,会导致投资者保护范围时松时紧,需要通过立法删改予以完善。

笔者认为,对于虚假陈述揭露日的认定应遵循最大化范围保护投资者原则。具体而言,法院在认定揭露日时,应尽可能以最宽泛的标准认定适格投资者,赋予投资者以起诉权,让其有资格提起虚假陈述民事赔偿诉讼。当揭露日的认定存在多种可能时,法院应充分发挥自由裁量权,斟酌、衡量对于揭露日的哪一种认定更符合客观事实。当认定某一揭露日后,可能显著减少能够提起民事赔偿诉讼投资者数量,需仔细斟酌该揭露事实是否构成实质性揭露;当认定某一揭露日后,该证券价格并未出现显著下跌,需重新审视该认定的合理性;当认定某一揭露日后,明显更有利于减轻被告诉讼负担,需衡量该种认定是否公平。在既有的虚假陈述案件中,实际赔付金额相较诉讼金额比例较低[③]与实际参与诉讼投资者数量较少[④]是虚假陈述民事赔偿案件中普遍存在的现象。在虚假陈述民事赔偿案件中确立最大化范围保护投资者原则,也是从我国证券市场现实情况出发作出的特殊考量。

首先,虚假陈述行为作为一种证券市场的违法行为,本身查处难度较大。投资者对该类案件提起民事诉讼必须以行政机关的行政处罚为前提,这加剧了此类案件进入民事诉讼程序的难度。实践中,实际被行政机关处罚的案

---

① 参见青岛市中级人民法院民事调解书,(2003)青民三初字第45号。

② 参见宁夏回族自治区高级人民法院民事判决书,(2007)宁民商终字第74号。

③ 在银广夏案中,800多名投资者最终与被告达成和解,获赔金额6649.3万元,占总诉讼标的金额1.806亿元的比例为36.8%(该数据由笔者根据互联网相关资料整理所得)。

④ 据不完全统计,虽然十余年来参与诉讼的投资者人数超过1万人,但大概只占符合索赔条件的投资者总数的5%。参见黄辉:《中国证券虚假陈述民事赔偿制度——实证分析与政策建议》,载《证券法苑》2013年第2期。

件,相较潜在的、尚未被查处的案件数量,可能只是冰山一角。因此,虚假陈述案件一旦被监管部门查处,应遵循最大化范围保护投资者原则,使尽可能多的投资者进入诉讼程序,享有起诉权,至于其是否享有胜诉权,需留待法院实际审理后再行定夺。

其次,在尚未建立惩罚性赔偿制度的情况下,最大化范围保护投资者本身就是对虚假陈述行为人的惩罚。在认定虚假陈述揭露日时,以最大化范围保护投资者原则作为法院审理时的“镜鉴”,既可以克服现行法律规范体系对于虚假陈述揭露日认定过于刻板的弊端,又能充分发挥法院在处理这类涉众性较强案件时矛盾“调解器”的作用。将尽可能多的投资者纳入诉讼程序,再通过审判程序确定其是否能够获得赔偿,保障了本就处于弱势地位的投资者的权益,实现了他们在虚假陈述案件中的机会公平。

最后,证券市场既是一个信息市场,也是一个信心市场,投资者对于证券市场的信心是证券市场健康、持续发展的保障。证券市场上的参与者依据信息给市场上交易的证券定价,虚假陈述等证券违法行为改变的是证券市场根本的定价机制,动摇的是证券市场的根基,也会对证券市场上众多的参与者(投资者)的信心产生打击,贯彻最大化范围保护投资者原则可以有效提振市场信心,维护市场的公平性和成长性。

最高人民法院第九次民商事审判工作会议后印发了《全国法院民商事审判工作会议纪要》,明确了虚假陈述揭露日和更正日认定的精确程度并不以“镜像规则”为必要,不要求达到全面、完整、准确的程度。原则上,只要交易市场对监管们立案调查、权威媒体刊载的揭露文章等信息存在明显的反应,即可认定虚假陈述已被市场知悉。

3. 基准日

基准日与揭露日的认定关乎投资者能够获得赔偿具体金额。按照我国现行虚假陈述司法解释体系的规定,投资者在基准日之前卖出证券的,以卖出证券价格与买入证券价格之差计损,投资者在基准日之后卖出或持有证券的,以揭露日至基准日该证券平均价与买入证券平均价格之差计损。之所以如此规定,背后的法理在于:基准日为法律上虚假陈述信息完全被市场消化吸收之日,从该日起,证券的价格已经完全反映了剔除虚假陈述信息后的所有内容,从此日起,证券的下跌风险就不能由虚假陈述行为人承担,即虚假陈述行为人不可因不能归责于自己的事由而承担赔偿责任。

基准日的认定实际上还有科以投资者合理避免遭受更大损失义务的内涵。在虚假陈述行为被揭露之后，投资者出于止损目的，自然而然会抛售证券，法律之所以规定基准日，是为了保护那些信息获取途径少、没有及时卖出证券的投资者。被告实施虚假陈述行为固然有错，如果原告以被告实施的虚假陈述行为为饵，滥用法律赋予的权利转嫁证券下跌风险（如在虚假陈述行为被揭露之后，基准日确定之前，投资者有抛售证券合理避损的义务，但如果此时投资者并未采取避损措施，而是等待证券下跌之后再行起诉，以此获得更多的赔偿），实际上赋予了原告投资者一种无代价的看涨期权，对被告而言也是不公允的。美国联邦第八巡回上诉法院在哈里斯诉美利坚投资公司（Harris v. American Investment Co.）一案中，认为评估公允价值应当以交易行为之后足以使市场对欺诈之事实作出充分调整的某个时间为基准日。[①]《关于审理证券市场因虚假陈述引发的民事赔偿案件的若干规定》第33条第2项规定："按前项规定在开庭审理前尚不能确定的，则以揭露日或者更正日后第30个交易日为基准日。"据此，如果投资者是在揭露日后30日后起诉的，自不待言，基准日的认定以第30个交易日为准。如果投资者是揭露日后30日内起诉的，则可能诱发投资者投机性风险转移行为。此时基准日尚未确定，投资者损失难以确定，而在确定基准日之前，如果证券市场是下跌行情，投资者不急于卖出证券，"以将市场下跌风险转移给被告"，诱发道德风险和投机性风险转移行为。因此，应通过立法，在揭露日后30日内起诉的，以投资者起诉时证券价格与买入证券价格之差作为投资者能够获得的赔偿金额的最高限制，以此减少甚至消除投资者可能存在的借助证券市场的投机性风险转移行为。

（四）系统风险的认定

1. 对于系统风险的理解

证券业普遍认为，系统风险，是指由于宏观因素发生变化而对市场整体产生影响，导致整个或某一类证券价格发生较大波动所引起的风险。[②] 系统

---

① See Harris v. American Investment Co., 523 F. 2d 220 (8th cir. 1975).

② 参见贾纬：《证券市场虚假陈述民事案件的赔偿范围》，载《人民司法》2002年第11期。

风险对证券价格的影响为个别企业或行业所不能控制，其包括利率风险、政策风险以及市场风险等。系统风险是以司法解释的形式被引入证券虚假陈述民事赔偿当中的，2003年最高人民法院颁布的《关于审理证券市场因虚假陈述引发的民事赔偿案件的若干规定》第19条正式赋予了系统风险在虚假陈述民事赔偿中的特殊地位，诉讼中被告只要能够举证证明原告的损失或部分损失是由系统风险导致的，法院就应当认定虚假陈述与损害结果之间不存在因果关系。笔者认为，对于系统风险的理解，不应只强调对市场整体产生影响的事件或时段，如果一些事件或时段对某一类（行业）的证券价格产生影响，同样应当考虑系统风险是否存在。

2. 系统风险存在与否的判断标准

关于系统风险存在与否，在当今理论界与实务界，大致有以下3种观点：第一种观点认为，系统风险是一个事件，该事件的出现会对股票市场产生重大影响，进而引起全部股票价格的大幅涨跌。例如，2008年国际金融危机对全球股市的影响、2005年五部委联合发布《关于上市公司股权分置改革的指导意见》等。[①] 第二种观点认为，系统风险是一个时间段内的整体市场状况，且其本身存在与否可以通过指数得到反映。[②] 例如，投资者在购入股票日的市场综合指数是2000点，卖出股票日或者差额计算基准日的市场综合指数为1800点，则存在系统风险；如果卖出股票日或差额计算基准日的市场综合指数为2200点，则不存在系统风险。第三种观点是第二种观点的发展与延伸，认为系统风险是证券市场上普遍存在的客观事实，[③]并且应当通过比单一综合指数更具科学性的多个指数或数据得到反映。具体而言，系统风险存在与否可以透过证券市场综合指数、证券市场流动股总市值、股票所在行业

① 持此观点的一方进一步认为，如若证明系统风险的存在，提出该主张的诉讼当事人首先应当举证证明引起系统风险出现的事件存在，其次应当证明该事件对证券市场整体产生了重大影响。参见《陈丽华等23名投资人诉大庆联谊公司、申银证券公司虚假陈述侵权赔偿纠纷案》，载《最高人民法院公报》2005年第11期。

② 持该观点的学者认为，若以指数计算系统风险，必须选择与虚假陈述影响的证券最具关联性的指数作比较。参见贾纬：《证券市场虚假陈述民事案件的赔偿范围》，载《人民司法》2002年第11期；贾纬：《审理证券市场虚假陈述民事赔偿案件的几个疑难问题》，载《人民司法》2002年第5期。

③ 参见刘振：《关于证券市场系统风险所致损失数额的认定》，载《人民司法》2008年第11期。

板块指数、股票所在行业板块流通股总市值4类数据的变动情况加以判断。①

笔者认为以上述第三种观点认定系统风险是否存在最为妥帖。第一种观点将系统风险限定为某一事件,并对被告科以证明该事件存在的举证责任,表面上与《关于审理证券市场因虚假陈述引发的民事赔偿案件的若干规定》第19条确立的裁判规则吻合,实际上却加重了被告的举证责任,因为通常情况下证券市场行情的整体下跌不存在相对应的特定事件,证券市场的趋势性走强也无法归因于某一特定事件的发生,被告要举证证明系统风险的存在,几无可能。第二种观点相较于第一种观点更贴近客观事实,因为证券市场证券定价机制极为复杂,某一股票价格不仅与本公司生产经营状况密切相关,也与证券市场整体运行状况关联颇深。虽然单一股票价格在短时间内可能走出与整个证券市场完全相反的走势,但从长期来看,单一股票价格最终会大概率受到证券市场整体走势的影响,其走势与证券市场整体走势趋近。将证券市场综合指数的涨跌与单一股票的涨跌联系在一起,可能是在复杂证券市场定价机制下,判断系统风险是否存在的一条操作方便且直观易见的途径。第三种观点无疑更具有科学性和准确性。毫无疑问,证券市场上存在可能影响某一行业或领域的政策、趋势或利好(空),这些因素可能对整个证券市场的影响并不大,但却对某一行业的影响巨大。例如,国家出台某一领域产业调整政策、行业景气程度受国际环境影响、行业产品价格受自然灾害影响等。在此情形下,如果只根据证券市场综合指数判断是否发生系统风险,有失偏颇;若从行业或板块角度考察,则可能夸大了行业因素对证券价格的影响;将多种数据综合起来观察,最为客观。如果证券市场综合指数、同类板块指数和板块流通市值等指标同时下跌,就基本可以确认系统风险存在。②

(五)系统风险的计算

1. 系统风险计算模型

在虚假陈述民事赔偿案件中,投资者的投资损失是多种因素综合作用的

---

① 甘培忠教授也对该种观点持赞同态度,并进一步认为"法官原则上直接根据板块指数审判即可,不考虑大盘指数,除非原告或被告能够证明特定事由的存在导致考虑大盘指数的必要性"。参见甘培忠、彭运朋:《论证券虚假陈述民事赔偿中系统风险所致损失数额的认定》,载《甘肃社会科学》2014年第1期。

② 参见冯果:《诱空型证券虚假陈述损害赔偿民事责任之认定——评张翰冰诉山东京博控股股份有限公司证券虚假陈述责任纠纷案》,载《法律适用》2016年第13期。

结果，在“多因一果”影响下，造成投资者投资损失的原因可以归纳为3类：(1)虚假陈述因素；(2)系统风险因素；(3)其他因素。在理论上，如果能够将这3类因素造成的影响截然分开，就能分别计算各种因素影响下的致损数额，对认定投资者最终能够获得的赔偿数额意义极大。在不考虑其他因素的前提下，理论上系统风险计算模型应当能够区分虚假陈述和系统风险对股价分别造成的影响。例如，以诱多型虚假陈述案件为例，虚假陈述实施日后投资者以20元买入证券(未实施诱多型虚假陈述行为下证券价值18元，溢价2元)，实施日至揭露日之间，由于行业整体估值调整、证券市场整体走弱，股票价格下跌至15元(未实施诱多型虚假陈述行为下证券价值为18－5＝13元)，揭露日后暴跌至9元，由于虚假陈述因素导致投资者损失数额为15－9＝6元，由于系统风险因素导致投资者损失数额为20－15＝5元。这也是我国法院在审理虚假陈述案件时普遍采用的计算系统风险致损数额的分析模型。

2. 系统风险致损数额的计算

在虚假陈述民事赔偿案中，认定系统风险存在与否是确定系统风险致损数额的第一步，在确定系统风险确实存在的情形下，准确认定系统风险所致损失数额大小，是合理分配被告赔偿责任的关键。在司法实践中，通常的做法是将证券市场综合指数[①]的下跌幅度，直接作为认定系统风险致损数额的依据。例如，在东方电子案中，“比如股民在上证指数1000点的情况下，以10元一股的价格购进股票，如果上证指数跌到800点，股民以5元一股的价格抛出，每股赔偿需要扣除20%的系统性风险”。[②] 在科龙电器案中，法院参照深证成份股指数，扣除系统风险所致的损失额4391.11元。[③] 将证券市场综合指数下跌幅度直接作为系统风险致损数额认定的依据，虽然简便易操作，但可能失之片面。笔者认为，除以证券市场综合指数作为依据外，还应考虑如下两个方面。

---

① 若该公司股票是在上海证券交易所交易，采用上证综合指数。若在深圳证券交易所交易，采用深证成份股指数。

② 施为飞：《东方电子虚假陈述民事赔偿案落槌，南京132位股民获赔260万元》，载《江苏法制报》2007年9月4日，第1版。

③ 参见广州市中级人民法院民事调解书，(2007)穗中法民二初字第221号。

(1)证券市场综合指数是认定系统风险致损数额的关键,但不应绝对化

系统风险不仅包括影响整个证券市场的政策、趋势与利好(空),也包括仅可能影响某一领域或行业的因素存在。在九州股份案中,2001 年 11 月 30 日中国证监会公布《亏损上市公司暂停上市和终止上市实施办法(修订)》(已失效)后,深圳证券交易所 ST 板块开始出现板块整体股价下跌的情形,[①]该规章的出台导致了某一板块股价的大幅下跌,且影响仅限于 ST 板块。如果依证券市场综合指数来判断,下跌幅度可能并不明显。综合指数可以对系统风险致损数额作出一个大致的判断,但脱离了具体板块或行业指数,可能会导致致损数额认定不甚准确。

(2)综合考虑各因素确定系统风险致损数额

上文已述,认定系统风险是否存在,可以通过证券市场综合指数、证券市场流动股总市值、股票所在行业板块指数、股票所在行业板块流通股总市值 4 类数据的变动情况加以判断。由于个股价格虽然通常受到证券市场整体状况影响,但并非总与大盘综合指数保持一致,而是表现出一定程度上的特殊性,特定行业或特定概念板块可能反映区别于综合指数的走势,如果僵化地以综合指数为依据,而对于行业板块的指数和市值不加考虑,可能会导致对系统风险的认定和计算的不公平,亦不能客观真实地反映投资者因虚假陈述所导致的损失。事实上,导致投资者损失的因素比较多元,系统风险作为证券投资者本应承担的正常投资风险,有必要在计算虚假陈述致损数额时予以剔除,并且在确定系统风险致损数额时参考和考虑多种因素,审慎认定具体数额。

3. 系统风险中行业因素的剔除标准

(1)对于行业因素影响的剔除标准的理解

股票价格的波动是多种因素综合作用的结果。既包括虚假陈述行为对该股票价格的微观影响,也包括系统风险、行业因素等对股票价格的宏观影响。在理论上,如果能将虚假陈述因素、行业因素、系统风险因素对股票价格的影响分割开来,就能够计算投资者真正因虚假陈述因素导致的投资损失的具体数额,有助于实现法律的公平正义。在实践中,法院多采用剔除法计算

---

① 参见福建省高级人民法院民事判决书,(2007)闽民终字第 348 号。

投资者因虚假陈述而实际发生的损失数额,即将由证券市场系统风险或行业因素所导致的部分投资损失从总损失中剔除的方法。其中,系统风险多以能够体现具体涨跌变化的大盘指数或大盘流通股总市值表示,行业因素多以该股票所在行业板块指数或所在行业板块总市值表示。在实际案件处理中,大盘指数(或总市值,下同)与行业板块指数(或总市值,下同)的变动方向并不全然一致,由此便延伸出如何剔除行业因素对证券价格影响的问题。

行业因素的剔除标准主要由两部分构成:其一,应否剔除系统风险中行业因素对投资者损失的影响。其二,如何剔除系统风险中行业因素对投资者损失的影响。

(2)应否剔除系统风险中行业因素对投资损失的影响

实践中存在大盘指数、行业板块指数与个股涨跌幅度不一的情况,宜分类予以讨论。

在大盘指数、行业板块指数和个股同时下跌的情况下,当个股跌幅大于大盘指数或行业板块指数中跌幅较高者时,应当剔除行业因素所导致的投资损失。举例而言,假设A公司虚假陈述行为揭露日至基准日之间,大盘指数跌幅为20%,A公司所在行业板块指数跌幅为30%,A股票自身跌幅为40%,此时A股票自身跌幅中既包含因虚假陈述行为被揭露这一利空消息所造成的影响,亦包含系统风险、行业因素对股价产生的影响,在计算投资者实际损失时,应将因行业因素所导致的投资损失予以剔除。需要注意的是,此例中大盘指数跌幅与行业指数跌幅两者孰高并无实际意义,例如,假设大盘指数跌幅为20%,A公司所在行业板块指数跌幅为10%,A股票自身跌幅为40%,仍应剔除系统风险中行业因素对投资损失的影响。实践中,被告只需举证A股票自身跌幅大于大盘或行业板块指数中任意一个,法院即可认定应对系统风险中行业因素对投资损失所造成的影响予以剔除。

在大盘指数、行业板块指数和个股同时下跌的情况下,当个股跌幅小于大盘指数或行业板块指数中跌幅较高者时,不应剔除行业因素所导致的投资损失。此情形中,所有因素(包括虚假陈述、行业因素、系统风险)对股价共同作用的直接结果是个股跌幅小于大盘指数或行业板块指数中任意一个的跌幅,无法实际度量系统风险与行业因素对股价的实际影响。

在大盘指数与行业板块指数涨跌互现,且个股下跌的情况下,是否须剔除行业因素对投资损失的影响，应视具体情形而定。

第一，当大盘指数上涨，同时行业板块指数下跌，且大盘指数涨幅与行业板块指数跌幅之和小于零，同时个股跌幅的绝对值大于大盘指数涨幅与行业板块指数跌幅之和的绝对值时，应剔除行业因素对股价的影响，并同时确认系统风险的存在。例如，当大盘指数上涨20%，行业指数下跌30%，个股下跌40%时，大盘指数涨幅与行业板块指数跌幅之和小于零（+20% -30% = -10%），同时个股跌幅的绝对值（0.4）大于行业板块指数跌幅与大盘指数涨幅之和的绝对值（|+20% -30%| = 0.1），系统风险与行业因素对股价的共同作用力构成了股价下跌的部分原因，在计算因虚假陈述所造成的投资损失时应予以剔除。

第二，当大盘指数上涨，同时行业板块指数下跌，且大盘指数涨幅与行业板块指数跌幅之和小于零（两者对个股跌幅影响为负），同时个股跌幅的绝对值小于大盘指数涨幅与行业板块指数跌幅之和的绝对值时，不应剔除行业因素对股价的影响。例如，当大盘指数上涨20%，行业指数下跌30%，个股下跌5%时，大盘指数涨幅与行业板块指数跌幅之和小于零（+20% -30% = -10%），同时个股跌幅的绝对值（0.05）小于行业板块指数跌幅与大盘指数涨幅之和的绝对值（|+20% -30%| = 0.1），行业板块指数与大盘指数对股价的共同作用力（拉低）大于个股实际跌幅，无法准确度量系统风险与行业因素对股价的实际影响。

第三，当大盘指数上涨，同时行业板块指数下跌，且大盘指数涨幅与行业板块指数跌幅之和大于零时（两者对个股跌幅的影响为正），此时行业板块指数与大盘指数对股价的共同作用力为拉升，无法准确度量系统风险与行业因素对股价的实际影响。

（3）如何剔除系统风险中行业因素对投资者损失的影响

在虚假陈述民事赔偿案件中，应否剔除行业因素的影响只是确定投资者损失的第一步，在确定系统风险及行业因素确实对股价产生影响的前提下，确定系统风险以及行业因素对股价的具体影响程度，是最终公平计算投资者损失的关键。在计算投资者损失时，不应孤立看待行业因素对股价的影响，须结合证券市场综合指数、证券市场大盘股票市值、该公司所在行业板块指数、该公司所在行业板块总市值等指标综合确定行业因素对投资者损失的实际影响。

关于如何剔除行业因素对投资者损失的影响，在当今实务界，大致有以下3种观点。

第一种观点认为，大盘指数的涨跌足以反映系统风险的存在，通常以证券市场大盘指数的下跌幅度直接作为认定系统风险致损数额的依据，无须考虑行业因素对股价的实际影响。例如，在东方电子案中，“比如股民在上证指数1000点的情况下，以10元一股的价格购进股票，如果上证指数跌到800点，股民以5元一股的价格抛出，每股赔偿需要扣除20%的系统性风险”。[①]

第二种观点认为，大盘指数与行业板块指数对股价的影响相同，在计算致损数额时应赋予两者相同的影响权重。例如，在恒天海龙案中，法院认为大盘指数与行业板块指数的变动对股价的影响相同，主张赋予两者等同的权重并以此衡量系统风险对投资者损失所造成的影响。自虚假陈述揭露日至基准日，大盘总市值下跌10%，行业板块总市值下跌23%，该公司股票总市值下跌30%，那么行业因素的影响为76.67%（23%/30%），整体市场的影响为33.33%（10%/30%）；如果综合考虑行业因素和系统风险的影响，系统风险的影响比例为55%[（33.33%+76.67%）/2]。[②]

第三种观点认为，行业板块相较整体证券市场，对个股影响更为直接和具体，主张“如果综合指数、全部流通股总市值的下降幅度大于板块指数、板块流通股总市值的下降幅度，则最终确定的数据应更靠近板块指数和板块流通股总市值的下降幅度，但该数据须介于大盘数据与板块数据二者之间，不能等于或低于最小值。例如，大盘数据跌幅为30%，板块数据跌幅为20%，则应选择20%以上25%以下的区间作为认定系统风险所致损失幅度的最终值”。[③]

笔者赞同上述第三种观点。以证券市场综合指数下跌幅度直接作为系统风险致损数额认定的依据，虽然简便易操作，但可能失之片面。在考虑行业板块与整体市场对股价的影响时，也不应忽视行业板块与上市公司股价关

---

① 施为飞：《东方电子虚假陈述民事赔偿案落槌，南京132位股民获赔260万元》，载《江苏法制报》2007年9月4日，第1版。

② 参见山东省高级人民法院民事判决书，（2016）鲁民终第1682号。

③ 刘振：《关于证券市场系统风险所致损失数额的认定》，载《人民司法》2008年第11期。

联度更高这一基本事实。不同行业有着不同的行业特征与运行周期,个股所处行业板块的波动情况更能反映其他因素(除虚假陈述因素外)对股票价格所造成的实际影响,而将系统风险所致损失数额确定基点定位于更靠近板块(行业)整体跌幅的一侧,有利于估算出最接近客观损失的致损数额,在实践当中也便于法院操作。

三、证券虚假陈述民事责任的责任分配标准

(一)虚假陈述民事责任主体的法律规范体系

1. 发起人、发行人或上市公司

早在1993年国务院颁布的《股票发行与交易管理暂行条例》中,就确定了发起人应对其在股票发行并上市过程中的虚假陈述行为承担无过错责任的归责原则。我国《证券法》第82条、第83条、第84条以义务性条款规定了如发生虚假陈述行为,发行人、上市公司应当承担民事责任。其中,《证券法》第85条还针对发行人、上市公司的董事、监事、高级管理人员,规定了在无证据表明其没有过错的情况下,承担民事责任。《关于审理证券市场因虚假陈述引发的民事赔偿案件的若干规定》则对《股票发行与交易管理暂行条例》与《证券法》中的规定再次予以确认,第21条明确了发起人、发行人或上市公司对其虚假陈述给投资者造成的投资损失承担赔偿责任。

2. 保荐人、承销商

发行人申请公开发行股票,保荐人、承销商对于发行人的申请文件和信息披露资料有审慎核查的义务,同样应对发行人的虚假陈述行为承担连带赔偿责任。我国《证券法》第85条规定了保荐人、承销商与虚假陈述行为人承担连带赔偿责任。《关于审理证券市场因虚假陈述引发的民事赔偿案件的若干规定》第23条再次确认了保荐人、承销商对发行人的虚假陈述行为承担过错推定责任。同时,将对证券发行负有责任的董事、监事和经理等高级管理人员纳入虚假陈述民事责任主体范围,其对发行人的虚假陈述行为同样承担过错推定责任。

3. 专业中介服务机构

专业中介服务机构包括会计师事务所、律师事务所、资产评估机构、信用评级机构等。专业中介服务机构一般按照本行业公认的业务标准协助发行

人制作、核查信息披露文件，因而也须为其不当行为承担民事责任。我国《证券法》第163条规定了专业中介服务机构在过错推定的基础上与发行人、上市公司共同承担连带赔偿责任。《关于审理证券市场因虚假陈述引发的民事赔偿案件的若干规定》继续坚持了《证券法》对专业中介服务机构所确立的归责原则，该规定第24条确定了专业中介服务机构的过错推定责任。

4. 其他作出虚假陈述的机构或自然人

《证券法》第56条以禁止性条款列举规定了证券交易所、证券公司、证券登记结算机构、证券服务机构、证券业协会、证券监督管理机构及其工作人员，以及国家工作人员、传播媒介从业人员，不得编造、传播虚假信息。但是，并未对上述主体的民事责任作出规定。《关于审理证券市场因虚假陈述引发的民事赔偿案件的若干规定》在《证券法》基础上进行了扩充，第25条规定了上述机构及其工作人员作出虚假陈述行为，应当承担民事责任。

（二）虚假陈述民事责任主体认定中存在的问题

1. 民事诉讼前置程序使民事责任主体范围失之过窄

最高人民法院2002年1月15日颁布的《关于受理证券市场因虚假陈述引发的民事侵权纠纷案件有关问题的通知》（以下简称《1·15通知》）确立了虚假陈述民事赔偿案件行政处罚程序前置的规则。《1·15通知》第2部分明文规定，人民法院受理的虚假陈述民事赔偿案件，其虚假陈述行为，须经中国证监会及其派出机构调查并作出生效处罚决定。《关于审理证券市场因虚假陈述引发的民事赔偿案件的若干规定》第6条对《1·15通知》所确立的规则作了进一步解释，规定投资者必须以行政处罚决定或刑事裁判文书作为依据提起诉讼，人民法院方可受理。

在司法实践当中，诉讼当事人以未受行政处罚或刑事制裁为由提起抗辩，是最为常见的情形。例如，在闽越花雕虚假陈述案中，被告上海上会会计师事务所、中勤万信会计师事务所就以未受到任何行政处罚为由，否认与第一被告神龙发展公司构成共同侵权。[①] 在九州股份虚假陈述案中，申银万国公司和招商证券公司分别作为“ST九州”股票发行的第一和第二上市推荐

---

① 参见福州市中级人民法院民事判决书，（2006）榕民初字第371号；福建省高级人民法院民事判决书，（2007）闽民终字第356号。

人，厦门国托作为股票发行的副主承销商，均以没有受到中国证监会及其派出机构依法作出的生效行政处罚为依据，否认其实施了共同侵权行为。[①] 而法院在最终认定虚假陈述责任主体时，往往以先前已生效的行政处罚决定或者刑事判决书作为认定被告构成虚假陈述的主要依据。例如，在大庆联谊虚假陈述案[②]、红光实业虚假陈述案[③]中，最终都是以行政处罚决定认定证券发行承销商与虚假陈述行为人共同构成虚假陈述。由于前置性程序的存在，法院在大多数情况下皆依循证监会或其他有权机关的先验判断，虽然前置性程序在一定程度上能够防止滥诉的发生，但是更多的是造成了法院丧失自由裁量案件的主动性，以行政机关的事实判断代替了法院的法律判断，造成司法实践当中民事责任主体范围过窄，投资者赔偿请求得不到有效保障。

2. 对专业中介服务机构是否构成虚假陈述行为缺乏明晰的判断标准

在《1·15 通知》和《关于审理证券市场因虚假陈述引发的民事赔偿案件的若干规定》这两个司法解释确立虚假陈述民事诉讼前置性程序的前提下，法院几乎无一例外地以前置性程序中确认的违法事宜作为判断专业中介服务机构构成共同侵权的依据。行政机关首先认定中介机构在发行人虚假陈述中存在违法事宜，法院再据此认定中介机构的民事责任，这一逻辑链条成为司法实践中确定中介服务机构虚假陈述民事责任最为重要且唯一的途径。因而，前置性处罚程序中对中介服务机构行为的定性，就成为确定其是否承担民事责任的关键。有违法行为，即承担民事责任；无违法行为，即可免除责任，是这一类案件最为突出的特征。

然而，证监会、财政部等执法机关在对中介服务机构的违法行为进行认定时，仍缺乏较为明晰的判断标准，对于其是否构成虚假陈述行为缺少严谨的论证推理过程。例如，在九州股份虚假陈述案中，中国证监会对九州公司股票公开发行上市中负责其上市申请文件审计工作的华兴会计师事务所作的行政处罚，仅在处罚决定中笼统地指出“福建华兴会计师事务所未勤勉尽责，未能发现九州股份虚增上市前 3 年业绩的问题，于 1996 年 8 月为九州股

---

① 参见厦门市中级人民法院民事判决书，(2003)厦经初字第 123 号；福建省高级人民法院民事判决书，(2007)闽民终字第 348 号。

② 参见哈尔滨市中级人民法院民事判决书，(2003)哈民三初字第 472 号。

③ 参见成都市中级人民法院民事调解书，(2002)成民初字第 871 号。

份出具了发行前3年无保留意见的审计报告”,[①]据此认定华兴会计师事务所的行为构成了《股票发行与交易管理暂行条例》第73条所述“出具的文件有虚假、严重误导性内容”的行为。九州股份虚假陈述案的终审法院福建省高级人民法院,在终审判决中直接援引了中国证监会对华兴会计师事务所行政处罚决定中的内容,认定“华兴会计师事务所及其直接负责人员对九州股份应承担的部分损失承担赔偿责任”。[②] 与此案类似,在张家界股份公司虚假陈述案[③]、金路股份虚假陈述案[④]中,证监会对负责其上市审计工作的会计师事务所,均以“未能做到勤勉尽责,对公司含有虚假内容的年报出具了无保留意见的审计报告”[⑤]等寥寥数语认定其行为构成“出具的文件有虚假、严重误导性内容或者重大遗漏的”行为。

(三)虚假陈述民事责任主体认定标准的立法完善

1. 取消前置性程序,制定虚假陈述诉讼制度中“重大性”标准

设置虚假陈述民事赔偿前置性程序的目的是防止“滥诉”现象,将对虚假陈述行为调查取证的责任配置于行政机关,亦可以起到节约法院取证成本的作用,这两点立法动因无不反映当时最高人民法院“父爱主义”的司法解释立场。在以《关于审理证券市场因虚假陈述引发的民事赔偿案件的若干规定》为代表的虚假陈述司法解释规范群颁行实施近20年来,虚假陈述前置性程序确实在一定程度上发挥了民事诉讼“过滤器”的功能,防止了“滥诉”“缠诉”的大量出现,也为法院审理该类案件定下了极具确定性的裁判规则:以未受到行政处罚或刑事判决为由的抗辩,几乎无一例外地得到了法院的支持。在很多案件中,前置性程序都成为被告方提出抗辩的有力武器。专业中介服务机构能否构成虚假陈述行为,在很大程度上取决于是否受到有关机关的

---

① 《关于福建华兴会计师事务所及庄巍、徐强、程朝平违反证券法规行为的处罚决定》(证监罚字[2001]22号)。

② 福建省高级人民法院民事判决书,(2007)闽民终字第348号。

③ 参见《关于湖南省张家界旅游开发股份有限公司及肖碧文等人违反证券法规行为的处罚决定》(证监罚字[2001]12号)。

④ 参见《关于四川金路集团股份有限公司及有关人员违反证券法规行为的处罚决定》(证监罚字[2001]25号)。

⑤ 参见《关于湖南开元会计师事务所及杨迪航等人违反证券法规行为的处罚决定》(证监罚字[2001]13号)、《关于原四川德阳会计师事务所及有关人员违反证券法规行为的处罚决定》(证监罚字[2001]26号)。

"一纸处罚"。但是,实践当中已经出现专业中介服务机构在未受到行政处罚的前提下,仍承担民事赔偿责任的案例,这为进一步废除前置性程序提供了部分参考经验:在外高桥案中,法院调查表明,被告普华永道中天会计师事务所在对涉及虚假陈述行为保证金账户资金余额实施函证时,均未直接向证券公司发出询证函,反而交给外高桥的相关人员处理,普华永道中天会计师事务所未保持应有的职业谨慎、未实施有效的审计程序,即出具了无保留意见的审计报告。虽然普华永道中天会计师事务所并未受到中国证监会的行政处罚,但最终却被认定与第一被告外高桥公司共同承担虚假陈述民事赔偿责任,最终该案通过和解方式,以原告撤回上诉而告终。[①] 在取消前置性程序后,还必须围绕虚假陈述的"重大性"标准设计诉讼制度。[②] 如外高桥案中所述,只要原告投资者能够举证证明被告普华永道中天会计师事务所实施的行为达到了"重大性"标准,就应当将其追加为民事诉讼被告并要求其承担部分责任,而不论其是否受到有关机关的行政处罚。

2. 制定中介机构是否承担责任明晰的判断标准

专业中介服务机构是否应当承担虚假陈述民事责任,在现行法律框架内,主要依据前置性行政处罚(刑事判决)程序的定性作出判断,但是行政机关或法院刑事审判庭作出定性判断的依据仅是有限的若干个条文,这些条文受制于当时立法技术、对虚假陈述行为性质的理解等多方因素的影响,呈现较为简单、粗线条的实然状态,因而给予有关机关在判断中介机构是否构成虚假陈述行为时较大的裁量空间,也增加了法律定性的不确定性。例如,在专业中介服务机构承担过错推定责任的情况下,专业中介服务机构如何能够证明自己没有过错?过错推定是否意味着发行人实施虚假陈述行为后,中介机构只要在相关信息披露文件上签字就构成共同侵权?解答这些问题首先需要明确中介服务机构承担民事责任的判断标准。

笔者对虚假陈述案件中中介机构承担民事责任的案件进行了梳理,发现中介机构承担民事责任主要存在于"签字型虚假陈述"与"签字且存在过错型虚假陈述"两种形式之中。所谓"签字型虚假陈述",是指中介机构未对发

---

① 参见上海市高级人民法院民事裁定书,(2010)沪高民五(商)终字第32号。

② 参见贾纬:《证券市场侵权民事责任之完善》,载《法律适用》2014年第7期。

行人的信息披露文件勤勉尽责，没有发现发行人的虚假陈述行为，并于信息披露文件上签字的虚假陈述案件。典型案例为九州股份案，此案中负责对九州股份公司上市信息披露文件审计的华兴会计师事务所未能发现九州股份虚增上市前3年业绩的问题，被中国证监会处罚，[①]进而被福建省高级人民法院二审认定承担民事赔偿责任。[②] 所谓"签字且存在过错型虚假陈述"，是指中介机构不仅在发行人信息披露文件上签字，而且能够被证明其存在过错的虚假陈述案件。典型案例为银河科技案，此案中华寅会计师事务所被财政部认定"未对该公司的银行账户、应收账款有效实施函证及必要替代审计程序，在未获取充分适当的审计证据的情况下，发表了不恰当的审计意见"。[③] 对于"签字且存在过错型虚假陈述"，对中介机构进行处罚定性，并要求其承担民事责任，正当性自不待言。但对于"签字型虚假陈述"中没有主观过错的中介机构，行政机关在认定其行为应受行政处罚时的依据是什么？中介机构承担民事责任的依据又当如何在现行法律框架内找寻？对于这些问题的回答需要明确我国在认定中介机构民事责任判断标准的基本立场。

对于中介机构何时构成虚假陈述的主要行为人的问题，因循判例发展出了3种不同的判断标准。分别是"黑白分明标准"、"实质性参与标准"与"制作标准"。[④] "黑白分明标准"是指，只要社会公众可以合理认为虚假陈述是由中介机构作出或者可以归因于中介机构，那么中介机构就被认定为虚假陈述主要行为人。该判断标准相当于我国司法实践中的"签字且存在过错型虚假陈述"判断标准，在"签字且存在过错型虚假陈述"中，中介机构的过错通常是违背了应有的职业谨慎和职业道德，未尽到应有的审慎、勤勉义务，存在较易被社会公众认为是过错的行为。该种判断标准使对中介机构承担责任的认定过于严格，中介机构很容易逃脱法律责任。只要中介机构实质性地参与了虚假陈述文件的准备工作或者在该文件的起草和编排中担任了重要角色就满足了实质性参与标准，可以认定中介机构应当承担民事赔偿责任。实

---

① 参见《关于福建华兴会计师事务所及庄巍、徐强、程朝平违反证券法规行为的处罚决定》(证监罚字[2001]22号)。

② 参见福建省高级人民法院民事判决书，(2007)闽民终字第348号。

③ 南宁市中级人民法院民事判决书，(2007)南市民二初字第115号。

④ 关于判例、判断标准以及法院论证推理过程的详细内容，参见李宁锡：《美国证券交易中介机构在证券欺诈中的民事责任》，中国政法大学2007年硕士学位论文，第25～33页。

质性参与标准相当于我国司法实践中的“签字型虚假陈述”判断标准,该种判断标准所依循的逻辑为:只要发行人实施了虚假陈述行为,且负责制作其信息披露文件的中介机构在该文件上签字,即可认定中介机构未对文件的真实、完整作认真核查,应当承担虚假陈述民事赔偿责任。该种判断标准往往使认定中介机构承担民事责任过于简单,容易造成中介机构责任宽泛化趋势。“制作标准”是指,中介机构只要实质性地参与了该虚假信息的制作以至于能够被认为是该信息的制作者,那么其行为就构成虚假陈述行为。判断中介机构是否“制作”的主要依据在于是否存在可以强烈地推断出中介机构主观上存在故意或者重大过失的具体事实。该判断标准相当于中介机构与发行人共谋实施欺诈行为,且该共谋呈现预谋性、连贯性和欺诈性的特征。我国在制定中介机构承担民事责任判断标准时,应尽量减少“签字型虚假陈述”的认定,将判断标准的重心放在“签字且存在过错型虚假陈述”的认定上,同时应向“制作标准”靠拢,将是否存在可以强烈地推断出中介机构主观上存在故意或者重大过失的事实作为认定“过错”的标准。这样做,一方面,可以避免过度泛化中介机构的民事责任;另一方面,也使有关机关在认定中介机构民事责任的时候更加准确,在一定程度上增强了法律的确定性。

第三章 内幕交易民事赔偿标准及其适用

内幕交易是我国证券法禁止的一种违法行为，其与虚假陈述、操纵市场一道被称为证券市场的“三大毒瘤”。信息是证券市场的“血液”(blood)和“灵魂”(soul)，它是投资者的决策依据，是市场进行资源优化配置的核心前提。可以说，证券市场本质上即为一个信息市场。[①] 而内幕交易人以未公开的重大“优势信息”作为获利或者避亏工具，在证券市场从事非法证券投资行为，严重违背诚信与公平原则，损害了投资者以信息对称为核心的公平交易法益，无益于证券市场(金融市场)的向好发展。正如乔尔·赛里格曼(Joel Seligman)所言：“在公平自由的市场中，在牌上做了标记的人并不受大家欢迎。”[②]因此，世界主要国家均对内幕交易的行为进行各种严控和规制。[③]在我国，2019年证监会执法部门内幕交易立案案件件数达55件，超过信息披露违规案件(29件)和操纵市场案件(14件)的数量之和。[④] 而内幕交易行为治理一般需3种追责机制之配合，即刑事责任、行政责任与民事责任。根据我国当下之状况，内幕交易可谓是“老生常谈”，但其依然靠“行政机关主导”，[⑤]多

---

① 参见冯果等：《债券市场风险防范的法治逻辑》，法律出版社2016年版，第1页。

② Louis Loss, Joel Seligman, Tory Parades, *Securities Regulation*, 4th ed., New York, Wolters Kluwer, 2014, p. 517.

③ See Marc I. Steinberg, *Insider Trading Regulation-A Comparative Analysis*, The International Lawyer, Vol. 37, p. 153(2003).

④ 参见王君晖：《55宗内幕交易，13份市场禁入决定，证监会2019行政处罚“成绩单”来了》，载证券时报网，http://news. stcn. com/2020/0116/15603164. shtml。

⑤ 参见吕成龙、范良聪：《“触不可及”还是“近在咫尺”？——证监会内幕交易执法的风格与逻辑》，载《证券法苑》2019年第1期；缪因知：《国家干预的法系差异——以证券市场为重心的考察》，载《法商研究》2012年第1期。

数内幕交易案件过度注重行政与刑事的制裁,[①]鲜有涉及民事责任之承担,民事责任基本处于缺位的状态,[②]呈现"重罚轻赔""重公轻私"的畸态。在与证券侵权救济相关的民事责任中,民事损害赔偿责任与投资者"经济损失"的填补要义契合度最高、关联性最强。然而,关于内幕交易民事赔偿责任的相关法律制度尚付阙如,2019 年年底市场期待的《证券法》修订通过,其有关民事赔偿的规范并无改动,投资者基于内幕交易侵权行为寻求私权救济的途径不足、范围不清、标准模糊,导致投资者很难主张证券侵权民事赔偿。随着我国证券市场改革进入转型攻坚期,诸多利益冲突日渐显现,对投资者利益的保护愈发重要。构建一种合理、明晰、富有操作性的内幕交易民事赔偿责任制度,实现对受害人——投资者的有效救济,已成为当下证券法制及市场发展亟须解决的重要问题。

本部分,笔者首先从对内幕交易民事赔偿责任的现有规范分析入手,对既存法规作全面梳理审查。然后对证券市场[③]内幕交易民事赔偿责任性质进行定性剖释,进而探讨内幕交易民事赔偿责任的基本价值与利益取向。在此基础上建构内幕交易民事赔偿责任的具体方案,包括赔偿责任认定标准、赔偿数额确定标准以及赔偿责任分配标准。

一、内幕交易与内幕交易民事赔偿责任

与虚假陈述和操纵市场不同,内幕交易具有隐匿化、集群化、跨界化(如证券市场与期货衍生市场之跨界)、操作渐进、信息真实和传导多层次

---

① 准确地说,行政处罚占绝对主导地位,内幕交易刑事执法案件数量也不多,有分析说大量"以罚代刑"的情形使一部分符合入罪标准的案件未进入刑事司法程序。参见赵姗姗:《法益视角下证券内幕交易罪主体范围的规范构造》,载《政治与法律》2018 年第 10 期。

② 根据统计,1994~2015 年中国证监会和司法机关查处的内幕交易案件共 196 起,其中民事案件仅有 4 起,其中 3 起被撤诉或驳回(2008 年陈某丰诉陈某良因证券内幕交易赔偿纠纷案,2009 年陈某灵诉潘某某因证券内幕交易赔偿纠纷案,2012 年李某和吴某某诉黄某某、杜某因内幕交易赔偿纠纷案),仅 1 起受偿(2015 年投资者诉"光大证券乌龙指"因内幕交易赔偿纠纷案),且市场争议很大。参见彭志、肖土盛、赵园:《中国资本市场 20 年内幕交易行为案例综述》,载《财经研究》2017 年第 12 期。

③ 证券市场不同于期货市场,前者注重现货交割,后者强调风险对冲。对于二者之分析可参见冯果、张阳:《商事交易场所的类型化检视与多层次架构——从场内衍生品交易规制边界突破》,载《法学》2018 年第 8 期;本文的证券市场内幕交易之分析不包括期货,部分期货市场内幕交易的分析,参见谢杰:《期货市场内幕交易的法律规制》,载《财经法学》2019 年第 5 期;范黎红:《信用违约互换(CDS)市场内幕交易的法律规制》,载《证券市场导报》2019 年第 8 期。

等特点,[1]难以直接套用当前的有关“虚假陈述”的司法解释。探究内幕交易民事赔偿责任的确定标准,首先应对内幕交易进行清晰界定,内幕交易到底该不该规制?规制内幕交易的基本进路有哪些,其出发点或立法考量有何不同?不同进路下责任限定有何共性特征和殊异之处?我国法律规范体系对内幕交易及内幕交易民事赔偿责任的规定状况如何?本部分将着力回答以上问题。

(一)禁止证券内幕交易的考量

内幕交易,也称内部人交易、知情人交易或内线交易,其并非晚近之现象,洛德韦克(Lodewijk)研究考证认为,最早的股市内幕交易发生在阿姆斯特丹东印度公司股份交易时期。[2] 内幕交易称谓各异。虽然不同国家和地区对内幕交易概念界定有所差异,但通说认为,其是指知悉证券内幕交易信息的人利用所知悉的(隐匿性)内幕信息,在内幕信息(未公开的)敏感期内,买卖或建议他人买卖相关证券,或者泄露该信息的行为。[3]

很长时间以来,在理论层面对内幕交易的“善恶”一直争议不断。内幕交易的拥护者从信息的释放机制出发,主张内幕交易可提前释放信息量,使证券价格渐变调整,避免证券市场受到骤然的信息披露的影响,进而达致维护市场稳定有序的目标。而且,内幕信息很大程度上还被一线经手人——公司(企业)经营者掌握,适当的内幕信息可为其提供合理的激励,因而,关于内幕交易的两大核心问题——应否限制及进行多大限制,其核心观点是由当事人通过私法合同(契约)的方式来自由约定。[4] 而且,还有部分学者仍质疑内幕交易对投资者是否真正造成损失。[5] 痛斥内幕交易的学者则认为,由于

---

① 参见肖钢:《监管执法——资本市场健康发展的基石》,载《求是》2013 年第 15 期;冯果、张阳:《证券侵权民事赔偿标准确立的内在机理与体系建构》,载蒋锋、卢文道主编:《证券法苑》第 25 卷,法律出版社 2018 年版,第 111 ~ 130 页。

② See Lodewijk Petram, *The World's First Stock Exchange*, Columbia University Press, 2014, p. 35; Victor Lei, Ian Ramsay, *Insider Trading Enforcement in Australia*, Law and Financial Markets Review, Vol. 8, Issue 3, 2014, p. 214 - 226.

③ 参见彭建华、李学辉:《双刃之剑:证券内幕交易民事赔偿诉讼的探究与规制——从光大证券“乌龙指”事件出发》,载《法治论坛》2014 年第 4 期。

④ See Richard A. Booth, *Insider Trading: There Ought to Be a Law-or Not*, Regulation, Vol. 38, p. 18(2015).

⑤ See Henry G. Manne, *Keynote Address at the George Mason University Journal of Law, Economics &Policy Symposium: Insider Trading*, Journal of Economics & Policy, Vol. 4, p. 225(2008).

受到不当获利的巨大诱惑，在公司/企业内部，内幕信息的知情人可能会采取延迟甚至阻碍信息合理表达的做法，企业内部信息的沟通不畅，这有损于公司作出正确、及时的商业决策；在公司/企业的外部，为获取更多的"营利"时间，内幕信息的相关知情人更可能拖延与公司相关的重大信息的合理披露，进而影响证券市场正常的信息处理、消化过程，阻碍市场要素的正常配置，资本难以流向优质公司或项目。更为严重的是，内幕交易是一种损害市场公平的行为。内幕人所获悉的信息并非基于自身对市场的分析、预估、评测，而是利用其非正常市场参与的手段获取的信息，这使其获得了其他诚实、善良的普通投资人所不具有的不正当的优势，导致出现"牌未揭，局已定"的投资局面，很大程度上损害投资者对市场的信心，在不公平的预期下，投资者将减少证券投资，进而引发连环效应：由于投资者减少，证券发行成本又随之上升，市场的流动性将愈发困难。因而，对于内幕交易应当立法予以禁止。①

尽管上述理论争论未有停息的迹象，但实践中的态度已较为明朗：禁止内幕交易。现今，世界主要资本市场国家或地区的监管及立法对禁止内幕交易的问题已有较高共识，基本确定了如下4项证券内幕交易行为判定要件：(1)对象——内幕信息；(2)主体——内幕人；(3)主观——认知要素；(4)客观——内幕交易行为样态。② 值得注意的是，上述每项要件的具体构成和立法倾向在各个国家或地区仍存在较大差异。例如，第一，在界定内幕交易的核心前提——对象要件的组成要素上，多数国家或地区认可"重大性"和"未公开性"，但对"相关性"和"准确性"的态度各有不同。即便是对"重大性"的界定，各国或地区还大概可分为"抽象概述"和"具体列举"的两种立法模式；对于"未公开性"的理解，实践中还有"形式"和"实质"两种解读。第二，内幕交易主体的范围仍有很大差异。目前主要有"宽泛"和"狭义"两种规制进路，即争议焦点体现于内幕人的认定以拥有/获悉内幕信息即可，还是再加一层限定——内幕人是否要与内幕信息来源之间具备特定关系（如信义关系、注意义务等）。第三，关于主观要件，主要存在"故意＋实际利用内幕信

① 参见赵旭东：《内幕交易民事责任的价值平衡与规则互补——以美国为研究范本》，载《比较法研究》2014年第2期。

② 参见曹理：《证券内幕交易构成要件比较研究》，吉林大学2013年博士学位论文，第1页。

息"的模式和"过失+无须实际使用内幕信息"的模式,后者对主观认知的要求较前者有所降低。第四,客观要件层面,即具体的内幕交易的行为样态。部分国家或地区仅将依据内幕信息买卖证券的行为列入禁止范围;而部分国家或地区则进一步扩大行为样态,泄露内幕信息、建议他人买卖与内幕信息相关的证券行为亦被纳入其中。

这种差异性折射出禁止内幕交易制度的核心利益取向存在差异。[①] 目前禁止内幕交易立法的基础性主导理论可分为两大阵营:反欺诈理论(anti-fraud)阵营和市场理论(market theory)阵营。

第一阵营——反欺诈理论认为,内幕交易是内幕信息持有者对与其进行交易的相对人的欺诈,其损害的对象是不幸地与其进行相反证券交易的(特定的、个体的)投资者的利益。

第二阵营——市场理论则强调,从整体市场观出发,投资者是证券市场的"泉源"和"基石",投资者的投资领域其实不局限于证券市场,但其之所以将投资投向证券市场,很大的原因是投资者对证券市场充满信心,认可市场的公平、高效、透明。而投资者的信心源于市场诚信(market integrity),因此,立法的核心工作应是使每个投资者不受其他的因素干预而被差异性对待,投资者的信息获取应被平等对待,以确保市场公平。因此,在该种市场理论下,内幕交易的违法性考量在于"滥用其他投资者无法通过自身努力克服的信息优势的不公平,与投资公众合理预期存在一个所有参与者均能依据相同的规则竞争的诚实、公允的证券市场不一致",[②]其强调平等获取(equal access)信息的权利分析。[③]

与上述域外立法明确禁止内幕交易的核心利益不同,无论是立法文件还是司法解释,我国主张将个人利益与市场利益进行等同的保护,即所谓"二元利益观"。如此,意识到市场多元利益的存在固然很好,但需注意的是,二元

① 任何法律均有其特定的立法理念,即有明确需要法律保护的制度利益。并且,法律所蕴含的利益又可划分为核心利益和非核心利益,核心利益处于主导地位,非核心利益从属于核心利益。参见梁上上:《制度利益衡量的逻辑》,载《中国法学》2012 年第 4 期。

② 傅穹、曹理:《禁止内幕交易立法理念转换及其体系效应——从反欺诈到市场诚信》,载《法律科学》2013 年第 6 期。

③ See Greg Tzu Jan Yang, *Insight into Insider Trading in Greater China*, Maryland Series in Contemporary Asian Studies, 2010, No. 1, p. 2 - 15.

利益之间如何进行位阶排序和合理衡平是立法不得不考虑的问题。[①] 要区分核心利益与非核心利益，核心利益定性的差异将直接对行为构成要件和法律责任设置产生实质影响。我国立法对两种理念兼收并蓄的移植方式，将导致具体法律规则之间的抵牾和冲突，进而妨碍内幕交易制度功能的有效实现。[②]

(二)证券内幕交易民事赔偿责任的理由

不同性质的法律责任具有不同功用，民事责任在内幕交易的规制中具有刑事责任和行政责任所不具备的特殊的重要功用。严苛的刑事责任是禁止内幕交易最具震慑力的手段，毕竟其可采用刑事罚金与自由刑等人身责任的形式，特别是限制和剥夺人身自由的刑罚直接从根源上剥夺行为人再犯的现实条件，因此，刑事责任更强调一种威慑性质的制裁与预防。而被监管部门广泛应用的行政责任追究手段，是市场主流的规制利器，主要采取责令改正、行政罚款、市场禁入等责任形式，旨在及时介入制止不法行为，其重在高效灵活地监管干预，最大限度地消除不良行为的负面影响。而民事责任是唯一一种直接与受害人(投资者)经济利益求偿相关联的责任形式，其主要采取民事赔偿的财产责任形式，不仅具有与刑事、行政责任近似的通过剥夺违法行为人非法所得抑制其违法动机的功用，还具有更为重要的——填补受害人损害、修复违法行为人与受害人之间关系的功能。当然，在减少内幕交易的问题上，3 种不同的责任规范采用的手段各有差异，制裁的重点也各不相同，唯有在三者[③]的有效配合下，才能形成一个严密的责任体系，实现我国证券立法实质上的威慑内幕交易的目的。

---

① 高效、合理的立法不是"全面兼及"的铺设，而更应是一种在"利益序列"下区分优劣、先后的重点性(技术性)架构，以在较低的立法成本下取得较高的经济/社会成效。

② 参见傅穹、曹理：《禁止内幕交易立法理念转换及其体系效应——从反欺诈到市场诚信》，载《法律科学》2013 年第 6 期。

③ 值得注意的是，并不是每个国家都有遏制内幕交易的 3 种责任机制，例如，澳大利亚，只有刑事手段(criminal enforcement action)和民事手段(civil enforcement action)，See Victor Lei, Ian Ramsay, *Insider Trading Enforcement in Australia*, Law and Financial Markets Review, Vol. 8, Issue 3, p. 215 - 226(2014).

目前,我国关于内幕交易的行政责任和刑事责任的研究已较为成熟,[①]其责任要件也比较明晰。但是,内幕交易民事责任的研究则鲜有涉及,且体系化剖释和建构尤为欠缺,民事赔偿责任[②]的规范基本处于空白的尴尬状态,这实际上已成为我国内幕交易规制的一大"短板"。[③] 我国经济正处于关键期,特别是中美贸易战背后的金融角力日益明显,证券市场的发展面临国内、国际双向的多样风险,不同利益集团、不同势力组织干涉下的内幕交易日益多发且样态多端,严重威胁证券市场的正常交易秩序,不利于我国金融市场的稳健发展,无益于我国国际金融中心形象的塑造。在行政责任、刑事责任已渐趋完备的情形下,明确内幕交易民事赔偿责任的标准及适用范围将有以下 3 方面意义:(1)最核心的功用——从经济利益角度出发补偿投资者损失。补偿受害人损失是民事赔偿最基本、最重要的功能。[④] (2)全面震慑违法行为人的内幕交易。这主要是从涉及面的程度上来强化对内幕交易人的威慑。毕竟,行政责任和刑事责任的追责受行政及司法资源的限制,只能对市场上重大的内幕交易行为进行查处。正如周天舒教授对 2011 ~ 2015 年我国内幕交易案件进行实证量化分析后得出的结论,证监会不可避免地出现一种"选择性执法"的倾向;[⑤]但相比之下,民事赔偿诉讼的发起人范围则大得多,其以市场投资者为应诉主体,数量大、覆盖面广,而且,投资者是市场主体,其身处市场之中,对关涉自身交易的违规举动和信息动向更为敏感、清晰。(3)维护社会稳定,塑造司法权威。民事诉讼是投资者更为关切的诉讼类型,其可确定当事人之间的利益归属,消除纷争。[⑥] 即便行政处罚和刑事

---

① 参见赵姗姗:《法益视角下证券内幕交易罪主体范围的规范构造》,载《政治与法律》2018 年第 10 期;陈晨:《证券市场多层次传递型内幕交易犯罪认定难点研析及理论辨正》,载《河南财经政法大学学报》2017 年第 6 期;毛玲玲:《证券刑法的矛盾样态及反思》,载《中外法学》2014 年第 3 期;冯殿美、杜娟:《内幕交易、泄露内幕信息罪若干问题研究》,载《法学论坛》2006 年第 2 期;杨瑷华:《证据法视野下对查办证券内幕交易罪两个问题的探讨》,载《湘潭大学学报(哲学社会科学版)》2017 年第 1 期。

② 内幕交易民事责任包括但不限于损害赔偿、停止侵害、排除妨碍、消除危险、返还财产、恢复原状、消除影响、恢复名誉、赔礼道歉等,其中损害赔偿责任与"资金"有关,在证券市场中具有重要意义。

③ 与内幕交易民事赔偿责任相关的法规只有《证券法》第 53 条第 3 款规定,"内幕交易行为给投资者造成损失的,行为人应当依法承担赔偿责任"。

④ 参见朱岩:《论侵权责任法的目的与功能——兼评〈中华人民共和国侵权责任法〉第 1 条》,载《私法研究》2010 年第 2 期。

⑤ 参见周天舒:《证监会对内幕信息传递人的选择性执法研究——以 2011 年至 2015 年内幕交易案件为样本》,载《北方法学》2017 年第 5 期。

⑥ 参见张爱球:《诉讼功能论》,载《政法论坛》2000 年第 1 期。

制裁足够到位,若缺少民事诉讼的合理、明晰、富有操作性的索赔规定,投资者的损失将难以得到保障,法律规定难免沦为“花瓶摆设”,徒具其形,不堪实用,虚置的模糊条款导致人们怀疑法律公平正义的底线和能力。因此,明晰内幕交易民事赔偿责任的构成要件、数额标准以及责任分配,将为民事诉讼提供法律依据,有助于纠纷的化解。

(三)我国证券内幕交易法律规范体系的检视

1990~2019年,共有20余部法律法规或规范性文件对内幕交易问题作出规定。从1990年10月中国人民银行(以下简称央行)①颁布《证券公司管理暂行办法》第17条规定(“证券公司不得从事……内部交易……的行为和交易”)首度提及“内部交易”起,1993年开始的《股票发行与交易管理暂行条例》和《禁止证券欺诈行为暂行办法》到1998年的《证券法》,明文规定禁止内幕交易;2005年修订《证券法》首次言及内幕交易民事赔偿问题,但至今尚无相关立法或司法解释对内幕交易民事赔偿问题作出进一步的规范;2015年《证券法修订(草案)》对此问题予以回应,提出具体的内幕交易民事赔偿责任的规定,②但最终于2019年12月28日通过的《证券法》却对此又“缄默不言”,仅如2005年《证券法》一般原则性提及:“内幕交易行为给投资者造成损失的,行为人应当依法承担赔偿责任。”2018年由国务院同意,央行、中国银行保险监督管理委员会(以下简称银保监会)、证监会、国家外汇管理局联合发布的资本市场的重磅规定——《关于规范金融机构资产管理业务的指导意见》(银发〔2018〕106号)出台,其第24条也捎带提及禁止内幕交易之规定,③在这期间,无论是在1998年《刑法》、2009年《刑法修正案(七)》还是在2012年最高人民法院、最高人民检察院《关于办理内幕交易、泄露内幕信息刑事案件具体应用法律若干问题的解释》中,刑事责任的规范不断完善。行

① 之所以由央行颁布,是因为我国主管全国证券市场的专门机构——国务院证券委员会和中国证监会在1992年10月才成立,此前证券监管职能由央行履行。

② 2015年《证券法(修订草案)》(第一稿)第92条规定:“内幕交易行为人应当对内幕交易期间从事相反证券交易的投资者,就其在证券买入或卖出价格与内幕信息公开后十个交易日平均价格之间的差价损失,在内幕交易违法所得三倍限额内承担赔偿责任。”

③ 《关于规范金融机构资产管理业务的指导意见》第24条第1款规定:“金融机构不得以资产管理产品的资金与关联方进行不正当交易、利益输送、内幕交易和操纵市场,包括但不限于投资于关联方虚假项目、与关联方共同收购上市公司、向本机构注资等。”

政责任亦在因应社会实践基础上适时变化，在证监会的主导下，无论是 1998 年《证券法》、2005 年《证券法》、2019 年年底通过的《证券法》抑或是证监会出台的部门规章、规范性文件、内部操作指引，都指向行政处罚的与时俱进，因而行政责任的规范已渐成体系。随着内幕交易行为的日益复杂，民事赔偿责任的缺失已难以与行政责任、刑事责任形成有效的合力，亦不能有效维护市场稳定，投资者利益的民事赔偿责任亟待法律作出进一步阐释。

另外值得说明的是，在 2019 年之前我国内幕交易法规多着眼于股票市场，对债券市场鲜有涉及。债券与股票同为证券，理应同受规范。之所以出现此问题，主要是由于《证券法》的规定模糊、欠周延。2005 年修订的《证券法》第 75 条第 1 款规定："证券交易活动中，涉及公司的经营、财务或者对该公司证券的市场价格有重大影响的尚未公开的信息，为内幕信息。"该条规定将内幕信息分为两类：一是"涉及发行人的经营、财务"的信息；二是"对公司证券的市场价格有重大影响"的信息。该条规定以"公司"为出发点和中心词，从文义推断来看，公司不限于上市公司，证券也不限于上市股票；然而，应注意的是，债券种类十分丰富，多达 30 余种，即便用学理之大类划分，也包括政府债、金融债及公司债，其发行主体并不限于公司这一单一组织形态，还有财政部、央行、地方政府等机构。这样规定无法将公司债券外的其他债券有效囊括。而且，股票和债券的风险收益、价格生成等机制均存在巨大差异，① 该规定也未能全面反映公司债券涉及的基本面信息的特点。② 值得庆幸的是，2019 年年底通过的《证券法》第 52 条第 1 款已用"发行人"一词替代"公司"，原则上将内幕交易规制的视角扩大到包括债券在内的整个证券市场。

二、内幕交易民事赔偿责任的法律属性

内幕交易民事赔偿责任是证券民事责任体系中的一类，其侧重资金赔偿，而民事责任还包括赔礼道歉、返还财物、恢复原状、排除障碍等其他责任形态。关于这一特殊行为的责任性质，主要存在 3 种不同的观点：违约责任、侵权责任以及法定责任。法律性质的明晰将有助于具体规则的确立，在进行

---

① 参见张阳：《公司信用类债券信息披露制度的统合建构——以偿债能力为中心展开》，载《证券法苑》2017 年第 3 期。

② 参见张子学：《浅析债券市场内幕交易的规制》，载《证券法苑》2012 年第 1 期。

具体的内幕交易民事赔偿制度分析研究前,首先应明确内幕交易民事赔偿责任的法律属性,再以此为基础进行价值的权衡、标准的取舍和责任的设计。

(一)违约责任说

该说将招股说明书(债券募集说明书)与上市公司公告书(债券上市公告书)视为一种要约,投资者买卖股票(债券)的行为被理解为是一种买卖标准合约(契约)的行为,其认为证券市场(偏重于股票市场)类似电子数据交换(Electronic Data Interchange,EDI)电子商务合同的自动成约系统,在证券市场(交易所)集中竞价系统[①]中成交买卖方,通过技术系统的匹配衔接,彼此都存在契约关系。[②] 但是,契约理论的适用仍有较大的局限。合同订立一般要经过要约和承诺两个阶段,仅以股票市场为例,证券市场连续竞价交易的方式使传统的要约与承诺的区分失去了意义。在证券集中交易系统(上海证券交易所、深圳证券交易所等),投资者的意思表示经过格式化的技术处理集中在交易所撮合,并通过行情揭示板向公众传达,投资者不关注也不可能知悉交易对象的信息及其信用状况,其关注的是证券信息本身。此外,券商等行纪交易商的存在使投资者丧失了买卖当事人的地位,特别是我国股市交易必须委托券商进行,证券在市场买卖流通更似是一种价值的符号。尤其是随着技术要素与经济形态的结合愈发紧密,[③]互联网技术与证券市场不断深度融合,计算机主导的电子交易系统(Electronic Communication Networks,ECNs)成为主导,[④]这逐渐改变资本市场不同主体间的关系,这些革命性变化使当下的证券交易呈现一定的非契约化倾向——迈向"标准化"。更大的困境是,契约的核心是"相对性",因此,若采纳违约行为说将面临难以解释投资者(直接交易人)之外的其他受害者在合约中的地位问题。[⑤] 况且,根据合

---

① 需要注意的是,债券市场分为3类,交易所债券市场、银行间债券市场、商业银行柜台市场。该集中竞价系统主要存在于(a)交易所债券市场,在(b)银行间债券市场和(c)商业银行柜台市场,主要是询价交易和做市商交易模式,并无集合竞价的系统。

② 参见赵万一主编:《证券交易中的民事责任制度研究》,法律出版社2008年版,第240页。

③ 参见冯果、张阳:《商事交易场所的类型化检视及多层次架构——从场内衍生品交易规制边界突破》,载《法学》2018年第8期。

④ See Jerry W. Markham & Daniel J. Harry, *For Whom the Bell Tolls: The Demise of Exchange Trading Floors and the Growth of ECNs*, The Journal of Corporation Law, Vol. 33, 2008, p. 866 – 929.

⑤ 参见冯果、李安安:《内幕交易的民事责任及其实现机制——写在资本市场建立20周年之际》,载《当代法学》2011年第5期。

同(契约)关系来追索内幕交易人的民事责任,一般还需请求人持有该证券(合同的标的物)。然而,由于证券交易的快速性、连续性(特别是流动性高的股票交易),在确认民事责任时,证券很可能已经多重转手交易,原有之交易方已不持有该证券。当然,这一理由并不充分,毕竟20世纪80年代后,电子化和中央存管技术的发展使证券无纸化和非移动化成为现实,即便不持有证券,但亦有相应证券记录。[①] 即便如此,也无法解决违约责任范围狭窄这一根本问题,因此,把证券内幕交易民事责任归入违约责任范畴有其客观局限性。

(二)侵权责任说

不同于违约责任说,该学说支持者将内幕交易定位为一种侵害投资者利益的侵权行为,因此,投资者可基于侵权行为法(理论)提出侵权损害赔偿的请求。从保护投资者角度出发,将内幕交易视为侵权行为比违约行为说更加有利于保护投资者的合法权益。毕竟,侵权赔偿责任具有对世性之特点,其对内幕交易受害者采取的私权救济方法和路径,能够有效克服合同法救济方案中最大的局限——合同相对性原则的范围束缚,可为不特定多数的证券投资者维护其自身合法利益提供法律的请求权基础。[②]

侵权责任也并非完美之方案,其缺陷亦较为明显:首先,内幕交易对投资者造成的损害,并非投资者人身、财产或绝对权利的损害,而是一种财产上遭受的不利益——"纯粹经济上的损失",具有"间接性""隐匿性""经济性"的特征,相当于德国法中的"纯粹财产上损害"。目前,纯粹经济损失(pure economic loss)在世界各国的立法上并没有一个确切的定义,除公认合同损失为纯粹经济损失外,对其他纯粹经济损失的认定主要有两种观点:一是纯粹经济损失是指那些不依赖于物的损坏或者身体及健康损害而发生的损失;二是非作为权利或者受到保护的利益侵害结果存在的损失。后者在权利侵害和纯粹经济损失之间建立了直接联系。[③] 但是,2018年的《民法总则》与

---

① 参见张阳、阎维博:《债券市场登记托管结算机构的联通与统合》,载郭锋主编:《证券法律评论》2018年卷,中国法制出版社2018年6月第1版,第74~86页。

② 参见贾纬:《证券市场侵权民事责任之完善》,载《法律适用》2014年第7期。

③ [德]克雷斯蒂安·冯·巴尔:《欧洲比较侵权行为法》(下),焦美华译,法律出版社2004年版,第32页。

《合同法》也未承认"纯经济损失"这一概念,学界对此也未置可否。[①]《民法典》在总则编第五章"民事权利"中所保护的财产权利包括物权、债权、知识产权、股权和其他投资性权利,未明显涉及纯经济损失的规定。《民法典》第120条规定"民事权益受到侵害的,被侵权人有权请求侵权人承担侵权责任",仅模糊地提及了"民事权益",但并未明确何为"权益",且从该条仍无法得出侵权责任法承认纯粹经济损失的结论。因此,对证券内幕交易造成的现实损害,若是通过侵权法提出司法救济之主张,很难寻得合适的我国现行法律的请求权基础依据。其次,回归到侵权民事责任的构成要素来看,传统的对侵权要素的证明在证券市场中难以适用,特别是对因果关系和主观过错的证明难度更大。例如,在股票撮合交易中,连交易对象都难以确定,何以证明损害之因果关系?即便可进行技术性处理,由于内幕交易的隐秘性特征,除非有监管机构的前置性行政处罚,否则投资者难以发现内幕交易之存在,更不用说进行明确的举证了。最后,侵权责任损害赔偿范围的确定难度颇大。相较一般的民事交换、商事交易,证券市场(特别是二级市场)的证券交易流动性较强,特别是我国证券投资者以散户居多,投机性动机较强,少有长期持有的投资行为,"用脚投票"的买进卖出十分频繁,受害者(证券民事责任请求权人)具有流动性,辨识确定的成本较高,证券违法行为造成的损害具有社会化特征。[②] 因此,将内幕交易民事责任归入(一般)侵权责任亦有难度。

(三)法定责任说

在违约责任和侵权责任的主张之外,还有一种声音认为,内幕交易责任可被视为一种法定责任,强调一种"曲线救国式"的方案:不对存量的法律制度产生冲击,而用"增量改革"——通过立法方式明定证券民事责任的适用规则,此方案无须将内幕交易行为的赔偿追究强行融入既有的合同法或侵权法中进行逻辑推演。[③] 特别是在侵权法中,事实相似的案件其民事责任的适用须依照侵权法的一般规则进行演绎,对投资者的举证责任要求较高:须证明被告有过错、原告有损害以及因果关系的存在。但这不利于内幕交易民事

---

① 参见梅夏英:《侵权法一般条款与纯粹经济损失的责任限制》,载《中州学刊》2009 年第 4 期。

② 参见冯果、李安安:《内幕交易的民事责任及其实现机制——写在资本市场建立 20 周年之际》,载《当代法学》2011 年第 6 期。

③ 参见张心向:《我国证券内幕交易行为之处罚现状分析》,载《当代法学》2013 年第 4 期。

责任的适用:一方面,不能满足和适应信息披露对投资者保障的根本目的;另一方面,造成司法资源的浪费,背离证券民事责任之私权救济的初衷和宗旨。法定责任则以一种特殊责任的形式可以超越侵权救济的一般规定,在合理的范围内拓展民事救济的范围,其优越之处在于简化了证券内幕交易民事责任构成,减轻了原告举证负担,可以有效保护投资者合法权益。这种"特殊责任"模式并不是完全新设的,是在一般侵权责任基础上进行了改造的法定责任。我国2010年实施的《侵权责任法》第5条即规定了"衔接性条款"——"其他法律对侵权责任另有特别规定的,依照其规定"。这意味着侵权责任法将自身定位为"一般法",在特殊问题、特殊领域和特殊情形下,可由"特别法"对其一般原则适当调整,内幕交易民事责任赔偿问题即是适当的典型例子,《侵权责任法》与《证券法》应是一般法与特别法的关系。当前《证券法》虽也规定了内幕交易的民事责任,但仅在第53条第3款中提及"内幕交易行为给投资者造成损失的,应当依法承担赔偿责任"。如此规定过于笼统,仅是一种态度声明性的原则陈述,缺乏明晰的操作指引,在现阶段,若投资者控诉内幕人之侵权,仍需要借助侵权责任的一般构成要件来发挥作用。2019年的《证券法》修订却未能进一步明确,2015年《证券法(修订草案)》(第一稿)第92条的突破性规定最终未能落地。

综上所述,笔者认为内幕交易的民事赔偿责任,在性质上是一种建构在侵权责任基础上的法定责任。[①] 这种法定责任仍须以一般侵权责任理论为分析起点,但应对部分具体构成进行适当的变动,以因应内幕交易民事赔偿存在的特殊问题。

三、内幕交易民事赔偿责任的认定标准

在何种情况下内幕交易符合民事赔偿责任标准呢?鉴于内幕交易的民事赔偿责任是建构在侵权责任基础上的法定责任,因此其亦满足侵权责任的构成要件,但在具体要素上存有特殊考虑。至于侵权责任的构成要件,其指侵权行为承担侵权责任必须具备的基本条件,本书所指称的认定标准是对构

① 参见冯果、李安安:《内幕交易的民事责任及其实现机制——写在资本市场建立20周年之际》,载《当代法学》2011年第6期。

成要件的每一要素的具体阐释。

本节分析逻辑进路是：在“侵权责任构成要件”总揽下分别探析客观构成要件、主观归责依据及免责事由。具言之，内幕交易民事赔偿责任的构成要件包括：第一，须具备客观构成要件，即存在明确的违法加害行为的成立条件；第二，须具备主观归责之依据，无论责任形态为何（过错、无过错，抑或公平责任），不能缺少正当的依据，例如，要有法律规定，或者即便没有法律规定，也应依照公平、正义之理念/原则可确定合理的归责依据；第三，须不存在免责事由（豁免事由）。剖释上述这3个要件，“客观要件”和“主观依据”是积极性的要件，二者必须同时存在（逻辑中的充分条件）作为侵权责任构成的条件；“免责事由”是消极性的要件，主要是“一票否决”的功能。除横向的要件构成外，纵向的逻辑分析进路也至关重要。与上述分析框架一致，在分析路径上采取从积极到消极、从客观到主观的逻辑路径，即使满足前两个条件，但若存在第三个条件，则依然无法寻求司法救济。三者相互关联，应采用先分析侵权责任客观构成要件，再分析侵权责任主观归责依据，最后考虑作为消极构成条件的免责事由的逻辑进路。[①]

（一）客观构成要件

客观构成要件包括违法行为、损害事实及因果关系3方面，[②]具体分析路径为违法行为→损害事实→因果关系。

1. 违法行为

对违法行为的认定是内幕交易民事赔偿责任的基础。违法行为的认定包括3项构成要件：一是对象要件——内幕信息；二是主体要件——内幕人；三是客观要件——内幕交易的行为样态及豁免情形。每项构成要件的具体规制在不同法域仍存在较多的争议。

（1）对象要件——内幕信息及其界定

证券内幕交易行为的对象即是内幕信息。内幕信息是内幕交易存在的前提和基础，正是由于这种内幕信息被内幕人获得并利用才使其具有了相对

---

① 参见李开国：《侵权责任构成理论研究——一种新的分析框架和路径的提出》，载《中国法学》2008年2期。

② 撇开其主观构成要件（即过错），仅就客观构成要件而论，当前存在的不同理论还有五要件说（加害行为、行为不法、侵害权利、发生损害、因果关系）和二要件说（损害事实、因果关系）等。

证券(金融)市场中普通投资者的不公平的“先发”优势。若是没有内幕信息,内幕人也就没有“泉源”和“方案”进行不当的获利/避损,自然也就不会发生内幕交易行为。从这个意义上来讲,内幕信息可谓是内幕交易构成的首要必备条件,因此界定内幕信息也就成为规制内幕交易行为的关键前提。当前各法域在内幕信息构成要素方面,主要包含重大性(价格敏感性)和未公开性(或私密性)这两项公认的构成要素。[①]

①内幕信息重大性的认定

重大性之要素特征与证券信息披露存在相通之处,所谓的重大性(materiality),通常指内幕信息一旦被公开后就可能会“充分”影响相关证券市场价格或价值。[②] 即信息必须具有影响力(“含金量”)。对重大性的界定存在抽象类、具体类及综合类3种不同的模式。第一种,抽象模式通过概括性的要点陈述廓清“抽象”的判断标准;第二种,具体模式则是明确列举具有重大性的相关的信息类型(比照择取);第三种,综合模式则前两种模式的结合体(“抽象+具体”)。

内幕信息重大性的“抽象界定模式”源于美国,后为欧盟地区、澳大利亚、亚洲新加坡及我国香港特别行政区所借鉴。抽象模式的核心是总结归纳信息“重大性”的本质,目前较权威的判断标准是从市场投资者出发的理论——“理性投资者标准”(reasonable investor test)进行诠释,即如果一项特别的信息能够对证券市场中的理性投资者的投资判断产生重要影响,则该信息具有重大性。理性投资者标准较为抽象,其并未包括任何具体所指之事项列举或目标性的量化指标(numerical thresholds)。实践中,需要法院综合考

---

① 此外,还有“相关性”和“准确性”等要素的主张,但二者并非独立的判定因素,其可纳入“重要性”要素中统一考量,现实中刑法和行政法规也主要认可内幕交易的“非公开性”和“重大性”特征。参见胡光志:《论证券内幕信息的构成要素》,载《云南大学学报(法学版)》2002年第4期;张小宁:《论内幕交易罪中“内幕信息”的界定》,载《昆明理工大学学报(社会科学版)》2009年第3期;傅穹、曹理:《内幕交易规制的立法体系进路——域外比较与中国选择》,载《环球法律评论》2011年第5期。

② See Report of the Emerging Market Committee of the International Organization of Securities Commissions: Insider Trading—How to Jurisdiction Regulate It (March 2003), p. 4.

虑多项因素，包括但不限于证券市场的实际反应(market effect)、[①]内幕人对信息的重视程度[②]以及信息来源[③]等。抽象模式确立了一个基本判断标准，法律并不对重大信息的具体范围作任何规定，因而具有较强的开放性、适应性和灵活性，但同时也是这种偏向"理念、原则、价值"的定性对行政执法和司法适用提出了较高要求。

关于重大信息的"具体模式"，抽象模式主张对重大信息的类型进行列举规定，日本是采用该方式的典型国家。这种考量主要是基于重大性的抽象、概括性规定的外延过于宽泛，在实践监管、司法中其尺度难以把握，利益相关人不确定的风险随之加大，故日本以详尽列举的方式来明确重大性的各种可能表现，其在 2006 年《金融商品交易法》第 166 条第 2 款第 1 – 4 号中，对重大性事实进行了 4 类划分：[④]一是决定事实(与决定上市公司业务执行机关作出的意思决定相关联的事实，譬如，减少注册资本、合并兼并、上市、利润分配、新技术或产品上线投放等)；二是发生事实(与公司决策无关的事实，如自然灾害的发生、主要管理层的变化、主要股东的变化等)；三是业绩变动(有关公司业务成果或计划的事实，如销售的变化、公司的盈利)；四是其他重大的事实(除上述 3 类事实外，其他有关上市公司业务/财产，并能对投资者判断造成显著影响的事实)。[⑤] 采用具体模式归纳信息的重要性特征，是便于参照、比对，但由于缺乏实质特征的阐释，随着市场的变化和不同主体间的差异，列举之法尚不能对所有相关信息作出事无巨细的事前列举。因此，此模式对于新情形可能缺乏适应力，稍显机械、僵硬。

---

① 该标准首先由美国第二巡回法院在 1968 年美国证券交易委员会诉得克萨斯湾硫磺公司案(SEC v. Texas Gulf Sulphur Co.)中确定。根据这一标准，内幕信息是否具有重大性将根据该信息是否"合理确定"地对相关证券的市场价格产生显著影响来作出。市场反应标准已成为美国法院在内幕交易领域界定信息重大性最常用的工具。但因内幕交易不必然产生证券市场价格变动，市场反应标准只是应当考虑的一个要素，并非充分必要条件。

② 该标准从信息来源对理性投资者的作用入手，以推定理性主张内幕人通过其自身的行为默示承认信息具有重大性。在实践中，如果能够使法院或陪审团确信系争信息是被告作出证券交易的依据，并且被告是理性投资者，则原告对信息重大性的证明责任即告完成。See Donald C. Langevoort, *Insider Trading Regulation, Enforcement and Prevention*, New York, Thomson Reuters, 2012, §5 – 2.

③ 该标准认为在涉及信息泄露的内幕交易中，可从信息来源(source of information)入手，亦即信息来源于公司内部人抑或其他途径。

④ [日]森田章：《公开公司法论》，黄晓林编译，中国政法大学出版社 2012 年版，第 352 页。

⑤ 参见李有星、董德贤：《证券内幕信息认定标准的探讨》，载《浙江大学学报(人文社会科学版)》2009 年第 6 期。

关于综合模式,“综合”意味着“全面和补缺”。具言之,综合模式综合了抽象模式的灵活性优点和具体模式的明确性优点,兼具较广的适应性和较强的操作性,是目前最为合理的模式(当然其立法难度也最大),是目前各国家/地区立法的主要发展趋势。

目前,从《证券法》之结构来看,我国意图兼具抽象模式和具体模式的优点。但现有规定存在诸多问题,亟须进一步明确阐释性抽象说明的周延严谨与列举性具体事项的类型。我国《证券法》第52条第1款规定,“证券交易活动中,涉及发行人的经营、财务或者对该发行人证券的市场价格有重大影响的尚未公开的信息,为内幕信息”,并以联结性规定列举了21项情形(第80条第2款明确的“11项”+第81条第2款明确的“10项”)。而且,为防止列举不全面,以致产生法律规范的灰色漏洞,立法者还在条文最后设置了包容性的兜底性条款,即“国务院证券监督管理机构规定的其他事项”。

首先,内幕信息之所以“重大”是其可对投资者的市场决策产生影响。我国直接规定“对该公司证券的市场价格有重大影响”并不周延,这种专注于价格敏感型的认定标准很难将其他未能明显引致市场价格变化的重大信息(如公司部分决策影响的隐性市场传导)纳入其中,应采用“合理投资人标准”;其次,法条列举的事项缺乏代表性,对于上市公司盈利(法条只规定公司发生重大亏损或重大损失)、上市公司控股子公司研制成功高新技术产品、上市公司债务免除、上市公司对外股权投资的股利分配①等问题都未在第80条列举事项之内。对这些信息是否属于内幕信息的判断,中国证监会均在个案中以“该信息属于国务院证券监督管理机构认定的对证券价格有显著影响的其他重要信息”作出简单描述,并未明确说明何为内幕信息的重大性标准,含糊、简略的说明不利于证券市场之稳定预期的形成。此外,债券市场亦存在内幕信息,有其特殊特点,在事项列举时要对其予以明确。我国2019年修订的《证券法》通过第81条对债券的重大事件作了新的突破性规定;②内幕信息的“重大性”是一种不确定的法律概念,故在该构成涵摄案例事实之时,

① 中国证监会行政处罚决定书〔2013〕1号、〔2009〕17号、〔2009〕26号、〔2009〕45号、〔2010〕29号。

② 参见李开远:《证券交易法理论与实务》,台北,五南图书出版有限公司2016年版,第286页。

必须先将该不确定法律概念通过解释判断予以具体化。[①]

②内幕信息的非公开性

内幕信息非公开(non-public),是目标(所指)之信息尚处于“秘密”状态,未被市场公众得知。未公开性最能体现内幕信息之“内幕”的含义本质,可以说,正是因为信息不为市场公众知悉,才造成内幕人拥有了不公平的信息先发优势地位,其可依据特别的内幕信息获得“围猎市场”的不正当利益。更进一步而言,内幕信息的判别需要从“否定之否定”的层面进行,毕竟“内幕”难以有共通性标准,但“公开”是法定之义务,故识别内幕信息应从“公开”问题上推演。内幕信息公开可分为形式公开和实质公开。前者是指信息按法律规定要求向社会公开即可,无须考虑信息公开后是否真正被投资者获悉,其不在意信息传播之过程和结果;后者则是指信息须实现有效公开之目标,即不仅须按法律规定之规程公开,还要实现信息最终为公众知悉、占用,为市场消化、吸收的效果,其强调信息进入投资者领域的最终效果。[②] 当然,形式公开模式与实质公开模式的最终目标亦有相似:促进可能对证券市场价格产生重大影响的未公开信息,真实、完整、准确地被广大投资者及时、充分获得,实现投资者信息获得之公平。[③]

根据2019年修订的《证券法》第53条之规定,[④]内幕信息公开与否,直接关系内幕交易行为是否成立。而对于内幕信息之公开方式,我国《证券法》(2019修订)(立法)、中国证监会《证券市场内幕交易行为认定指引(试行)》(2007颁行)(执法)、最高人民法院和最高人民检察院联合颁布的《关于办理内幕交易、泄露内幕信息刑事案件具体应用法律若干问题的解释》(2012)(司法)却有不同的标准,立法、执法、司法未见一致,其中纠葛可见一斑。具言之,立法中,2019年《证券法》第86条规定:“依法披露的信息,应当在证券

---

① 参见张小妮:《证券市场内幕信息重大性认定研究》,载《私法研究》2014年第2期。

② 参见朱锦清:《证券法学》(第3版),北京大学出版社2011年版,第111页。

③ 参见曹理:《证券内幕交易构成要件比较研究》,吉林大学2013年博士学位论文,第70页。

④ 《证券法》第53条第1款规定:“证券交易内幕信息的知情人和非法获取内幕信息的人,在内幕信息公开前,不得买卖该公司证券,或者泄露该信息,或者建议他人买卖该证券。”

交易所的网站和符合国务院证券监督管理机构规定条件的媒体发布[①]，同时将其置备于公司住所、证券交易场所，供社会公众查阅”。此种方式是严格的形式公开之模式，其尚未对信息公开后是否需要经过一段合理的等待时间以供投资者消化吸收该信息作出规定。执法上，较灵活的中国证监会的《证券市场内幕交易行为认定指引（试行）》第11条则规定：“本指引所称的内幕信息公开，是指内幕信息在中国证监会指定的报刊、网站等媒体披露，或被一般投资者能够接触到的全国性报刊、网站等媒体披露，或者被一般投资者广泛知悉和理解。”前两种属于《证券法》规定的形式公开范畴，后一种（“被投资者知悉和理解”的添加）则属于实质公开范畴。司法上，并未对前述实质公开的“行政执法”模式的主张予以支持，数年后，在2012年《关于办理内幕交易、泄露内幕信息刑事案件具体应用法律若干问题的解释》中，最高人民法院、最高人民检察院明确将内幕信息公开界定为，“内幕信息在国务院证券、期货监督管理机构指定的报刊、网站等媒体披露”，仍是坚持严格的形式公开标准。笔者认为，《证券市场内幕交易行为认定指引（试行）》（行政执法采纳的实质公开方式）更为合理，因其更接近信息公开的客观真实，可减少从信息形式公开到被市场消化期间内内幕人进行“先行操作”获利或避损的可能。由于发行人的规模和影响、内幕信息的性质和内容、信息传播的范围和速度等方面的巨大差异，信息消化的时间长短不一，难以事先确定统一的等待期间，只能根据具体案情之差异进行实质性判断。[②] 但是，也应考虑我国目前法院的司法能力和证券市场的发展现状，为增进司法统一性和执法一致性，可在形式公开后确定一个范围区间（如3～15日），以期减少无序之发生，实现对内幕信息公开时点的准确认定，增进操作性、实用性和透明性。

（2）主体要件——内幕人

内幕交易主体在很多情况下也被称为内幕人（内线人），主要是指拥有并知悉重大未公开信息，并有能力利用该信息实施内幕交易行为的市场主体

---

① （1）指定报纸包括：《中国证券报》《证券时报》《上海证券报》《金融时报》《中国改革报》《证券日报》；（2）指定期刊是《证券市场周刊》；（3）指定网站有：巨潮网（www. cninfo. com. cn，深圳证券交易所指定网站）、上海证券交易所网站（www. sec. com. cn）。

② 参见曹理：《证券内幕交易构成要件比较研究》，吉林大学2013年博士学位论文，第70～71页。

(包括自然人、法人或其他组织)。内幕人划分标准有两种不同进路:特殊主体进路和一般主体进路,前者强调"信义义务"的基础,以特定身份作为信息获取的边界;后者主张从"市场信息"出发,不论主体的身份属性,凡(通过各种手段)获悉内幕信息之人,皆是内幕人。[①]

内幕交易规制的一般主体进路主张,内幕交易主体可是任何拥有内幕信息之人,不论信息持有人与公司/信息来源的关系如何。以欧盟为例,欧盟对内幕交易之规制分别以《禁止内幕交易的指令》[②](从严格意义上讲,1989 年欧盟尚未成立,制定主体为欧洲共同体理事会)和《反内幕交易和市场操纵(市场滥用)的指令》[③](2003)为直接的法律渊源,针对内幕交易的主体,两部指令均灵活性地规定,按照获内幕信息途径之不同分为:首要内幕人(primary insiders)与次生内幕人(secondary insiders)。[④] 2014 年《关于规制市场滥用的规定》(market abuse regulation)出台,其第 8 条第 4 款更是明确规定本条款适合"任何获悉内幕信息的人"[⑤],如此一般主体进路的倡导不仅简化了内幕人之"人"的定义,还扩大了法规的涵摄范围,将市场新生的、所有潜在的内幕交易实施者纳入规制视野,从而保证了立法的周延性和确定性。[⑥]发达国家/地区/法域,也开始逐步由特殊的信义义务进路向一般的信息获取进路转变。作为英国法的继受体,澳大利亚立法和判例起初亦以特殊进路为信条,但随着市场投机现象趋于严重,其疲于应付扩展信义义务的范围,最终澳大利亚参议院也走向了一般主体的信息进路并指出:"任何拥有内幕信息或知悉其拥有信息性质的人,不得进行交易。"[⑦]新加坡、日本也不断拓展规制主体范围,纳入"从前四款所列之人获悉信息之人"。

我国《证券法》第 50 条规定:"禁止证券内幕信息的知情人和非法获取

---

① See Z. Su & M. A. Berkahn, *The Definition of Insider in Section* 3 *of the Securities Market Act* 1988: *A Review and Comparative with Other Jurisdictions*, Massev University School of Accountancy Discussion Paper, 2003, p. 1. http://hdl. handle. net/10179/2580. Accessed at 2019 - 08 - 20.

② Council Directive 89/592/EEC.

③ Directive 2003/6/EC.

④ 参见主力军:《欧盟禁止内幕交易制度的立法实践及启示》,载《政治与法律》2009 年第 5 期。

⑤ Regulation (EU) No 596/2014.

⑥ 参见傅穹、曹理:《内幕交易规制的立法体系进路——域外比较与中国选择》,载《环球法律评论》2011 年 5 期。

⑦ Alexander Loke, *From the Fiduciary Theory to Information Abuse*: *the Changing Fabric of Insider Trading Law in UK*, *Australia and Singapore*, 54 Am. J. Comp. L., p. 147 - 155.

内幕信息的人利用内幕信息从事证券交易活动。"这种界定并非以行为人是否拥有内幕信息为依据,而以其获得内幕信息的途径为标准,即通过合法途径获得内幕信息的为"内幕信息知情人",而通过非法途径获得内幕信息的则是"非法获取内幕信息的人"。并且,内幕信息知情人范围仅以《证券法》第51条所列举的类型为限,反之,不在该条列举范围内但实际拥有内幕信息之人则不属于内幕交易主体的范围。① 这就导致内幕知情人与非法获取内幕信息人之间存在一个"灰色地带"(gray areas),部分主体既不是非法获取内幕信息之人,也不属于法定内幕信息知情人,而是通过其他合法途径获得内幕信息之人。② 而且,"知情人"和"非法获取内幕信息的人"两个主体概念的逻辑混乱,但是无论从语义还是从词语逻辑考察,后者也应属于前者。③ 随着现实中内幕交易主体日益复杂化,证监会不得不在行政处罚决定中一再扩大内幕信息知情人的范围,其有明显的将所有知悉内幕信息的主体全部纳入禁止内幕交易案件的审理中的意图。④ 这在证监会的《证券市场内幕交易行为认定指引(试行)》中可寻得迹象,《证券市场内幕交易行为认定指引(试行)》已不区分内幕信息知情人和非法获取内幕信息之人,而统一称为内幕人。⑤ 但是将内幕交易主体扩展至所有知悉内幕信息之人的一般主体型规制进路,又明显违背《证券法》限定"内幕信息知情人"范围的立法意图,容易引发越权执法的质疑。⑥《证券法》第50条、第51条以"列举+兜底"的方式确定了内幕信息知情人范畴。《证券市场内幕交易行为认定指引(试行)》突破了证券法的既有边界,改变了证券法本初既有的基于身份联系的监管路

---

① 参见彭冰:《内幕交易行政处罚案例初步研究》,载徐明主编:《证券法苑》2010年第2期,法律出版社2010年版,第86~130页。

② 参见蔡奕:《我国证券市场内幕交易的法学实证分析——来自引起内幕交易成案的统计分析》,载《证券市场导报》2011年第7期。

③ 参见陈晨:《证券市场多层次传递型内幕交易犯罪认定难点研析及理论辨正》,载《河南财经政法大学学报》2017年第6期。

④ 相关案例参见《证监会通报谭某某等人涉嫌内幕交易案情况》,载《中国证券监督管理委员会公告》2012年第4期。

⑤ 由证监会制定的《证券市场内幕交易行为认定指引(试行)》规定的"内幕人"概念也难以被《刑法》认可,毕竟《刑法》确定内部内幕信息知情人和内幕信息遵照的是"法律、行政法规",(《刑法》第180条第3款规定:"内幕信息、知情人员的范围,依照法律、行政法规的规定确定。")指引的法律效力过低,其仅仅是指导性文件,不是我国立法和制定规章意义上的规章,甚至都不算是规范性文件,其是内部行政性管理的文件,未在网络、公告中明确刊登。

⑥ 参见张小妮:《证券市场内幕信息重大性认定研究》,载《私法研究》2014年第2期。

径,构建一种执法便利导向型的宽泛型——涵括任何人模式的认定方案,[①] 这使《证券法》第 50 条、第 51 条规定失去应有的意义,其专门性之列举没有法律价值,且这种肆意、混乱的用语导致法律文件存在模糊、抵牾,既不利于执法的果断实施,也无法为投资者提供稳定的市场预期。[②]

鉴于此,虽然市场期待的《证券法》已于 2019 年 12 月 28 日修订通过,但对此问题未有实质回应。若后续有内幕交易民事赔偿司法解释或下一步《证券法》修正,应对此问题给予回应,建议采用一般主体进路,统一内幕人用语,不拘泥于主体的身份因素,而是依照行为事实(内幕交易)来认定。[③] 毕竟,在立法中费时耗力地列举难免挂一漏万。而以"平等获得信息"理论为基石,可有两大显著优势:其一,制度兼容性。在司法适用中,无须像普通法法官那样对信义义务、欺诈等概念进行"过分细致"的思量纠结,更适合司法的效率推进。其二,可利于化解现实中的挑战性新问题,例如,计算机黑客窃来的内部信息、远程网络泄密人(remote tippee)等。[④] 在我国的实践中,内幕人不仅是内部信息持有人本人,其亲属、朋友也陆续成为核心的内幕信息中转站,内部交易实施者身份范围不断扩充。[⑤] 证监会对内幕交易的查处也随之逐渐打破对象层次,呈现扩大化趋势。

(3)客观要件——内幕交易的行为样态及豁免情形

证券内幕交易之描述体现为一种动态的行为——基于内幕信息基础上的交易。内幕交易的客观要件通常是指内幕人通过内幕信息所实施的违法行为,简单讲就是内幕交易有哪些外在表现形式。一旦界定(列举)范围过

---

① 参见吕成龙:《谁在偷偷地看牌?——中国证监会内幕交易执法的窘境与规范检讨》,载《清华法学》2017 年第 4 期;郝山、陶永祺、卫绮骐:《中国过于宽泛的内幕交易执法制度——法定授权和机构实践》,载《交大法学》2014 年第 2 期。

② 有批评观点认为,这是一种最为广义的追责理论,任何人只要持有广义的内幕信息,并实施内幕交易行为,就将被判定责任并且予以处罚,而相当范围的人还要自证其不知悉内幕信息。参见郝山、陶永祺、卫绮骐:《中国过于宽泛的内幕交易执法制度——法定授权和机构实践》,载《交大法学》2014 年第 2 期。

③ 参见李游:《证券内幕交易主体范围研究》,载《时代法学》2015 年第 4 期。

④ See Kathleen Coles, *The Dilemma of the Remote Tippee*, Gonzaga Law Review, Vol. 41, 2009, p. 181.

⑤ 例如,《中国证监会行政处罚决定书(上海金瑞达资产管理股份有限公司、王某某、刘某某案)》〔2013〕16 号,《中国证监会行政处罚书(吴某、谢某某)》〔2013〕72 号,《中国证监会行政处罚书(王某某)》〔2016〕18 号。

窄,可能会出现制度的灰色漏洞;如果界定范围过宽,则又会损害合法的证券交易行为。因此,如何平衡禁止内幕交易和鼓励合法证券投资之间的冲突是紧要的问题。域外主要资本市场往往从“正反”两方面来设置内幕交易客观要件的法律规范。一是“正面设置”,为有效遏制违法行为,对内幕交易违法行为进行全面规制;二是“反面设置”,为保证正当交易行为不受影响,又将与内幕信息无关或其他为维持证券市场正常运作所需的特殊行为作为豁免之情形,使其被排除在禁止内幕交易法律的规制对象范围外。

①行为样态(“正面设置”)

内幕交易行为样态的认知在域外市场有所差异(但相较前文之内幕人的差异,行为样态的差异相对较小)。从类型化视角出发,寻求行为之共性,将内幕交易划分为自己实施内幕交易行为、泄露内幕信息行为和建议他人实施内幕交易 3 种类型。

第一,自己实施内幕交易的行为,行为的核心目的是获得某种形式的利益(以个人利益为主,但不限于此),行为表现包括:一是以本人身份直接实施的内幕交易行为(使用自己的股票、债券、基金等账户为自身利益而买卖交易证券;二是使用他人(无亲属关系要求的不特定人)证券账户为自己利益而买卖交易证券;三是以代理人身份实施的内幕交易行为(使用自己的账户为他人利益而买卖交易证券,或使用他人证券账户为他人利益而买卖证券)。

第二,泄露内幕信息的行为,并非指内幕人参与交易的过程,而是指内幕人对内幕信息的不当处置,即在不具有法定原因情况下,将内幕信息进行一定程度的公开(一般不会向市场全面公开),通过明示、暗示、书面或口头等方式,泄露给其他人的行为。[①]

第三,建议他人实施内幕交易行为,是指内幕人在知悉内幕信息的基础上,向他人提供咨询或者意见,使其进行证券交易的行为。[②]

主要资本市场法域对内幕交易行为样态的规定的表述各有不同,但无外乎如上 3 类(见表 3-1),我国《证券法》第 53 条第 1 款规定了禁止的内幕交易行为样态,包括“买卖与内幕信息相关的证券”“泄露内幕信息”“建议他人

---

① 参见刘宪权、谢杰:《证券期货犯罪刑法理论与实务》,上海人民出版社 2012 年版,第 199 页。

② 参见于莹:《证券法中的民事责任》,中国法制出版社 2004 年版,第 206 页。

买卖证券"3 种，在法律适用方面已较为明确，范围认定较综合、全面。

表 3-1 主要资本市场法域的内幕交易行为样态

国别	行为样态
德国	1. 适用内幕信息为自己或他人利益取得或处分内部人证券 2. 擅自披露或使第三人获得内幕信息 3. 依据内幕信息，推荐或引诱他人取得或处分内幕人证券
澳大利亚	1. 内幕人自己取得、处分相关金融商品 2. 促使他人取得、处分相关金融商品 3. 与他人间接交流内幕信息
中国	1. 买卖与内幕信息相关的证券 2. 泄露内幕信息 3. 建议他人买卖证券
美国	1. 依据内幕信息买卖相关证券 2. 传递内幕信息
韩国	自己或让他人利用内幕信息
日本	与内幕信息有关的行为

②豁免情形（"反面设置"）

理论上，内幕交易的豁免情形（"安全港"情形，harbor rule）主要包括如下 5 类行为：第一，遵循预定计划进行交易（适格的"预定交易计划"可阻却违法责任的成立，但制度设计仍有间隙，应增强"披露之负担"）；[①]第二，已建立有效的内幕信息隔离制度；[②]第三，正当的市场行为（包括做市行为、忠实执行客户指令的行为、并购行为等，其类似于内幕交易，但信息之利用是用于

---

① See Taylan Mavruk & H. Nejat Seyhuna, *Do SEC's 10b5 - 1 Safe Harbor Rule Need to be Rewritten?*, Colum. Bus. L. Rev., Vol. 1, 2016, p. 137; Richard Jooste, *A Critique of The Insider Provisions of the* 2004 *Securities Services Act*, South African Law Journal 123, 2006, p. 436 - 437; 楼秋然：《作为内幕交易责任阻却事由的预定交易计划：问题及其补救》，载蒋锋、卢文道主编：《证券法苑》第 26 卷，法律出版社 2019 年版，第 251 ~ 272 页。

② 参见刘成墉：《内线交易免责抗辩事由之探讨》，载《铭传大学法学论丛》2011 年总第 15 期。

正当的行为)；[①]第四，为履行法律义务的行为；[②]第五，政府行为(监管等)。[③]之所以将其作为豁免情形，主要是因为上述证券交易行为的行为人虽主观对内幕信息有所知悉，但是其行为决定的作出与内幕信息(之利用)并无利益上的不当关联，故不应当属于内幕交易行为。

在我国，豁免情形受到较多限制：立法上，2019 年修订的《证券法》第 53 条第 2 款中仅规定上市公司收购一种，即"持有或者通过协议、其他安排与他人共同持有公司百分之五以上股份的自然人、法人、非法人组织收购上市公司的股份"。司法上，最高人民法院和最高人民检察院在《关于办理内幕交易、泄露内幕信息刑事案件具体应用法律若干问题的解释》第 4 条规定另外 3 种情形："按照事先订立的书面合同、指令、计划从事相关证券、期货交易的"，"依据已被他人披露的信息而交易的"和"交易具有其他正当理由或者正当信息来源的"，在一定程度上丰富了内幕交易豁免情形。但总体而言，上述既有规定不仅种类较少，且内容较粗糙简陋，不易于实践操作。由于豁免情形的明晰与否直接决定内幕交易行为成立与否，而内幕交易行为是内幕交易民事赔偿责任的基础构成要件，因此，完善豁免情形、准确厘定禁止内幕交易法律制度的适用边界，将对内幕交易民事赔偿产生重要作用。

2. 损害事实

损害是侵权责任的重要构成要件，"无损害，不赔偿"是民法的重要原则。[④] 内幕交易民事赔偿责任的成立前提是必须有损害事实的存在。应注意的是，这种侵权责任法上的损害并非自然事实，而是法律意义上加工后的事实。损害的认定本质上是一个规范评价的过程。[⑤] 针对内幕交易民事赔偿中损失之范围，在不同的价值、理念和利益平衡下，理论界存在不同的声音。当前主要争议问题是内幕交易损害赔偿受害人范围如何界定？

---

① 参见刘道远：《创业板市场强制做市商法律制度研究》，载《河南大学学报(社会科学版)》2011 年第 3 期。

② 参见欧盟《禁止市场滥用法指令》第 2 条第 3 款，澳大利亚《2001 年公司法》第 1043D 条和第 1043E 条，新西兰《1988 年证券市场法》第 9 条和第 9A 条。

③ See Report of the Emerging Market Committee of the International Organization of Securities Commissions: Insider Trading—How to Jurisdiction Regulate It, March 2003, p. 12 - 13.

④ 参见王利明主编：《民法》(第 5 版)，中国人民大学出版社 2010 年版，第 518 页。

⑤ 参见徐银波：《侵权损害赔偿论》，西南政法大学 2013 年博士学位论文，第 54 页。

在开放的证券市场上，证券交易（多指股票交易和标准化债券交易）多采取公开集中竞价的系统撮合方式，证券交易当事人不是通过线下一对一的“面对面”协商交易，因此，一旦发生内幕交易，具体受害人的范围往往具有不确定性。这在很长一段时间内阻碍内幕交易民事赔偿的施行。

“同期”和“反向”是界定内幕交易受害人（原告）范围之关键。“反向”要素不难确定，先确定内幕交易人利用内幕信息进行内幕交易的主要方向（买进、卖出）后，再反向确定，即只要是与内幕人相反交易方向的投资者即可被囊括其中。相比而言，对“同期”要素的认识却多有争议。通常对“同期”开始的时间端点并无争议，一般认为同期交易者应尤为强调起点，从首次实施内幕交易开始时计算，①但是关于“同期”结束之端点如何确定则存在不同观点，主要有两类主张：狭窄性进路（“严格进路”）和延展性进路（“宽松进路”）。如图 3－1 所示，狭窄性进路认为同期的结算点应确定在内幕交易行为终止时 A（最长到行为终止日 B），宽泛进路则主张应结束于内幕交易终止后一段时间 C（最长到内幕信息被披露日 D）。笔者建议“同期”起止时间应为内幕交易开始至内幕信息公开（如图 3－1 之 4 所示），如此限定“同期”，可以保证在界点之前，内幕交易尚未开始，投资者决策不会受影响；在界点之后，内幕人信息已被市场吸收，“隐秘”的不再具有优势，投资者不会受到不公平的损害。②

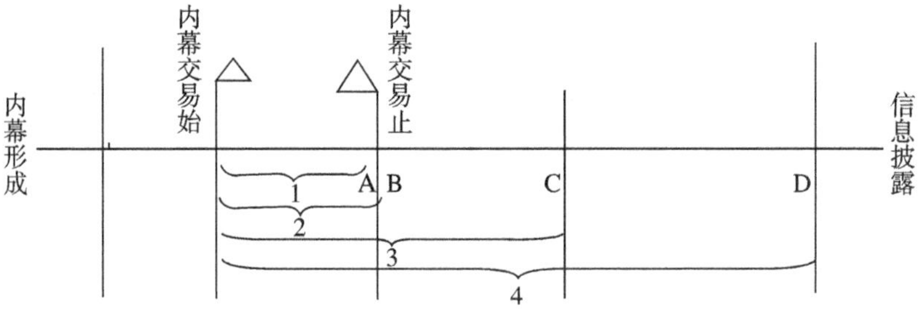

图 3－1　对内幕交易反向投资者范围“同期”的不同解释

综上所述，内幕交易民事赔偿责任范围应仅限于与内幕人内幕交易行为

① 将在内幕交易发生之前进行反向交易的投资者排除在适格原告范围之外，因为在时间逻辑上，投资者难谓其交易受到了发生在后的内幕交易的损害。

② 参见马新彦：《内幕交易惩罚性赔偿制度的构建》，载《法学研究》2011 年第 6 期。

同期进行反向交易的投资者实际受到的直接财产损害。

3. 因果关系

对因果关系的判定是内幕交易民事赔偿责任的难点和焦点。因果关系是侵权行为和损害结果之间的联系，是确定侵权责任成立（是否）、归属（谁）及范围（多少）的必要条件。[①] 因果关系问题的核心要义是证券内幕交易行为与证券投资者损失之间有没有引起和被引起（条件/因果）的关系。

一般而言，侵权责任的因果关系有两种：事实因果关系和法律因果关系。事实因果关系指被告的侵权行为（内幕交易）在客观事实上是否对原告权益被侵害的发生具有原因力，法律因果关系解决的是被告应当对原告因权益受到侵害而遭受的哪些损失负赔偿责任的问题。[②] 前者解决肇因问题，确定内幕交易行为是否与其损害存在客观之联系，因此，事实因果关系决定内幕交易侵权责任是否成立，属于责任的构成要件；而法律因果关系是在责任成立后，确定被告应当在多大范围内作出赔偿，属于损害赔偿而非责任构成要件的范畴。[③] 本部分主要解决事实构成要件问题，损害赔偿的法律因果关系将在本章第四部分“内幕交易民事赔偿数额的确定标准”进行具体阐述。

（二）主观归责依据

主观归责依据与客观构成要件相衔接，是指在侵权客观构成要件具备的前提下，依法律规定或社会认同的公平正义之观念，将原告所受损害归于被告承担（全部或部分）的正当理由。[④] 内幕交易民事赔偿责任是否要以行为人主观过错为必备要件呢？对此问题，多数学者的观点和多数国家的证券立法文件均持肯定的态度。毕竟内幕交易规制的目的并不在于惩罚无辜的、正常的、合理的交易行为，而是斥责惩罚行为人主观上有意识地不当使用内幕信息而使自己/他人获得较于市场交易相对方的不公平之优势。[⑤] 因而，主

---

① 参见王利明：《侵权责任法研究》（上卷），中国人民大学出版社 2010 年版，第 373 页。

② 参见张新宝：《侵权责任构成要件研究》，法律出版社 2007 年版，第 304 ~ 321 页。

③ 参见王泽鉴：《侵权行为》，北京大学出版社 2009 年版，第 184 页。

④ 参见李开国：《侵权责任构成理论研究——一种新的分析框架和路径的提出》，载《中国法学》2008 年第 2 期。

⑤ 参见上海第二中级人民法院课题组：《证券市场内幕交易民事赔偿责任问题研究——以光大乌龙指引发的内幕交易案为视角》，载黄红元、徐明主编：《证券法苑》第 18 卷，法律出版社 2016 年版，第 394 ~ 415 页。

要资本市场法域一般将主观要件作为内幕交易民事赔偿责任成立的必备条件。从侵权法理看，内幕交易侵权主观上须有过错（故意或过失）。第一，故意意味着行为对危害后果明知，并希望或放任这种结果发生；第二，过失是指行为人对内幕信息负有保密（信义）义务，却无意间泄露了信息。一般认为，要区分不同的行为模式，对内幕行为人的主观过错作出判断（见图3－2）。

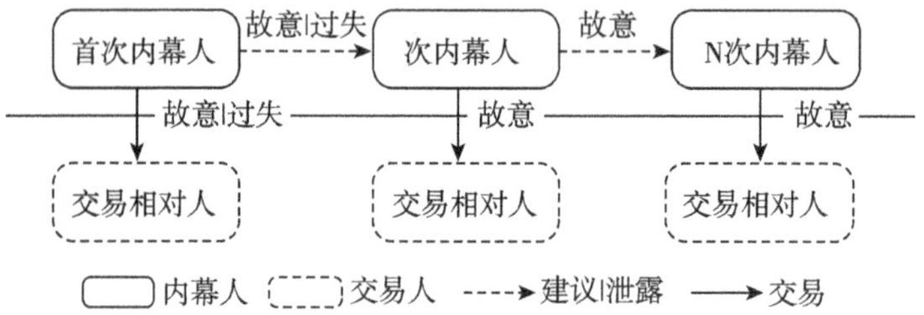

图3－2　不同内幕交易情形下损失赔偿的主观要件

第一类，利用内幕信息买卖交易相关证券的类型（此为核心基础型）。在此情形下，一旦知情人利用内幕信息买卖相关证券，主观上无论是故意还是过失都构成内幕交易，均需承担民事赔偿责任。此为证券内幕交易信息利用的基础类型，后续“建议”类和“泄露”类均是在此基础上进行的延展扩充。具言之，故意自不必言。关于过失，知情人的所处之地位或职业特殊，其应预见自身行为可能造成的危害；若没有预见，则表明其违反应有之预见义务，如此过失行为即有可非难性，应当承担责任。[①] 此外，以不正当手段获悉内幕信息的人员，因其先前行为造成了其应当预见到此类信息性质之义务，因此，对其过失应承担责任。但对于非通过不正当手段获得内幕信息的人来讲，因其并无预见义务（如餐叙、旁听等无意识获悉信息），故内幕交易构成仍须以故意为限。

第二类，建议他人买卖证券型。由上文“客观要件”知，内幕交易民事损害赔偿须有投资者实际损害方可进行民事赔偿责任之认定。若被建议人没有实际进行后续的证券交易，因未产生实际的损害，故客观要件不具备，因此，主观归责依据也没有意义。本处探讨的是被建议人实际进行了证券交易，那么，对建议人和被建议人主观要求是什么呢？第一，建议人是否需承担

① 参见曾洋：《证券内幕交易的“利用要件”》，载《环球法律评论》2013年第6期。

民事责任？知情人和通过不正当手段获取内幕信息的人员主观上故意或过失均可，而非因不正当手段获取内幕信息的人员主观上必须是故意才能承担民事责任。第二，接受建议的人并没有预见该信息是内幕信息的特定义务，故其只能在明知建议人的建议是基于内幕信息作出之情况下，才能要求其承担相应责任。第三，再复杂一点，若被建议人根据建议人的建议又建议其他人买入证券，即发生蔡奕所归纳的"多级传递"的情形，内幕信息经同一信息源进行层次性的次第传递，[①]则要求第二建议人和第二被建议人主观上都必须是故意才能承担责任。这要求两者都应明知"建议"是依据内幕信息作出的，并且第二被建议人利用该信息进行了相关证券的交易，二者才应都承担相应的民事赔偿责任。

第三类，泄露内幕信息型。泄露信息者既可以是知情人也可以是通过其他手段（正当或不正当）获取内幕信息的人员。囿于承担民事责任的前提是必须有交易行为，所以此处讨论的接受信息亦仅指向已根据该内幕信息进行了相关证券交易。具言之，不同情形有不同主观要求：第一，知情人和通过不正当手段获取内幕信息的人员都有义务预见该信息的性质，所以如果接受信息人进行了证券交易，则无论知情人和通过不正当手段获取内幕信息的人主观态度是故意还是过失，均要承担民事赔偿责任。第二，非通过不正当手段获取信息的人员由于没有预见该信息是内幕信息之义务/可能，所以唯有在其明知是内幕信息的情况下又将该信息泄露给其他人，并且他人又利用该信息进行了交易的情形下才承担责任。即只有故意才承担责任，过失不承担责任。第三，若接受内幕信息者再将该信息泄露给第三人，则要求泄露人和第三人都对信息性质是明知的。以此类推，往下层次的泄露人和接受该信息的人主观要件与此相同。

在上述3类情形中，过错作为内幕交易民事责任的主观要件，应如何判定呢？当前主要有"主观归责说"和"客观归责说"两类分析路径。在内幕交易民事赔偿中，行为人主观动机难以被发现，即使能被发现也成本过高且未必准确。当前客观归责说已成为侵权法发展趋势，笔者建议以"客观性过

---

① 参见蔡奕：《内幕交易的特殊行为形态分析——兼议〈证券法〉内幕交易相关规范的修订》，载《证券法苑》2011年第2期。转引自陈晨：《证券市场多层次传递型内幕交易犯罪认定难点研析及理论辨正》，载《河南财经政法大学学报》2017年第6期。

错”来判定内幕交易民事责任的归责原则。[1] 除此之外，在内幕交易的举证责任分配问题上，采用举证责任倒置的原则，将举证责任更多地转移给内幕交易人，进一步减轻受害人的举证责任，提升赔偿的可能性。

（三）免责事由排除

免责事由，也称为抗辩事由，是指“被告针对原告的诉讼请求而提出的证明原告诉讼请求不成立或者不完全成立的事实”。[2] 免责事由是以其“不存在”作为内幕交易民事赔偿责任构成要件的，其是“反向”要件，若其存在则可免除或者减轻被告的责任，因而可称为侵权责任的消极要件。因此，免责事由的存在是为“合法”“合理”的利用信息的人提供“安全港”，其具有“一票否决权”，将实质性地动摇客观构成要件与主观归责依据。目前，一般而言，我国侵权法上的免责事由之分类有“二分法”和“三分法”，[3]在此不作类型化辨析。根据学界与实务界的共通观点，笔者认为免责事由要明确化，不能过于宽泛，不能被任意解释或拓展，否则将使免责事由丧失其“要件”的独立性质。因此，免责事由范围必须得到明确的界定。

基于立法内容清晰和执法操作性之考量，笔者认为内幕交易民事赔偿责任的免责事由应分为两类，即“特殊抗辩事由”和“一般抗辩事由”。特殊抗辩事由是指损害确系被告行为所致，但其行为是正当的、合法的；一般抗辩事由则指损害并不是被告行为造成，而是由一个外在于其行为的原因独立造成的。具言之，特别事由分别针对的是内幕交易民事赔偿责任的客观要件、过错要件予以“抗辩”，包括内幕人、内幕信息、内幕行为、事实损害、因果关系、被告过错6项事由；一般事由则是从原告要素和程序要素出发，包括原告过错和诉讼时效两项事由（见表3－2）。侵权责任的免责应当由法律（《证券法》）或相关司法解释进行明确界定（不能规定法律位阶较低的规章及规范

---

① 借助行为主体的客观行为去确认其主观心理，行为人不能证明其无过错时推定其主观有过错。参见张铿霖：《从“过错”视角修正一般侵权责任的构成要件》，载《西华大学学报（哲学社会科学版）》2014年第3期。

② 郭佳宁：《侵权责任免责事由类型体系的建构》，载《行政与法》2010年第4期。

③ 主张二分法的以王利明和杨立新为主，王利明将免责事由分为正当理由和外来原因。杨立新则将免责事由分为一般抗辩事由与特别抗辩事由，二者名称不同，但内涵基本一致。主张三分法的则以张新宝为主，认为免责事由应有一个共同的质的规定性，各类之间不能交叉，将其分为基于行为人的行为正当理由的抗辩、基于客观事件的抗辩和基于第三人或受害人过错的抗辩。

性文件)。当然,应承认的是,随着社会生活的发展,行为样态、社会伦理和法律价值都在不断发生变化,相应的免责事由也会随之变化。立法者不可能在法典中将现在和将来所有的免责事由均前瞻性地一一列举,因此,免责事由的类型也应保持适当的开放性和灵活性,以待后续的学理更新及司法实践进行修正补充。特别是债券,基于债券的契约属性与机构参与特性,应允许作出一定豁免或者减少内幕交易的自愿安排,这也是"豁免"的主动样态。①

表3-2　内幕交易民事赔偿责任认定的抗辩事由[1]

抗辩类属	序号	针对事别	针对事项	抗辩事由
特别事由	1	客观要件	内幕人	被告不属于内幕交易的行为主体
	2		内幕信息	信息不属于内幕信息
	3		内幕行为	被告未从事内幕交易行为
	4		事实损害	原告并非同期反向人或实际并无损失
	5		因果关系	原告损失由内幕交易外其他因素所致
	6	过错要件	被告过错	被告并无过错
一般事由	1	原告要素	原告过错	原告明知被告行为仍与之交易
	2	程序要素	诉讼时效	已过诉讼时效

注:[1] 事实损害的抗辩理由具体包括两个层面问题:(1)原告不属于与被告内幕交易方向相反的同时交易者;(2)内幕信息公开后,证券价格并未因之出现波动,事实上被告没有不当地获取利益或避免损失,与之同时作相反交易的原告也没有受到损害的情形。

被告可以证明原告的损失并非内幕交易行为造成,而是由于系统风险或大盘影响而致,即原告由于介入因素产生损失。另外,被告亦可主张在一个投机严重、效率欠缺的"弱式"证券市场环境下并不具有实行因果关系推定的条件。

四、内幕交易民事赔偿数额的确定标准

前文是内幕交易民事赔偿责任的认定标准研究,即解决是"是否构成"的问题。本部分将主要围绕后续问题,即如果内幕交易民事赔偿责任被认定成立,内幕交易人需要对投资者的哪些损失负责?因内幕交易导致的投资损

① 具体包括使用"大男孩信"(big boy letters)和自愿选择为非公众持有人。前者是指两个成熟机构投资者(big boy)就公开交易证券的私下出售,在交易前达成的免责协议。后者是指当债务人为证券公开发行交易的途径时,公司债权人往往被提供一种作为公众类持有人(public side holder)还是非公众类持有人(private side holder)的选择。

失该如何计算？赔偿数额的确定该秉承哪些基本原则？

（一）基本原则：利益平衡与方法平衡

证券市场并非单一主体，而是一种利益的聚合体，其发展需兼顾不同的利益需求，不同需求可能存在抵牾，并不总是相同或相融的，甚至在很多情况下，恰恰是相反的或相斥的。[①] 特殊的证券内幕交易民事赔偿制度在应用到证券市场（股票、债券等）时，为更好地促进市场发展、免受不公平之忧扰，立法者、执法者和司法者要兼顾这些差异化的需求，努力在投资者利益与内幕人利益之间寻得适当的平衡，而且，这种平衡要兼顾计算之操作性与科学性。

1. 利益平衡：投资者与内幕交易人利益的平衡

投资者是证券市场运行的关键源泉，国际证监会组织（International Organization of Securities Commissions，IOSCO）确立的 3 项证券监管目标之首便是“保护投资者利益”。[②] 证券市场流通的标的商品是证券，证券的认购与交易的对象是投资者。证券发行的主要目标是筹融资，而证券市场的资金来源是投资者之投资，没有投资者投资，证券市场将不复存在，成为“无水之泉”。现实中，投资者权益极易受到侵害，从投资者整体来看，其是证券市场风险的主要终端承担者；从投资者个体来看，其又是证券市场的相对弱者。因而，基于投资者的重要性与其在市场中居于弱势地位的现实，投资者保护便成为证券市场发展的重要任务。保护投资者利益，是证券法的目的和宗旨，但是价值取向不能过于偏狭，投资者利益之保护是内幕交易赔偿制度的重心，但同时还要注意公正对待内幕交易人（适当的惩处、赔偿）。内幕交易人对内幕交易赔偿请求权人的赔偿要与非法所得或避免损失相称，毕竟内幕交易人亦要承担行政责任或/和刑事责任，多重法律责任之上，若再让内幕交易人承担过重的民事责任，将有违法律公平精神。同时，要考虑内幕交易行为侵害的是证券市场的公平交易，特别是“同期反向”的“扩大性”范围之法律设定，赔偿责任极易被制度性地扩大，因此正如马新彦教授所言，要注意惩

① 参见赵旭东：《内幕交易民事责任的价值平衡与规则互补——以美国为研究范本》，载《比较法研究》2014 年第 2 期。

② 另两项目标是“保护市场高效、公平和透明”和“减少系统性风险”。See International Organization of Securities Commission, *Objectives and Principles of Securities Regulation*, (May 2017), https://www.iosco.org/library/pubdocs/pdf/IOSCOPD561.pdf. Accessed at 2019 - 08 - 16.

罚性赔偿的适度适用，进而填补一般赔偿责任所能填补的损害与法律应当救济的损害之间的缝隙。[①]

2. 方法平衡：实际操作性与严密科学性的兼顾

利益之平衡提供理念、原则之指引，但在制度落地过程中要考量执行之可行性和与现实的契合度。在内幕交易民事赔偿金额的确定问题上，要设计合适的方法，兼顾可操作性（便利执行）与科学性（符合损失）。毕竟，无论是内幕交易人的非法所得和避免的损失（避免的损失广义上也是非法所得的一种），还是内幕交易赔偿请求权人损失的计算，都涉及买入价格、卖出价格和基准价格等不同时点证券价格的确定。价格是证券信息被市场吸收的指向标，证券价格的确定不是一对一交易的简易协商，其面对成千上万的交易者、涉及复杂的系统计算方法。无疑，这对普通投资者、律师乃至法院的法官而言都是一个不小的挑战；更应指明的是，证券价格并非仅由投资者交易方之间的交易决定，其往往是各种因素综合作用的结果，这也正是诸多经济学者孜孜不倦探求证券价格运行机理的原因所在。[②] 在多重因素共同交互影响证券价格的市场中，要排除其他因素的影响从而科学地计算出单一内幕交易对证券价格的影响并不容易。为提高诉讼效率，使得内幕赔偿请求权人及时得到赔偿，赔偿金额的确定方法必须有可操作性。当然，赔偿金额的确定也要兼顾科学性，人为介入后不能过度偏离市场之价格反映。[③]

（二）投资者实际损失：内幕交易民事赔偿金额的计算基础

投资者在证券市场中发生的损失主要包括两种：其一，因内幕交易导致的“异常”损失；其二，投资者由于自己决策在市场风险下的正常损失。正常投资损失需要被剥离出去，我们仅关注内幕交易造成的损失，而这种损失的确定相当复杂、困难。

1. 赔偿数额确定的具体方法比较

关于如何计算出内幕交易民事赔偿的数额，一般有两种解释进路：从投

---

① 参见马新彦：《内幕交易惩罚性赔偿制度的构建》，载《法学研究》2011 年第 6 期。

② 参见徐德财、初梓健、周津宇：《由实证检验到理论猜想——证券价格与价值偏离的时变路径及其生成机理》，载《数量经济研究》2019 年第 3 期；崔丽媛、洪永淼：《投资者对经济基本面的认知偏差会影响证券价格吗？——中美证券市场对比分析》，载《经济研究》2017 年第 8 期。

③ 参见中国社会科学院课题组：《证券法律责任制度完善研究》，载黄红元、徐明主编：《证券法苑》第 10 卷，法律出版社 2014 年版，第 481 ~ 516 页。

资者损失入手的一般进路和从内幕交易人违法所得出发的特殊进路。

首先,关于一般进路。损害赔偿一般都是根据原告所受的损失来加以确定,此处之一般进路亦是从投资者损失出发进行的测算衡量,具体而言又有两种[①]不同的测算方法。一是实际价值法,将受害人进行交易的实际证券价格与该证券在内幕信息公开以后的价格的差额作为损害赔偿额。[②] 但是该方法可操作性欠佳,因为“实际价值”很难有可靠的衡量标准。[③] 二是差价计算法,核心在于投资者之损失的计算通过制度设计追求“趋于准确”(而非绝对准确),其将内幕信息经过一段合理时间被市场吸收后的价格作为基准价格,然后与证券交易时的价格作差,将此(近似)结果作为投资者的损害赔偿额。该方法不盲求复杂的科学计算,而重视可操作性和可行性,操作简便,巧妙地避开了“证券实际价值”举证的难题。但其亦存在难点,即“合理时间”的确定存在一定的主观性,且不同证券品种、不同证券市场的“恢复正常价格期”长短不一,容易引发司法裁量权过大的风险。

其次,关于特殊进路。特殊进路强调从内幕交易人的非法所得(盈利/避损)出发,将内幕交易违法人的非法所得返还给受害投资人。这种方法没有将焦点集中于原告的损失,而是主张被告享有的非法所得之不当利益违背了法律的公平正义,剥夺被告违法所得。这种方法操作虽较简便,但在实践中颇有争议:一是有违基本的法理,根据侵权构成的基础要件,侵权责任的证立以原告的损害事实为基础,此方法却将原告的赔偿限定为内幕人的非法所得,其损失的“移转测算”欠缺正当性。二是该种方法计算的被告违法所得略显“粗糙”,毕竟被告之所得中亦不可避免地包含其他的市场因素,单以结果(违法所得)衡量,而未将内幕交易的因素与市场风险的因素进行剥离,对

---

① 也有观点提出3种分类,即增加一类“实际诱因法”,内幕交易者只对其行为所造成的证券价格波动负赔偿责任,对其他外来因素导致的价格波动不负赔偿责任。该方法旨在计算内幕信息所造成的证券价格的变化,再与受害人在实际交易时的证券价格比较,计算出受害人的损失。实质上,实际诱因法与“实际价值法”之探求证券真实价格差异不大。参见张心向:《我国证券内幕交易行为之处罚现状分析》,载《当代法学》2013年第4期;张斌:《内幕交易中因果关系认定和赔偿数额确定》,载《人民司法》2008年第22期。

② 参见冯果、李安安:《内幕交易的民事责任及其实现机制——写在资本市场建立20周年之际》,载《当代法学》2011年第5期。

③ 而且,证券实际价值往往是虚构假设的,即使经由专家论证,也没有统一客观的评判标准,仅是一种理性推测而已,无法成为司法领域民事赔偿的依据。参见冯果:《内幕交易与私权救济》,载《法学研究》2000年第2期。

被告而言有失公允。[①] 即便是暂且搁置以上争议,认可违法所得之测算,现实中,违法所得的金额或许并未如"理想"中可观,在很多情况下内幕人的获利金额仅数十万元。根据彭志等的统计研究,[②]在我国1994~2015年,可明确计算内幕交易违法所得的案件有141起,其中,获利在0~10万元的45起,10万~100万元的48起,还有27起案件内幕人呈"亏损"状态(获利为负)。[③]

正如前文所述,内幕交易民事赔偿数额的确定要兼顾科学性与操作性,较于"实际价值法"的不够准确和难以操作、"违法所得法"的有违法理和有失公允等缺陷,一般进路中的"差价计算法"较为合理且便于司法、执法等操作(也便于立法之内容的确定性设计),各方利益也基本得到有效的平衡考量,实践中多数国家/地区采纳此法。故有学者建议,我国关于内幕交易民事赔偿数额确定的相关立法及后续的司法解释中可优先采纳此法之思路。

2. 交易差额法适用的4种进路对比

申言之,差价计算法的核心是交易差额如何确定。目前,理论界主要有以下4种计算方法:净损差额赔偿法(Out-of-Pocket Measure)、净损差额修正法(Expedient Out-of-Pocket Measure)、重卖价格法(Resale Price Measure)及重买价格法(Rebuy Price Measure)。[④]

(1)净损差额法

净损差额法,也被称为直接损失法,净损差额,是指原告在进行实际证券交易时的买入或卖出的市场价格与标的物真实价值之间的差额。[⑤] 其中,市场价格容易确定,毕竟市场行情信息是公开透明、可追溯的(翻看记录即可),而关键点在于股票、债券、基金等证券在交易时的真实价值如何明确,真

---

① 参见周伦军:《从不当得利到损害赔偿:内幕交易民事责任的逻辑演进——〈证券法〉修订草案第92条之评析》,载《法律适用》2015年第8期。

② 参见彭志、肖土盛、赵园:《中国资本市场20年内幕交易行为案例综述》,载《财经研究》2017年第12期。

③ 其中亏损额最大的是2013年查处的天业通联内幕交易案(证监罚字〔2013〕39号),案件当事人江建华亏损约1644万元,熊碧波亏损约1684万元。

④ 实际内幕交易民事损害赔偿的计算方法还有另外两种:毛损益法和吐出非法所得法,由于这两种方法适用前提是双方存在买卖契约关系,无法适用于集合竞价撮合下的交易模式,不适用于上市公司之股票,其适用性有限,故在此不作讨论。

⑤ 对于受欺诈的买受人而言,是其所支付的购买价减去股票真实价值的差额;对于出卖者而言,则是股票在出售时的真实价值减去所得到股票价款的差额。

实价值只能无限趋近，但无法 100% 准确，实践中美国的法院大都借助于经济学上的模型[①]来推算。值得注意的是，数理模型的变量、定量及其结构运算包含不同的主观因素，其建立在人为假设的基础之上，不同模型的合理性尚存争议。但民商事审判不容“搁置”，实践中，法院不得不采取折损性的权宜之计，以可操作性的考量“牺牲”部分科学性，如图 3－3 之线 1，将内幕信息公开之日作为探寻证券真实价格的基准日。然而，信息对市场的作用不是瞬时发生的，投资者对信息的获取/吸收需经历一段时间，在内幕信息披露日，市场未必能充分吸收该信息，投资者非理性因素大大存在，此时证券价格作基准价格有失合理。

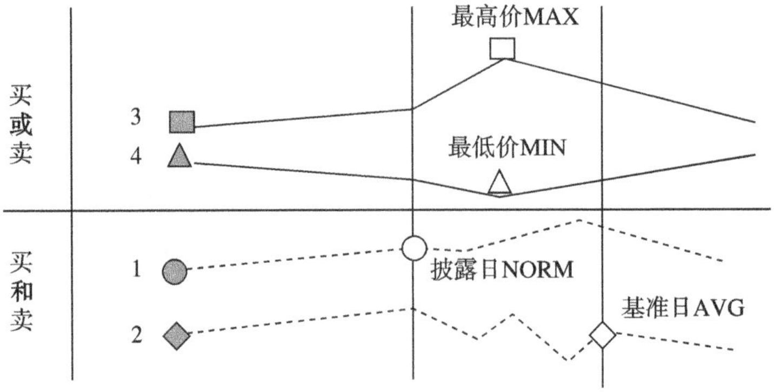

图 3－3　交易差额法的四种进路

(2)净损差额修正法

虽然净损差额法在英美法实践中被广泛地应用，但它的“短板”是无法精确地将内幕信息因素与其他引起证券价格变动的因素相区分。由于内幕信息刚公开时，仍然掺杂众多市场恐慌因素，而信息的充分吸收需要一段合理的时间，为保证投资者损失被合理评估，更精准地测算发生内幕交易时的证券市场价格，引入了一个新的概念——“后续期间”(look back period)，从字义可知，其将证券市场价格的端点由信息披露日向后延展，以此作为对僵硬的净损差额法的修正。此法被称为净损差额修正法，如图 3－3 之线 2 所

① 如市场价值法(market value approach)、指数比较法(the comparable index approach)、事件研究法(the event study approach)等，具体计算方式参见庄永丞：《证券交易法第二十条证券欺诈损害估算方法之省思》，载《台大法学论丛》2005 年第 34 卷第 2 期。

示，其核心逻辑是让内幕信息在市场“耗尽”（被充分吸收），提倡将证券在信息（内幕信息）发布后一段“合理时间”（排除内幕信息之干扰）所达到的“平均价格”作为计算的基础，将此正常的市场价格与内幕交易过程中受影响时投资者的买卖价格作差，从而将损失限定在内幕信息因素影响范围内。该方法优点在于，可通过合理时间的设置来缓和市场的非理性行为，进而促使证券价格最大可能地趋近“真实价值”。[①] 但其“合理时间”设置方面存有困境：若时间设置过短，则易导致信息未被市场完全消化；若时间设置过长，则易导致其他市场因素的介入干扰证券价格。因此，这一方法的难点在于如何确定合理时间的范围（技术性操作）。

（3）重卖价格法

第三种方法是“重卖价格法”，如图3－3之线3所示，其计算法则是用受害投资者购买证券的价格减去发现或者应发现内幕人进行内幕交易后合理时间内的最低价格。最低价格的出现使“作差计算”的结果往往偏大，一般而言，重卖价格法使投资者所获的补偿比净损失赔偿额法更高。这种方案是一种带有惩罚性色彩的“补偿”思路，其高度地偏囿受害投资者的利益，从投资者保护视角来看，确为不错的方案。但其问题也十分明显：首先，此方法强调卖出价格的真实操作与拟制操作，前提是有买入证券，因此仅适用于内幕交易中投资者为证券买方的情形，这种单向性的方案适用范围相对有限；其次，该方法也面临前两种方法中存在的合理期间难以界定的问题；最后，该方法（“最低价”之寻求）是投资者求偿“友好型”方案，对内幕人而言，赔偿负担被人为畸形加重。[②]

（4）重买价格法

与第三种方法相对的是“重买价格法”，又被称为补进法（Cover Measure），如图3－3之线4所示，其计算法则是，受害投资者用发现或应发现内幕人进行内幕交易后合理时间内该证券所能达到的最高价格减去投资者出售证券的实际价格。一般情况下，重买价格法可使投资者获得较于净差额损失法更高的赔偿。但其缺点也如前述重卖价格法一样，仅可适用于内幕

① 参见贾纬：《证券市场侵权民事责任之完善》，载《法律适用》2014年第7期。

② 参见李有星、杨楠：《论我国内幕交易损害赔偿计算方法的建构》，载《时代法学》2012年第6期。

交易中投资者为买方、合理期间难以确定、内幕侵权人赔偿负担过重的情形。

上述4种主流方案,均有其适用的特殊情形,具有特殊的利益考量和不同的优点、缺憾,因此,很难绝对地评价哪种方案最科学、公平、准确。但是,整体而言,从可行性和科学性的最大化出发,净损差额法的证券价值难以明定,实际操作性欠佳;重卖价格法和重买价格法适用情形过于单一,而且有过度加大内幕人责任之嫌,计算数额欠缺科学性、公平性;相较而言,净损差额修正法既有实际之操作性,同时"合理期间"的设定又为其计算的科学性提供了基础。故,综合操作的可行性和计算的科学性,净损差额修正法应该是最为实用的选择。

3. 净损差额修正法在内幕交易民事赔偿数额确定中的具体适用

净损差额修正法的要义在于在内幕交易影响存续期间,计算投资人与内幕人反向的实际交易价格与"合理价格"的价差。在计算出价差的基础上,再乘以交易的数量,作为投资者交易的实际差额损失。现实中,投资者的实际交易价格容易确定,其可直接通过相关交易记录查实(尤其是我国证券市场具有技术后发优势,自20世纪初交易所成立起,便是电子化、无纸化运作)。至于合理价格的确定,虽相对复杂,但技术上可行,一般以内幕信息披露后的一段合理期间的证券平均价为合理价。这种"合理期间"的设定旨在让市场充分吸收该内幕信息后(意在使内幕信息的市场影响力耗尽)[①]测得较合理的正常交易价。而利用平均价格的方式则意在降低证券价格波动影响,力求获取真实价格。

从具体分析来看,合理期间的始点是内幕信息公开披露之日并无争议,但对于合理期间终点如何确定则观点不一。美国1995年颁布的《私人证券诉讼改革法》(Private Securities Litigation Reform Act, PSLRA)第101节(b)在美国《1934年证券交易法》中增加了第21节D(e),该项新内容规定了对损害的限制——"原告的损害赔偿诉讼请求范围不得超过其所支付的真实价格(购买价/卖出价)与内幕信息揭露公开后起算90日该证券平均价格间的差额"。由此可知,美国立法者倾向于认为内幕信息披露后90日后,内幕交易造成的影响可完全被市场投资者消化,因而,其设定的"合理期间"的终点

① 参见刘宪权:《内幕交易违法所得司法判断规则研究》,载《中国法学》2015年第6期。

为“信息披露后 90 日”。[①]

目前,我国并无相关立法规定,学界观点有 5 日、10 日、30 日。[②] 2015 年《证券法(修订草案)》(第一稿)第 92 条规定:“内幕交易行为人应当对内幕交易期间从事相反证券交易的投资者,就其在证券买入或卖出价格与内幕信息公开后十个交易日平均价格之间的差价损失,在内幕交易违法所得三倍限额内承担赔偿责任。”这一规定初步肯定了 10 日之方案(但 2019 年 12 月 28 日通过的《证券法》修订版却再次对此保持了“沉默”——如 2005 年《证券法》之原始模样)。现实中,法院判决也出现了不同观点。例如,在我国内幕交易民事赔偿胜诉第一案光大证券乌龙指案中,上海第二中级人民法院根据不同的证券[案件中指交易型开放式指数基金(Exchange Traded Fund,ETF)指数和期货]特性和市场反应速度,将合理期间确定为信息披露后的 3 个交易日。[③] 应注意的是,内幕交易所涉证券面广,证券也不局限于股票,在债券(标准化、非标化)、期货以及其他金融衍生品中都有发生。[④] 不同品种的证券特性各有差异,各自交易规则区别也较大(如保证金交易与否、T+1 还是 T+0 等),对适格投资者的认定标准也不相同,投资者交易频率也有所差别,因此,投资者对不同市场、产品的内幕信息的“消化”时间也不同,我们不能生硬地规定统一的“合理期间”,而应根据不同证券、不同投资者、不同行情进行个案判断。但是,考虑法律的稳定性和操作的可行性,建议将合理期间划为“范围区间”(如“内幕信息披露之日起 3 日至 10 日”),尽量确保时间长度“够长”使市场能充分消化该信息,又确保长度不“过长”以避免其他因素的过多干预。例如,在光大证券乌龙指案件中,对于股指期货品种,由于投资

---

① 参见李有星、杨楠:《论我国内幕交易损害赔偿计算方法的建构》,载《时代法学》2012 年第 6 期。

② 参见王越、郭献朝:《内幕交易罪违法所得的计算方法》,载《人民司法》(应用)2016 年第 22 期,其提及 5 日之主张;中央财经政法大学法学院郭锋教授主持的“证券欺诈行为的民事责任”课题在《关于审理证券侵权纠纷案件的若干规定》(司法解释建议稿)第 54 条提及“内幕信息公开日后第三十日为基准日”。

③ 参见(2014)沪二中民六(商)初字第 76 号。

④ 参见冯果、张阳:《证券侵权民事赔偿标准确立的内在机理与体系建构》,载蒋锋、卢文道主编:《证券法苑》第 25 卷,法律出版社 2018 年版,第 113 ~ 130 页;张子学:《浅析债券市场内幕交易的规制》,载徐明主编:《证券法苑》第 6 卷,法律出版社 2012 年版,第 180 ~ 213 页;张小妮、张宝山:《我国期货市场内幕交易规制反思——以美国法的理论与规范为借鉴》,载《商事法论集》2014 年第 1 期;谢杰:《期货市场内幕交易的法律规制》,载《财经法学》2019 年第 5 期。

者所面对的风险更高、专业性更强,而且日内交易次数比较频繁,应(推定)其能更为密切地关注市场,故法院以3个交易日均价作为基准价格,对于ETF以及ETF成分股,则采用10个交易日均价作为基准价格。如此规定既可实现有法可依,又能使法院根据个案具体情形灵活判断。

关于内幕交易民事赔偿数额的具体计算,可先从理想状态下基础性的单次单向情形入手,然后再解决实践中多有发生的复杂的多次多向情形。

(1)单次单向基础情形

单次单向交易是内幕交易民事赔偿的基础情形。由于受损投资者与内幕交易行为人存在反向交易的关系,因而首先应考虑内幕人是如何利用内幕信息及进行何种交易行为,然后确定投资者是否存在反向交易。在该反向交易的基础上,计算投资者的实际买入或卖出证券价格与基准价的差额,再乘以持有证券数量,所得数额即为投资者的交易差额损失。

一般而言,内幕信息存在"利空"与"利多"之别。利空消息多指能够促使证券价格下跌的"坏"信息,[①]内幕人提前获知利空信息后为了规避损失,将"卖出"相关证券。在这种情况下,投资者若反向"买入"证券即构成赔偿认定的基础条件。如图3-4所示,这种情况下投资者损失的计算方法为:投资者买入该证券的价格(A)与信息披露后一段合理时间的基准价(B)之差,乘以投资者持有的该证券数量(N)。其中,合理时间的范围建议为3~10日,具体由法院依个案情形判断;基准价则为内幕信息披露日起至基准日之间每个交易日收盘价的平均价格。

利多消息,则是指能够促使证券价格上升的"好"信息,[②]内幕人提前获知"利多信息"后为了获取利益,将"买入"相关证券。在这种情况下,投资者若反向"卖出"证券即构成赔偿认定的基础条件。如图3-4所示,这种情况下投资者损失计算方法为:投资者卖出该证券的价格(C)与信息披露后合理时间的基准价(D)之差,乘以投资者持有的该证券数量(N)。其中,合理时间的范围和基准价的确定参照"利空信息"时的处理。

---

① 例如,股票上市公司经营业绩恶化、银行紧缩、银行利率调高、经济衰退、通货膨胀等,以及其他政治、经济军事、外交等方面促使股价下跌的不利消息。

② 以股票市场为例,"利好信息"可以是股票上市公司经营业绩好转、银行利率降低、社会资金充足、银行信贷资金放宽等,以及其他政治、经济、军事、外交等方面对股价上涨有利的信息。

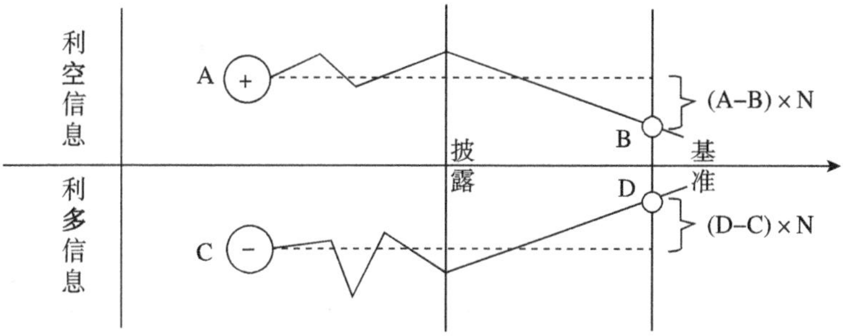

图 3－4　单次单向交易基础情形下投资者损失数额的计算方法

(2)多次多向复杂情形

上文所述的单次单向交易只是较为理想化的情形,实际交易中的情形往往更加复杂,内幕交易人为获得更多所得或避免更多亏损,一般频繁多次交易,且为了"掩人耳目"避免被直接追责,常常在主要核心"大量"交易外同时反向进行次要少量的交易以"混淆视听"。此外,基于盈利避损、摊低成本、规避风险等交易策略,证券市场投资者往往通过捕捉相关交易品种短时间内的价格波动来频繁交易,极少存在仅进行一次交易或单向(或买进或卖出)交易的情形,多次多向交易才是常态。

由于单次单向交易是多次多向交易的基础,所以投资者在受内幕交易影响期间多次多向交易的损失可通过单次单向交易的原则进行拆分计算。一方面,"多向"交易问题可进一步转化于内幕交易损失因果关系认定原理的择取。如前文所述,"同期反向"交易者才具有损害赔偿请求权,对于与内幕人同向交易的行为,投资者不能主张损害赔偿。① 所以,在投资者诸多交易中,需将与内幕人交易同向的部分剔除。另一方面,"多次"交易问题可视为对"单次"交易损失的累积。实践中存在两种方案:一种是将投资者每一次反向交易价减去基准价,然后各自乘以各自证券数量,最后相加汇总;另一种是首先计算出投资者所有反向证券交易平均价,然后乘以所有反向交易证券量。相较而言,第一种方式侧重于投资者的"账面意义损失";而后一种加权平均价格的方式能更大程度降低股价波动对交易价格的影响,所得数据更接

① 尽管与内幕交易人方向相同、期间相同的证券投资者不知道内幕信息,但因与内幕交易人交易方向相同而获利或免遭损失,是受益人而非受害人,故不可作赔偿请求权主体。

近投资者的实际损失。①

具体而言，在内幕信息为“利空”信息时，内幕人提前获知利空信息后为了规避损失，将主要“卖出”相关证券。在这种情况下，投资者历次反向“买入”证券即构成赔偿认定的基础条件。如图3-5所示，这种情况下投资者损失计算方法为：投资者买入该证券的平均价格[(A×N1+B×N2)÷(N1+N2)]与信息披露后合理时间的基准价(P)之差，乘以投资者持有的该证券数量(N1+N2)。其中，合理时间范围为3~10日，具体由法院依个案情形判断；基准价则以内幕信息披露日起至基准日之间每个交易日收盘价的平均价格为准。

在内幕信息为“利多”信息时，内幕人提前获知“利多信息”后为了获得利益，将主要“买进”相关证券。在这种情况下，投资者历次反向“卖出”证券即构成赔偿认定的基础条件。如图3-5所示，这种情况下投资者损失计算方法为：投资者买入该证券的平均价格[(C×M1+D×M2)÷(M1+M2)]与信息披露后合理时间的基准价(Q)之差，乘以投资者持有的该证券数量(M1+M2)。其中，合理时间和基准价的确定与“利空信息”时的处理相同。

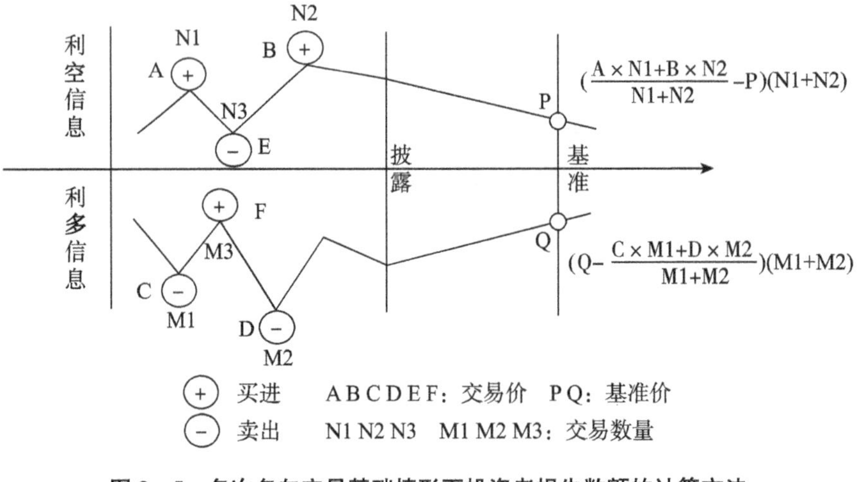

图3-5 多次多向交易基础情形下投资者损失数额的计算方法

---

① 参见马新彦：《内幕交易惩罚性赔偿制度的构建》，载《法学研究》2011年第6期。

（三）内幕人违法所得：内幕交易民事赔偿金额的参照标准

依据我国《证券法》和《民法典》的精神，从保护投资者的利益出发，应以受害人的损失为基准。但是，在内幕交易发生的同时，必然也有其他投资者与内幕人进行同方向的交易而获利。如此同期交易者之模式，也赋予了未遭受内幕交易侵害的其他正常反向交易者以诉权，这些被扩大进来的原告的损失并非由内幕交易造成，原则上不应由内幕人赔偿，但囿于鉴别困难，折中考虑下才允许其与实际受害投资者一同求偿，如果损害的计算只是把所有与内幕人从事反向交易的原告损失进行加总，那么所得之损失将远超内幕交易者的所获利益，将不当地扩大内幕人的责任范围。基于保护投资者利益与合理惩罚内幕人的平衡考量，应对投资者赔偿总额进行必要限定。可借鉴日本《金融商品交易法》（2013 年修改），将赔偿限制在被告非法所得的 3 倍范围内，防止一场证券价格波动导致的被告无力承担的天文数字。“3 倍”作为被告违法所得上限的明定，既可震慑内幕人，又能防止过度赔偿。[①] 因此，内幕人违法所得数额的确定就尤为重要。

事实上我国证监会《证券市场内幕交易行为认定指引（试行）》曾规定“违法所得”的计算方案。其第 23 条第 1 款规定：“违法所得数额的计算，可参考下列公式或专家委员会建议的其他公式：违法所得（获得的收益）= 基准日持有的证券市值 + 累计卖出金额 + 累计派现金额 - 累计买入金额 - 配股金额 - 交易费用；违法所得（规避的损失）= 累计卖出金额 - 卖出证券在基准日的虚拟市值 - 交易费用。”但由于该公式论述较烦琐，无法直观展现违法所得的计算方法，且其基准日选择依据也不明确，各方争议较大。无论是民事损害赔偿、行政处罚决定，还是刑事判决，对内幕交易人“违法所得”的认定都存有不同的认识，欠缺正当合理的统一性标准。[②] 不仅是法学界，金融学领域对内幕交易违法所得的计算也多有关注，例如，陈莹通过数学建模和数据统计进行量化计算，试图精确市场因素，提出可采用潜在计量法

---

① 实际上，我国《证券法》（2015 修订版草案）中对此有所提及，其第 92 条规定：“内幕交易行为人应当对内幕交易期间从事相反证券交易的投资者，就其证券买入或卖出价格与内幕信息公开后十个交易日平均价格之间的差价损失，在内幕交易违法所得三倍限额内承担赔偿责任。”

② 参见汤欣、高海涛：《我国内幕交易案件中违法所得的算定及判罚——兼论域外法律实践及其启示》，载郭锋主编：《证券法律评论》，中国法制出版社 2015 年版，第 65 页。

(Potential Econometric Disgorgement, PED)和潜在概率法(Potential Probabilistic Disgorgement,PPD),[①]甚至法学界也有学者主张借鉴数学上的变量分析思维,将内幕交易过程中的利益分配和变动进行数量化描述,建立定量分析法模型。[②] 但反对声众多,例如,刘宪权认为纯粹的经济分析无法有效提供普遍认可的标准,笔者认为,可采用以下公式,只考虑行为人"抛售"和"持有"证券的情况,在实际运用中分别计算再相加即可。

1. 基础情形:期前无券的单次内幕交易

根据内幕信息对市场价格影响的不同,可将内幕交易行为分为利空消息下的内幕交易行为(交易风险的避损)和利好消息下的内幕交易行为(交易利润的增值)。[③] 每种信息又可分为"兑现"与"未兑现"。[④] 能否"兑现",对违法所得基准价的择取有重要影响,[⑤]兑现的信息在信息披露后对市场价格有较长时间的影响,在基准日的选择上需要有合理时间消化消息的影响。而未兑现的信息因与投资者的预期较为一致,在信息披露后不会对市场价格产生较大影响,基准日一般选择在信息披露后的复盘日。

(1)利空信息

如果内幕信息是利空信息,在信息披露后证券价格一般将下跌,为了减少损失,内幕人将卖出所持证券。如果信息能兑现,其"应然价格"基准日的选择可在信息披露后一段合理期间;如果信息未能兑现,其"应然价格"基准日的选择应在证券复牌日。

---

① 参见陈莹、李心丹、周旭媛:《内幕交易违法所得计算中对市场因素的处理——基于国内案例的实证分析》,载《证券市场导报》2014 年第 4 期。

② 参见刘敏:《论内幕交易侵权责任因果关系的认定》,载《法学评论》2017 年第 5 期。

③ See Stephanie Nevins, *Nacchio Profits: The Tenth Circuit in United States v. Nacchio Properly Departs from the Eighth Circuit in United States v. Mooney and Adopts the Civil Remedy of Disgorgement to Measure and Insider Trader's Gain under the Federal Sentencing Guidelines*, 43 Creighton Law Review 1107, 2010.

④ 信息未能兑现,是指内幕人获得的内幕信息由于公司内在原因或市场外在因素的作用,在信息披露时未能如期实现。如甲公司与乙公司拟合并,双方已经达成一致共识,且就相关合并方案进行了多次商谈,但最终某公司反悔,导致"甲乙公司合并"这一内幕信息未能如期兑现。

⑤ 内幕信息兑现与否是内幕人违法所得计算"基准日"需考虑的因素,但投资者损害赔偿数额的计算则无须考虑"信息兑现与否"。原因在于未兑现的信息对投资者并无实质影响,但对内幕人而言"未兑现的信息"亦是内幕信息,在其他要件具备情况下,依旧构成内幕交易,内幕人违法所得的计算就具有法理基础和现实意义。所以,投资者损害计算只有利好、利空信息的区别,而内幕人违法所得计算还在利好、利空信息基础上进一步划分为"兑现信息"与"未兑现信息"。

具言之,如图3－6所示,利空信息场合下有以下3种情形:①信息兑现,且行为人将所持有证券在信息公开之前抛售的,即以内幕信息公开后合理时间的基准价(N)与行为人实际卖出价格(B)之间的差额计算违法所得。违法所得＝(实际卖出价－基准价)×证券数量－交易费用(建仓成本－平仓金额)。其中,各国家对合理时间范围并无明确共识,例如,美国仅强调合理期间,无确定期间,强调以信息被市场广泛吸收的时点为计算标准,典型案例即美国证券交易委员会诉詹姆斯·麦克唐纳案(SEC v. MacDonald);[1]日本采用的标准是"内幕信息公开后的2周内"。[2] 综上,建议我国采纳"3日～10日"之区间,具体由法院依个案情形判断;基准价则以内幕信息披露日起至基准日之间每个交易日收盘价的平均价格为准。②信息未能兑现,行为人将所持证券在消息公开之前抛售的,由于行为人预期的信息优势未能兑现,复牌日的收盘价(M)为基准价,以其与实际卖出价格(B)之间的差额计算违法所得。同上适用以上公式,违法所得＝(实际卖出价－基准价)×证券数量－交易费用,唯一差异在于基准价的择取不同。③无论该信息兑现或未兑现,行为人都未抛售其所持有的证券的,无罪。因为在这种情况下,根本不存在内幕交易行为,更遑论违法所得的计算。[3]

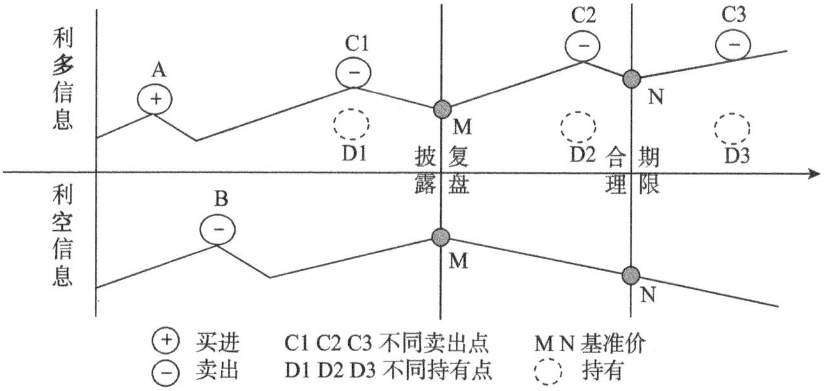

图3－6 期前无券的单次内幕交易违法所得计算方法

① See SEC v. MacDonald, 699 F. 2d, 54－55(1983).

② 参见日本《证券交易法》(2015年)第175条。

③ 参见王越、郭献朝:《内幕交易罪违法所得的计算方法》,载《人民司法》(应用)2016年第22期。

(2)利多信息

若内幕信息是利多信息,在信息披露后证券价格一般将上涨,为获得更多利益,如图3-6所示,内幕人将买进(A)证券,然后在不同时间点(C1、C2、C3)卖出证券产生实际交易所得或一直持有证券(D)产生账面违法收益。无论是实际交易所得,还是账面违法收益,都是违法所得。若信息能兑现,其“应然价格”基准日(N)的选择可在信息披露后一段合理期间;若信息未能兑现,其“应然价格”基准日(M)的选择应在证券复牌日。

具言之,利多信息的场合有4种情形:①信息兑现,行为人在内幕信息敏感期内买入证券(A),在基准日(信息披露后合理期间)之前卖出的(C1、C2),以其实际收入来确定违法所得。此时,实际卖出价(C1、C2)减去实际买入价(A)即可,无须基准价格。[①] 同时,在买入到卖出证券期间,如有派现或配股情形,也需将派现金额(计算方式:加入)与配股金额(计算方式:减除)计算在内。违法所得=(实际卖出价-实际买入价)×证券数量-交易费用+派现金额-配股金额。②信息兑现,行为人在内幕信息敏感期内买入证券(A),在基准日之后卖出的(C3),以基准日的收盘价(N)为基准计算违法所得,此时计算的是账面收益。[②] 因为在基准日之后内幕人的买卖行为已经不受内幕信息的影响,其证券买卖价格已转换为市场正常交易,如果仍以实际收入来确定违法所得,有加重内幕人责任之嫌。此时,需以基准日账面所得减去实际买入价。故,违法所得=(基准价-实际买入价)×证券数量-交易费用+派现金额-配股金额。③信息兑现,行为人在内幕信息敏感期内买入证券(A),但行为人未抛售所持证券直至案发,案发日(D3)在基准日(N)之后的,以基准日的收盘价(N)计算违法所得,此时计算的是账面收益。[③] 违法所得=(基准价-实际买入价)×证券数量-交易费用+派现金额-配股金额。若案发日(D1、D2)在基

---

① 类似案例:(1)叶某内幕交易案[证监会行政处罚决定书(2016)53号];(2)赵某某内幕交易案[证监会行政处罚决定书(2009)17号];(3)北京市第二中级人民法院(2014)二中刑初字第315号。

② 类似案例:(1)夏某内幕交易案[证监会行政处罚决定书(2016)47号];(2)浙江省台州市中级人民法院(2014)浙台刑二初字第4号。

③ 类似案例:(1)庄某某内幕交易案[证监会行政处罚决定书(2012)37号];(2)陈某某内幕交易案[证监会行政处罚决定书(2012)46号];(3)齐某、张某某内幕交易案[证监会行政处罚决定书(2013)13号]。

准日(N)之前的,以案发日的收盘价来确定违法所得,此时计算的是账面收益。违法所得 =(案发日收盘价 - 实际买入价)× 证券数量 - 交易费用 + 派现金额 - 配股金额。④信息未兑现,行为人在内幕信息敏感期内买入证券(A),无论其抛售或不抛售其所持证券,由于行为人预期信息优势并未实现,均应以复牌日的收盘价(M)来计算违法所得。违法所得 =(复牌日收盘价 - 实际买入价)× 证券数量 - 交易费用 + 派现金额 - 配股金额。[①]

2. 复杂情形:期前持券的多次内幕交易

实际案例中,内幕交易行为样态更为复杂。一方面,在内幕信息形成后,内幕人会在不同时间、以不同方式进行不同数量的证券买卖。例如,投资者可能会在价格敏感期买入 100 手证券,在内幕信息披露日后、基准日前卖出 30 手,在基准日后又卖出 20 手,然后一直持有 50 手证券直至案发。这种情况下违法所得的计算相对烦琐,但并不复杂,只要依次分类按照前文所述的方法进行计算,然后加总即可。另一方面,在内幕信息形成前、内幕人尚未知悉内幕信息时,其已经持有相关证券。这些证券为在价格敏感期买入,并非内幕交易买入的证券,因此,在计算违法所得时应不考虑期前持股的市值。该情形下复杂之处在于内幕人在内幕信息形成后往往又多次买入、卖出证券,难以确定卖出与买入证券间的直接对应关系,剔除期前持股对内幕交易违法所得影响的难度较大。当前理论和实践中主要采用先进先出法和后进先出法来解决此问题。

先进先出法和后进先出法是财务会计领域在计量发出存货成本的计量中采用的方法,在证券交易买卖成本的计算中同样适用。先进先出法,是指根据先入库先发出的原则,以先入库存货的单价计算发出存货成本的方法。以先进先出法计价的库存商品是最后购进的商品存货,发出成本则以最先购入的存货计价。简单理解即"先买进的先卖出,后买进的后卖出"。与先进先出法不同,后进先出法是根据后购入的商品先发出的假定进行计价,期末

① 参见罗开卷:《利好型内幕信息复牌后未兑现的违法所得认定》,载《人民司法》2014 年第 8 期。

存货将按照最早购入的货物成本计价。[①] 下文将分别从利多信息和利空信息出发，以赋值举例的方式对期前持券多次买卖的内幕交易违法所得计算方法的具体适用展开讨论。

(1)利多信息

假设当前市场中手机芯片供不应求，甲公司为生产芯片的上市公司，乙公司同样为业界生产芯片的优秀公司，且乙公司存在特色技术，恰可与甲公司形成技术互补。为了扩大市场影响力，抢占手机芯片市场，甲、乙公司决定进行吸收式合并，乙公司并入甲公司。如图3－7所示，2019年1月1日，甲、乙公司经过多次洽谈初步达成共识拟合并。后经双方不断沟通合作商谈，1月20日甲公司正式对外公开披露此信息(内幕信息兑现)。因为这属于利好信息，市场价格随之上涨。假设该信息自被披露5日后即被市场消化吸收。信息披露后5日平均收盘价为每股2.8元(Y)。假设小王是甲公司业务经理，其在2019年1月1日前已持甲公司股票100股(A)，其2019年1月1日参加甲乙公司洽谈，知悉内幕信息后，1月3日以每股1元的价格又买入甲公司股票100股(B)，1月6日其以每股2元的价格卖出股票80股(C)，1月7日又以每股1.5元价格买入股票100股(D)，1月14日以每股2.5元价格卖出股票60股(E)；信息披露后，1月22日继续以2.5元每股价格卖出股票40股(F)，1月29日又以3元每股的价格卖出股票40股(G)。2019年2月3日案发，小王因涉嫌内幕交易被证监会立案查处。在此案中，小王一共买进甲公司股票300股(A+B+D)，实际卖出220股(C+E+F+G)，在案发时其仍持股80股。

若按照先进先出方式计算，先买进的先卖出，则A处正常买入的证券先于B处和D处内幕交易行为买入的证券被卖出。C处卖出的60股视为卖出A处买入的100股中的80股，E处卖出的60股中有20股是A处买入的100股中的20股，这不属于内幕交易违法所得。E处还剩40股卖出，F处卖出40股，G处卖出40股，小王仍持有80股，根据不同时间点，违法所得卖出价基准价不同，E、F仍为实际卖出价(2.5元)，G为信息披露后5日证券平均收

① 参见陈莹、赖朝晖、李心丹：《内幕交易违法所得计算中对期初持股的处理——基于境外的典型案例与统计分析》，载黄红元、徐明主编：《证券法苑》第13卷，法律出版社2014年版，第264～275页。

盘价 Y(2.8 元),小王持有证券直至 2 月 3 日案发,此时持券的基准价为 Y(2.8 元)。同时,计算违法所得时,需扣除累计买入证券的成本(B 处 100 股和 D 处 100 股)。故在此情形下,小王违法所得是(40×2.5+40×2.5+40×2.8+80×2.8)-(100×1+100×1.5)=286 元。

若按照后进先出方式计算,后买进的先卖出,则 B 处和 D 处内幕交易行为买入的证券先于 A 处正常买入的证券被卖出。先"填满"B 处和 D 处的 200 股后卖出或持有的视为 A 处买入证券。C 处 80 股、E 处 60 股、F 处 40 股,G 处 40 股中的 20 股视为 B 处、D 处内幕交易买入证券后的卖出,另外 20 股视为 A 处正常买入证券卖出的 20 股。小王在案发时仍持有的 80 股(100-20)视为 A 处买入的证券,不在违法所得计算范围内。同样,按照不同时间点卖出的基准价的不同,同时扣除买入证券成本[①],小王的违法所得是(80×2+60×2.5+40×2.5+20×2.8)-(100×1+100×1.5)=216 元。

如果利多信息未能兑现,则主要影响基准价的择取。[②] 该案中,如果甲公司 1 月 20 日披露未能与乙完成合并事宜,小王在信息披露后发生证券交易(F、G),其卖出价以复盘日收盘价 X 为基准价。除此之外,其他计算方式并无差异。

(2)利空信息

如果内幕信息为利空信息,如甲公司上一年度未能实现盈利。小王是甲公司财务主管,公司 2018 年度的财务报告在 2019 年 1 月 1 日内部完成统计,后 2019 年 1 月 20 日公开披露,该内幕信息兑现。因为这属于利空信息,市场价格随之下跌。假设该信息自被披露 5 日后即被市场消化吸收。信息披露后 5 日平均收盘价为每股 0.8 元(Y)。如图 3-7 所示,假设小王 2019 年 1 月 1 日前已持甲公司股票 100 股(H),2019 年 1 月 1 日知悉公司 2018 年财务报告内幕信息,1 月 3 日以每股 1 元的价格又买入甲公司股票 100 股(I),1 月 6 日其以每股 2 元的价格卖出股票 80 股(J),1 月 7

---

① 实际计算除扣除买入证券成本外,还需减掉交易费用,此处为展示计算思路,暂不将交易费用细列。

② 关于内幕信息"兑现"与"未兑现"时基准价如何择取,参照前文"1. 基础情形:期前无券的单次内幕交易"部分的阐述,此处不再赘述。

日又以每股1.5元价格买入股票100股(K),1月14日以每股2.5元价格卖出证券60股(L);信息披露后,1月22日以1.5元每股价格卖出股票40股(M),1月29日又以0.5元每股的价格卖出股票40股(N)。2019年2月3日案发,小王因涉嫌内幕交易被证监会立案查处。小王一共买进甲公司股票300股(H+I+K),实际卖出220股(J+L+M+N),在案发时其仍持股80股。

利空信息情形下,内幕人违法所得为“卖出证券”行为所致,计算方法要义在于实际卖出价格与信息披露后的基准价之间的差额,这就导致期初持券与否并不影响其违法所得的计算。在本案中,只要将J处、L处[①]实际卖出证券价格与基准价(信息兑现则为Y,信息未兑现则为X,理由同前文,此处不赘述)的差额计算出来,然后乘以各自卖出证券的数量,最后加总即为违法所得。具言之,在信息兑现时,基准价Y(信息披露后5日收盘价的平均值)拟为0.8元每股,故小王的违法所得(规避的损失)为(2-0.8)×80+(2.5-0.8)×60=198元;在信息未能兑现时,基准价X(复牌日收盘价)拟为1.8元每股,故此时小王的违法所得(规避损失)为(2-1.8)×80+(2.5-1.8)×60=58元。

由于金融市场中交易行为和最终收益水平可能受到许多因素的影响,采用后进先出的原则,计算的持有期相对较短,违法所得受到其他市场因素的影响也相对较小,对内幕交易违法所得的确定更为准确,也符合过罚相当原则。[②] 所以,在实践期前持券的多次交易情形时,内幕交易违法所得的计算应优先选择后进先出的方法。

---

① M处、N处证券卖出行为在信息披露后发生,此时小王的卖出行为已不属于证券内幕交易(前文内幕行为认定中已证明内幕行为止于信息披露日)。

② 有学者统计有关内幕交易违法所得计算的典型案例157个(美国126个、加拿大17个、英国6个、澳大利亚1个、我国香港特别行政区7个)。这些案例中,除香港Vanda公司内幕交易案中采用了孰低原则之外,其余案件全部采用后进先出的方法处理期前持股的问题。参见陈莹、赖朝晖、李心丹:《内幕交易违法所得计算中对期初持股的处理——基于境外的典型案例与统计分析》,载黄红元、徐明主编:《证券法苑》第13卷,法律出版社2014年版,第264~275页。

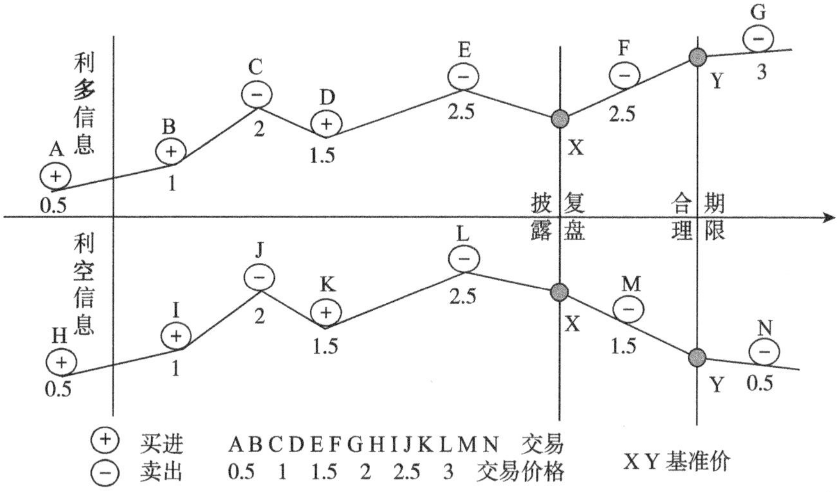

图 3－7　期前持券的多次内幕交易违法所得计算方法

五、内幕交易民事赔偿责任分配标准

该部分研究主要解决因内幕交易产生的赔偿责任在不同的赔偿义务人之间分配的问题，其先决问题是如何确定可能的内幕交易民事赔偿责任的责任人（赔偿义务人）与请求人（赔偿权利人）范围，并进而通过赔偿义务人之间的主客观联系，确定若干赔偿义务人之间的责任形态与责任划分。

（一）内幕交易民事赔偿主体的认定

1. 赔偿义务人

基于不同的责任基础，赔偿义务人又可以分为内幕交易主体与其他赔偿义务人。一般而言，内幕交易主体基于其内幕交易行为而给相应投资者造成的损害结果承担损害赔偿责任，其他责任人基于法定的责任形式对因内幕交易产生的损害向投资者承担赔偿责任。证券民事赔偿的产生要求有实际损害的发生，有对应的赔偿权利人。2019 年《证券法》第 53 条中依然保留了一些关于“交易”的关联性描述，除“买卖”这一典型含义外，还包括“建议买卖”“泄露内幕信息”。而在后两种情况中，法律即包含对因为该种行为引起投资者损害结果的否定，也包含法律本身对该两种行为的否定性评价。具体来说，即使内幕信息知情人建议、暗示他人买卖证券，或泄露内幕信息，但他人没有采取对应的交易行为（没有实害结果），该内幕信息知情人的行为依然是违反《证券法》的。在此种情况下,由于没有实害结果,很难寻找对应的赔偿权利人,因此该种情况下的内幕信息知情人不属于民事赔偿义务人,这也符合侵权法一般原理对于实害结果要件的要求。但该行为可以以民事罚金形式进行处罚,以资先行赔付。后有专章讨论,本部分按下不表。

(1)内幕交易主体

我国《证券法》第53条第3款规定:"内幕交易行为给投资者造成损失的,应当依法承担赔偿责任。"内幕交易主体,主要是指掌握内幕信息并利用内幕信息进行交易的人,[①]具体到民事责任领域,内幕交易人员也是内幕交易民事责任的主体,[②]是最主要的一类内幕交易民事赔偿的赔偿义务人。因此,明晰内幕交易的概念对于认定赔偿义务人的重要性不言而喻。然而,学界对于内幕交易的概念并未统一。由于内幕交易的构成复杂多样,不同的研究视角下,对于证券内幕交易的法律内涵界定也不一而同——部分研究侧重信息及获得信息本身的公平性,[③]亦有研究以行为主体范围为核心展开;[④]同时,一些研究以主观要件为主进行定义,[⑤]也有一些学者采用"化整为零"的思路,通过对概念构成要素的研究取代直接对概念本身进行界定。[⑥]

尽管不同视角下对内幕交易定义的方向有所倾斜,但内幕交易的两个核心要件是稳定而一贯的——知晓内幕信息和利用内幕信息的交易行为,应当围绕这两个核心要件构建内幕交易主体认定的二元标准,从而建立赔偿义务人的主要认定标准(因为并非所有的赔偿义务人都是内幕交易主体)。在典型的内幕交易中,内幕信息的知情人和实际进行交易人往往表现出同一性,但是随着证券市场的日新月异,内幕信息与交易行为对应的主体出现了分离,呈现复数的主体参与同一内幕交易不同环节的现象,这就需要进一步把握二元标准——内幕交易信息与交易行为的关联关系,确定内幕交易的主体,进而确定内幕交易民事侵权责任的赔偿义务人。

---

① 参见杨紫烜主编:《经济法》(第5版),北京大学出版社2014年版,第333页。

② 参见胡光志:《内幕交易及其法律控制研究》,法律出版社2002年版,第82页。

③ 参见武永生:《证券市场内线交易之研究》,台湾政治大学1990年博士学位论文,第54~57页。

④ 参见蔡奕:《论证券内幕交易的界定》,载《当代法学》1999年第6期。

⑤ 参见吴弘主编:《中国证券市场发展的法律调控》,法律出版社2011年版,第267页。

⑥ 参见季秀平、王朋:《证券内幕交易及其法律规制》,载《南京社会科学》1998年第3期。

①知情人要件

“内幕交易民事责任主体”与“内幕信息知情人”这两个概念不可以画等号,内幕交易民事责任主体属于内幕信息知情人员,但是只有内幕信息知情人员利用知情的信息进行内幕交易给投资者造成损害时才承担民事责任。[①]因此,知晓内幕信息是构成内幕交易主体的必要条件,是讨论内幕交易民事责任主体的前提。

我国法律规定证券内幕交易的主体范围的法律用语有“内幕信息的知情人”、“非法获取内幕信息的人”和“任何知情人”。《证券法》第 50 条规定:“禁止证券交易内幕信息的知情人和非法获取内幕信息的人利用内幕信息从事证券交易活动。”第 51 条规定了证券交易内幕信息的知情人,然其并未言明何为“非法获取内幕信息的人”。从文义上看,“内幕信息的知情人”显然应该包含“非法获取内幕信息的人”,而违反常规逻辑理解的主体界分会对司法实践产生严重影响。在我国第一例泄露内幕信息罪的判例杭萧钢构内幕交易案中,陈某在和该公司员工吃饭时偶然获悉此事,其行为被法院认定为内幕交易。该案中,很难认定陈某是《证券法》中的“内幕信息知情人”,只能被认定为“非法获取内幕信息的人”,然而其获得内幕消息行为更多是偶然,缘何非法?法院认为,“非法获取”内幕信息中“非法”之内涵,不单意在获取内幕信息的方式“非法”,更在于是知情人范围的绝对性,即第 51 条所列之外的任何主体,都不得知悉内幕信息,只要其知悉了内幕信息,无论通过何种方式,就已然处在一种“非法”的状态下了。[②] 然而,按照这种理解,只需规定任何知悉内幕信息的人都不得交易就可以界定内幕交易的主体范围,而无须《证券法》第 51 条这样的大费周章分类列举。[③] 实际上,执法部门在执法中也发现了《证券法》中存在的可能的逻辑问题。2007 年证监会出台的《上市公司信息披露管理办法》第 4 条和第 66 条,以及中国证券监督管理委员会《证券市场内幕交易行为认定指引(试行)》第二章都尝试着将内幕交易主体

---

① 参见马其家:《证券民事责任法律制度比较研究》,中国法制出版社 2010 年版,第 277 页。

② 参见陈海鹰、朱卫明、叶建平:《泄露内幕信息罪、内幕交易罪的若干问题探析——由“杭萧钢构案”展开》,载《法治研究》2008 年第 3 期。

③ 参见彭冰:《内幕交易行政处罚案例初步探究》,载徐明主编:《证券法苑》第 3 卷,法律出版社 2010 年版,第 86 ~ 130 页。

扩张或者统一为“任何知情人”。①

这种规范用语逻辑冲突的表象背后，是我国证券法律制度对待内幕交易主体识别时的理论冲突，也即没有清晰地认识并统一内幕交易主体的责任基础。在内幕交易主体识别理论及其责任基础方面，美国法上主要有“信义义务人”标准与“任何知情人”标准，两个标准又分别以信义关系理论和信息公平理论为基础。2019 年《证券法》中“内幕信息的知情人和非法获取内幕信息的人”的规定倾向于以信义关系理论作为识别基础，而前述证监会文件中的规定更倾向于以信息公平理论作为识别基础。在信义关系理论下，信义关系的存在是内部人负有披露信息义务的前提；违背披露义务并基于个人利益买卖证券，才能够被认定为内幕交易，其核心是对信义义务的悖反。信义义务的产生与存续始终伴随特定的身份关系，典型如公司的董事、高级管理人员等基于其与公司的特殊关系而负有信义义务。随着证券市场的变革发展，信义义务涵射有所扩张。有机会知悉内幕信息的其他相关人，例如，证券监管机构、中介机构和公司其他相关人员，基于法定或约定的义务对公司信息负有保密责任，这是传统信义义务下的内幕交易主体理论不能涵盖的。② 此外，为了解决传统信义关系理论需要内部人身份作为识别核心要件的问题，美国证券法律在实践中诞生了“不当取用理论”(misappropriation theory)作为补充，该理论核心在于判断非内部人能否成为内幕交易主体。然而，不当取用理论判断内核依旧是信义义务，只不过其为信义义务的扩张提供了途径，即认知并证明“信义义务(附随信息)传递”，在该理论下信息传递是信义关系的表现形式，若在某些情况下，信义义务不能随着信息的传递而在获取信息的主体上产生，美国法院在不当取用理论支持下的判例就不认为其属于内幕交易。③ 因此，不难发现，我国《证券法》第50 条及第51 条中对内幕交易

① 《上市公司信息披露管理办法》第 4 条规定：“在内幕信息依法披露前，任何知情人不得公开或者泄露该信息，不得利用该内幕信息进行交易。”第 66 条规定：“任何机构和个人泄露上市公司内幕信息，或者利用内幕信息买卖证券及其衍生品种，中国证监会按照《证券法》第二百零一条、第二百零二条处罚。”中国证监会《证券市场内幕交易行为认定指引(试行)》第二章“内幕人的认定”第 5 条、第 6 条，进一步把“内幕人”划分成：法定知情人、规定知情人、法定知情人与规定知情人的亲属、非法获取者、其他获取者五类。但该指引只是试行的示范性文件。

② 参见曾洋：《证券内幕交易主体识别的理论基础及逻辑展开》，载《中国法学》2014 年第 2 期。

③ 参见曾洋：《证券内幕交易主体识别的理论基础及逻辑展开》，载《中国法学》2014 年第 2 期。

主体的逻辑分类正是以信义关系理论以及延伸不当取用理论为识别基础构建的。但是,信义关系理论本身存在诸多不足。一方面,信义关系理论之所以在内幕交易主体识别中得以延续,主要原因之一,便是主张该理论的国家基本都属于英美法系,其判例法体系很大程度上造成了后法的"循规蹈矩",使原本不太适合的理论迟迟难以得到突破。另一方面,信义关系理论是传统公司法语境下的经典理论,其主要适用于公司内部治理。在证券市场中引入公司的信义关系理论难免有些水土不服,尤其是在日益复杂、隐蔽的内幕交易出现时往往需要扩张解释该理论以适应实践需要,其解释往往牵强附会。

与信义关系理论相对的是信息公平理论。在卡迪·罗伯茨公司案(Inre Cady, Roberts & Co.)中,SEC宣称:"长期以来,法院和我们都认为内部人应当公开其基于职务所获悉,而为其交易相对人所不知,一旦知道将会影响其投资判断的重大信息。在这种情形下,拒绝公开这些信息将违反证券法的反欺诈条款。另外,如果内部人在交易前公开重大信息并不恰当或无法实施,则我们相信戒绝交易将是更好的选择。"[①]这便是公开或戒绝交易规则(disclose or abstain rule),其理论根源便是信息公平理论。公开或戒绝交易规则即"要么公开该内幕信息,要么自我约束不得在信息公开前从事与该信息相关的证券交易"。[②] 该规则项下的义务人不以内部人身份为识别要件,不限于董事、监事(或有)、高级管理人员或控股股东等内部人,任何获取内幕信息并因此获得优势信息地位的人皆可成为内幕交易的主体。不可否认,正是信息不对称现象的存在,使证券市场得以蓬勃发展。但是,信息不对称的客观现实与信息公平理论并不矛盾。信息公平是一种权利,这种权利的内涵在于确保相关主体在信息获取过程中不受到不合理或不公平的对待,相关主体不因性别差异、民族不同等无法归咎于自身的因素而受到不同的信息获取上的差异化对待,在法律允许的范围内享有平等地获取、利用信息的权利,实质上是平等原则在信息获取领域的具体表现。[③] 因此,信息不对称是信息

---

① In The Matter of Cady, Roberts & Co., 40 S. E. C. 907, Release No. 34, 6668, 1961 WL 60638 (S. E. C. Release No. 1961).

② Donald C. Langevoort, *Insider Trading: Regulation, Enforcement, and Prevention*, a Thomson Business 18, 2004, p. 18A.

③ 参见刘凤根:《信息公平与公平信息披露制度——以证券市场为例》,载《情报杂志》2008年第4期。

主体在信息平等基础上,通过自身能动性获取的正当的信息优势地位,而内幕信息违背了信息公平,是信息获取过程中的起点和资格的不平等。在该理论下,任何人都可能因为知悉内幕信息而成为内幕交易的主体。相较信义关系理论,信息公平理论将内幕交易主体范围扩展至"任何知情人",更加适应证券市场的发展需要。

总的来说,我国《证券法》与证监会的相关文件分别对应了不同的内幕交易主体识别理论,"信义关系理论"局限明显,将证券法律体系中识别标准统一为"信息公平理论",采用"任何知情人"内幕交易主体识别标准既能统一我国证券法律体系,也能更好地适应证券市场的发展。

②交易行为要件

我国《证券法》第 53 条第 1 款对内幕交易行为的形态进行了关联性描述,包括"买卖""泄露信息""建议他人买卖",以及司法实践中认定的"明示或暗示他人买卖"。[①] 无论是直接泄露具体内幕信息的内容,还是建议、明示或暗示这种抽象的内幕信息传递行为,其本质都是通过对内幕信息的传递以获取不公平的信息优势地位。在内幕交易行为形态上,可以根据知情人要件与交易行为要件的结合情况将内幕交易行为分为两类,即典型的内幕交易和多层次型内幕交易。典型的内幕交易案件中知情人与实际交易人为同一人,且为单数个。随着内幕交易行为的隐蔽性越来越高,以及信息的传递愈加便捷,可能出现复数个因信息传递而产生的知情人,产生多层次型内幕交易。但是,多层次型内幕交易始终要保持内幕信息知情人与实际交易人之间的牵连关系。发达国家证券市场对一些典型的交易行为进行了规定。

第一,美国法上的"交易行为"。在美国,禁止性的内幕交易行为主要包含两个方面:一是利用内幕信息买卖证券;二是传播内幕信息给第三人买卖证券。《1934 年证券交易法》第 10b 条以及由 SEC 根据该条授权制定的规则 10b－5 是美国内幕交易禁止性规定的集中体现,美国司法判例也据此认定泄露内幕信息者所获取的收益与内幕人直接从事内交易所获取的收益并无

① 如上文所述,在证券侵权民事责任承担的框架内讨论内幕交易行为,应当符合侵权法理论对于实害结果要件的要求,也即必须有客观存在的狭义的交易行为,产生了实害结果。因而,此处的"买卖""泄露信息""建议他人买卖""明示或暗示他人买卖"都需要有与之对应的实际交易行为存在。

本质区别。① 在此基础上，又有具体条文针对特定的内幕交易行为作出规定。其中，《1934 年证券交易法》第 14e 条和 SEC 14(e) –3 规则针对要约收购中的内幕交易行为，规定内幕交易行为的认定主要包含两个条件：其一，持有未公开的重大信息，不管其是否违反信赖义务；其二，主观上具有故意。《1934 年证券交易法》第 16b 条主要针对内幕人短线交易（short-swing dealing）。该条规定，为防止主要受益股东、董事或高级管理人员不正当利用其与发行人之间的密切关系而获取的信息，如该公司董事、高级管理人员和持股 10% 以上的股东在买入公司证券后的 6 个月内卖出，或者在卖出证券的 6 个月内又买进，因此而获得的利益应归公司所有，公司有权行使归入权；同时，在有关内幕信息发生至初次公开时，所有股东也可以代表公司向从事短线交易的行为人请求归入权或者损害赔偿。

第二，英国法上的"交易行为"。英国对内幕交易行为的规制最早出现在《1980 年公司法》（Companies Act 1980），后被《1985 年公司证券（内幕交易）法》[Companies Securities (Insider Dealing) Act 1985] 全部继受。② 到英国《1993 年刑事审判法》时，内幕交易行为包括以下两种："在英国官方市场的证券交易中，使用了自己作为内幕人而获取的信息的人；内幕信息的知悉者，违背了自己的职业规则向他人披露了该信息，或鼓动他人利用该信息进行证券交易的人，无论他人是否知晓该信息属于内幕信息。"③该法第 55 条还规定，内幕交易行为也包括内幕人促使任何其他人直接或间接地买卖证券。④

---

① 参见蔡奕：《各国内幕交易管制与我国证券法的完善》，载《证券市场导报》2003 年第 10 期。

② 参见曹理：《证券内幕交易构成要件比较研究》，法律出版社 2016 年版，第 224 ~ 225 页。

③ 详见英国《1993 年刑事审判法》第 52 条，The offence (1) An individual who has information as an insider is guilty of insider dealing, if in the circumstances mentioned in subsection (3), he deals in securties that are price-affected securites in relation to the information. (2) An individual who has information as an insider is also guilty of insider dealing if—(a) he has encourages another person to deal in securities that are (whether or not that other knows it) price-affected securities in relation to the information, knowing or having reasonable cause to believe that the dealing would take place in the circumstances mentioned in subsection (3); or (b) he discloses the information, otherwise than in a proper performance of the functions of his empolyment, office or profession, to another people。

④ 详见英国《1993 年刑事审判法》第 55 条，"Dealing" in securities, (1) For the purpose of this part, a person deals in securities if—(a) he acquires or disposes of the securities (whether as principal or agent); or (b) he procures, directly or indirectly, an acquisition or disposal of the securities by any other person。

第三,其他国家立法中对“交易行为”的规定。日本2013年修改后的《金融商品交易法》将受到禁止的内幕交易行为扩展为3种:(1)进行特定有价证券的买卖或进行金融衍生品交易;(2)以使他人获得利益或者回避损失为目的泄露内幕信息给他人;(3)或者以上述目的推荐他人交易。即在内幕人利用内幕信息进行交易以外,将信息传递和交易推荐纳入内幕交易行为的规制范围之内。[①] 韩国《金融投资服务与资本市场法》第174条所禁止的内幕交易行为是基于自身或他人的利益而利用内幕信息。

认定何为“交易行为”并不困难,更重要的是如何解决知情人与交易行为之间的牵连关系,将客观上由交易行为产生的损害后果归结于信息传递链条上的知情人,以将其纳入内幕交易主体的范畴,使其承担相应的侵权民事责任。笔者认为,牵连关系的核心是知情人与实际交易人之间的意思联络,也即知情人需认识到此为内幕信息,并以利用的故意产生牵连的交易行为。当知情人与实际交易人同一时,其牵连关系最紧密;当知情人与实际交易人分离时,则也须实际交易人认识到该信息为内幕信息并加以利用进行交易。例如,在知情人建议购买证券而实际购买人并不知情的情况下,不应当将实际购买人认定为内幕交易主体;在实际交易人盗取内幕信息而交易的情况下,不应将被盗取内幕信息的知情人认定为内幕交易主体。“内幕交易作为一种证券欺诈行为,应以主观上故意为要件,即明知行为具有违法性而依然为之,包括故意隐瞒内幕信息并据此进行证券交易和故意向他人提供内幕信息或窃取内幕信息并据此进行证券交易。”[②]在厄恩斯特诉霍克费尔德案(Ernst & Ernst v. Olga Hachfelder)中,美国联邦最高法院认为,在民事损害赔偿诉讼中,不能以内幕信息知情人的过失而直接判定其对内幕交易负有民事责任,仍需从客观角度考察知情人的主观恶意程度,若该知情人能够证明自己受到误导或由其交易行为可以合理地推知他并未认识到所接触的信息的重要性,则故意不成立,不得追究其责任。但是,在某些情况下,严重的或不可饶恕的疏忽(more than simple or inexcusable negligence)也可能导致其承担

---

① 参见段磊:《日本证券市场内幕交易规制的最新动态及借鉴——以2013年〈金融商品交易法〉修订为线索》,载《证券市场导报》2014年第6期。

② 冯果:《内幕交易与私权救济》,载《法学研究》2000年第2期。

赔偿责任。[①] 欧共体1989年的《反内幕交易规定协调指令》规定，内幕交易主体只有在主观上存在故意，才能构成内幕交易行为，即明知是内幕信息，还利用该信息进行各种交易。这里的“明知”是指“对事实有全面了解”(full knowledge of the facts)。[②]

(2)其他义务人

基于侵权法的一般理论，内幕交易主体必然是内幕交易民事侵权赔偿中最主要的义务人。然而，考虑证券欺诈行为的特殊性，有些国家的证券法律在侵权法之外规定了除内幕交易主体之外的赔偿义务人。这些赔偿义务人并不因为其自身的证券侵权行为而承担民事赔偿责任，而是因为特定的证券侵权行为造成了损害后果，在该后果出现后基于法定义务承担民事赔偿责任。这种民事责任的承担与证券侵权密不可分，是防范证券欺诈风险，防范投资者风险集中爆发的重要方式。探讨此种情况下的赔偿义务人，是证券侵权民事赔偿责任研究的应有之义。

①先行赔付人

证券市场先行赔付，是指在证券欺诈行为发生后，由公共基金或其他义务人代替最终责任人先向受损害投资者赔偿。在3种典型的证券欺诈行为中，虚假陈述中先行赔付最为常见，内幕交易案件中较少出现先行赔付。但是，这并不妨碍先行赔付在内幕交易案件中发挥对投资者的保护作用。在内幕交易的连带责任中，完全可以由具有更充分赔偿能力的不真正连带责任人设立基金先行赔付，再向最终责任人追偿。投资者保护基金是先行赔付的主要方式，我国《证券法》第126条、《证券公司风险处置条例》第53条以及《证券投资者保护基金管理办法》分别对我国投资者保护基金制度作了规定。如何将既有的集中于虚假陈述、欺诈发行问题中的先行赔付经验有效地移植到内幕交易责任承担领域，是未来证券侵权民事责任承担中的重要问题。该部分内容后有专章论述。

②违反监督义务的赔偿义务人

我国《证券法》中并未明文规定由何主体承担内幕交易的监督责任，也

---

① 冯果：《内幕交易与私权救济》，载《法学研究》2000年第2期。

② 盛学军主编：《欧盟证券法研究》，法律出版社2005年版，第188页。

没有规定对应的连带责任。美国1984年的《内幕交易制裁法》规定,雇主或控制人对其雇员负有监督义务,没有尽到谨慎勤勉、防止义务的雇主或控制人需要对雇员的内幕交易行为承担连带责任。1988年《内幕交易与证券欺诈执行法》增补《1934年证券交易法》第20A(a)条规定,对于长期密切接触内幕信息的机构应当建立内幕交易防范机制,否则将对内幕交易承担连带责任。[①] 这些连带责任基于投资者保护的立法价值考量,在一定程度上阻遏了内幕交易。但是,考虑内幕交易往往赔偿数额巨大,该连带责任对于监督者来说是否过于沉重,应当审慎地考虑。

2.赔偿权利人

内幕交易民事侵权赔偿的权利人也即民事赔偿诉讼中的原告。证券市场是开放性市场,进入市场的主体为数众多,成交量巨大。一旦出现内幕交易,其影响又因与内幕交易的方向、时间、关联程度不同而呈现多样性。因此,对于内幕交易民事赔偿权利人的确定直接关系哪些受影响的投资者可以寻求救济。我国司法系统内的关于内幕交易的案件数量少,而且大部分以和解的形式结案,难以提供有效的观测与分析标本。2016年1月底光大证券乌龙指案以索赔股民一方的胜诉而结案,是内幕交易民事赔偿司法实践的良好开端。在光大证券乌龙指案中,法官依据被告是否过错及因果关系,最终认定与被告同一时间进行反向交易的受害人为原告,也即赔偿权利人。但反对者认为,光大证券乌龙指案中内幕交易的相对方并非一定是内幕交易的受害人。与信息披露、操纵市场的受害人不同,内幕交易的相对方并非由于知晓、信赖内幕交易人的相对人而作出交易决定的,而是因为本身已有买卖打算并发出了价格指令,只是碰巧被匿名的交易所系统撮合给内幕交易人罢了。[②]

(二)内幕交易民事赔偿责任形式评估与分担标准

内幕信息知情人与实际交易人同一的内幕交易,若不存在内幕信息传递的情形,则赔偿义务人单一,所造成损失应由赔偿义务人以全部财产承担无

---

① 参见金香兰:《中美证券内幕交易的法律责任及其启示》,载《延边大学学报(社会科学版)》2011年第2期。

② 参见刘东辉:《论"光大证券事件"中的期货内幕交易》,载《西南政法大学学报》2014年第5期。

限责任,自不发生责任分担问题。然而,内幕信息知情人与实际交易人分离已经成为内幕交易的发展趋势;同时,内幕信息传递链条由短及长,传递方向由单向度转向辐射型多向度传递,这使内幕交易主体呈现复杂化、复数化的趋势,形成了复杂的内幕交易链条。因此,链条上不同的主体之间对外是怎样的责任形式,对内又如何将责任最终在这些主体之间进行划分成为内幕交易侵权民事赔偿标准中的疑难问题。

1. 内幕交易民事责任形式的基础性问题

意欲探究内幕交易侵权中的责任形态问题,必须明晰不同责任形态的责任基础。内幕交易中的责任形态既受制于侵权法理论,又受制于证券法的具体规定。

(1)内幕交易的连带责任与按份责任

按份责任的基础是责任的可分性。在"面对面"的证券交易中,由于证券交易契约上存在明晰的买卖双方,使此种情况下的交易对象实际可查,这也就直接决定了即使在多数人同时进行若干内幕交易时,也可以明晰每个内幕交易带来的损失。这属于同时进行(或时间相邻)的分别侵权,侵权人对外承担按份责任。但在当代,由于集中竞价交易的交易方式存在,内幕交易赔偿义务人几乎难以对外承担按份责任。

"连带责任本质上是将不同的主体整合起来课加责任,而整合难度高低取决于责任构成整体性之高低。其中,原则性连带责任整合难度较低,数个行为从自然事实角度看就具备整体性,由事实的整体性导出责任的连带性,将自然事实上升为法律事实、自然法则转述为法律规则,就可成立自然事实意义上的连带责任,简称为自然连带责任。自然连带责任的构成要件主要是不确定概念,属于宽松的法定原则。"①侵权法上的自然连带责任主要是整体性损害、整体性因果关系与整体性过错。美国证券法中关于协助人的连带责任便是自然连带责任,其基础是损害、因果关系与过错的整体性,其要件包括:①他人有违反证券法的主要行为;②协助者为主要违法行为人提供了大量协助;③协助者明知其协助行为

---

① 张平华:《连带责任的弹性不足及其克服》,载《中国法学》2015 年第 5 期。

是错误的。[①]

一般而言,数个侵权于自然事实上欠缺整体性,则不能构成共同侵权。作为例外,为实现特殊的公共政策或者自然事实难以查清,法律也可以超越自然事实,拟制其整体性,建构一种连带责任,即构建性连带责任。[②] 构建性连带责任的基础是法律建构(拟制)性事实。上述讨论的连带责任主要是内幕交易主体的对外责任,其内部责任分担将在下一部分中内幕交易侵权的类型中讨论。

(2)内幕交易民事责任形式选择的公共政策影响

内幕交易民事责任形式受到诸多因素的限制。对于责任形式,尤其是连带责任与按份责任的选择,会对侵权人产生不同的后果。在连带责任中,责任的连带性增加了行为人的负担。什么可以正当化这样的负担之附加呢?即正当化连带责任的到底是什么?[③] 在前面的论述中可以看到,自然连带责任往往基于客观的因果关系及自然事实,少有裁量之空间;构建性连带责任更多彰显法律之拟制,体现公共政策之考量。具体到证券法中,目前我国立法倾向为保护投资者,2015 年修订的《证券法》把加强投资者保护作为修法根本宗旨,[④]2019 年《证券法》的修订则直接将投资者保护相关内容专章规定,这种立法价值取向与我国证券投资者心理、证券市场发展阶段有明显的关系。我国证券市场发展迅速,证券法律滞后于司法实践需要。同时,投资者跟风心态明显,市场信心脆弱。[⑤] 权衡之时,在立法中通过连带责任的应用来保护投资者,以阶段性的公共政策选择作为连带责任在证券法中的正当化基础之一。中国的法治之路必须注重利用中国本土的资源,注重中国法律

---

① 参见杨亮:《内幕交易论》,北京大学出版社 2001 年版,第 358 页。转引自于莹:《证券法中的民事责任》,中国法制出版社 2004 年版,第 246 页。

② 参见张平华:《连带责任的弹性不足及其克服》,载《中国法学》2015 年第 5 期。

③ 参见叶金强:《共同侵权的类型要素及法律效果》,载《中国法学》2010 年第 1 期。

④ 2015 年 4 月 22 日,第十二届全国人大常委会第十四次会议分组审议证券法修订草案。与会人员指出,证券法修改应坚持问题导向,把加强投资者保护作为修法的根本宗旨和使命,完善投资者合法权益保护制度,不断提高中小投资者保护水平。参见 http://www. npc. gov. cn/npc/xinwen/lfgz/2015 - 04/23/content_1934219. htm,最后访问日期:2019 年 7 月 20 日。

⑤ 2015 年年底实行的"熔断机制"所反映的磁吸效应与后续产生的股灾便是中国证券市场所存在问题的写照。详见朱樊丽:《熔断机制的中国本土化及其法律适用——以 2016 年我国 A 股开市首日触发熔断为视角》,载郭锋主编:《证券法律评论》2016 年卷,中国法制出版社 2016 年版,第 155 ~ 169 页。

文化的传统法和实际。[①] 这种正当化基础在深层次上便是对中国证券市场投资者心理的尊重与回应。

2. 多数人侵权型内幕交易的责任形式与责任分担标准

多数人侵权型内幕交易下的责任形式,其本质就是对内幕交易侵权赔偿义务主体的识别以及主体之间的责任分担的认定。因而,内幕交易形成的多数人侵权既要满足内幕交易赔偿义务人的识别标准,又要契合侵权责任法理论中关于多数人侵权的构成要件。内幕交易侵权中存在一些看似多数人侵权,实则赔偿义务人单一的情况。例如,在内幕信息知情人建议、暗示或明示他人买卖证券的情形中,实际交易人很可能并未认识到建议人(暗示人、明示人)对内幕信息知情。并且在这种情况下,内幕信息人往往采用欺骗、隐瞒的方法,使实际交易人认为其信息来源是合法的。因为内幕信息的优势在于时间上的信息不对称,把内幕信息过多地透露给实际交易人会加大内幕信息提前泄露的风险,增加被查处的可能性。此种情况下,实际交易人不能被认定为内幕交易主体,只有让建议人(暗示人、明示人)承担责任。此外,还有单位员工实际从事内幕交易,但有单位承担替代责任的情形。但是,这些特殊情形的存在并不能否认,随着证券市场的发展,多数人侵权型内幕交易正逐渐成为其主流形态。

(1)一般形态下多数人侵权型内幕交易的责任形式与分担

多数人侵权型内幕交易的一般形态中存在两个责任主体,即内幕信息知情人与实际交易人。内幕信息知情人将内幕信息以具体或抽象的方式传递给实际交易人,再由实际交易人完成交易,至此整个内幕交易结束。那么,如何将直接由实际交易人完成的交易行为所致损害归结于内幕信息知情人?该损害又如何由此两人承担?笔者认为,基于内幕信息知情人与实际交易人主观共同性的结合,应将该内幕交易行为认定为共同侵权,并将最终的损害结果归结于该两个主体,并且基于侵权责任法理论采取连带责任形式。主观共同性上,内幕信息知情人与实际交易人之间存在意思联络,这种意思联络应为共同故意,因为在内幕交易构成要件中,牵连性就表现为内幕信息知情人与实际交易人之间的共谋。内幕交易本身并不必然出现复数个责任主体,

① 参见苏力:《法治及其本土资源》(第3版),北京大学出版社2015年版,第6页。

但在内幕信息知情人与实际交易人分离的情况下，则必须要求内幕交易知情人与实际交易人之间有牵连关系，这种牵连关系使内幕信息随之传递。共谋必然在内幕信息知情人与实际交易人之间存在，一般表现为共同故意，最低为故意与过失的结合。若其中某一主体主观上连过失都不存在，则不能构成多数人侵权型的内幕交易。

份额不明时的连带责任是以因果关系不明为前提的，当因果关系哪怕是部分明确时，均应当将其排除在连带责任之外。[①] 这也就决定了连带责任内部分担的复杂性与困难性。在这种连带责任发生后，各共同行为主体对外承担责任后内部如何分配，主要有两种观点：其一，按照过错程度来确定，即比较过错原则；其二，原因力大小，即原因力论。[②] 但在以主观意思联络为基础的共同侵权连带责任中，内幕信息知情人与实际交易人所提供的原因力是不可分的，都应当及于损失之全部。因此，过错程度大小在连带责任内部分担上更具参考价值。但目前著述对过错程度大小的理论研究主要集中在与有过失情形下，对共同侵权人之间的比较过错研究较少，其主要原因在于连带责任的共同性基础，诸多境外法域在侵权责任内部分担中均秉持“在决定共同加害人对全部侵权责任的份额时，其相关的过错程度不予考虑”的态度。[③]《民法典》第 178 条第 2 款规定：“连带责任人的责任份额根据各自责任大小确定；难以确定责任大小的，平均承担责任。……”原因力无疑是确定责任大小的重要因素，但是在过错与过失相结合的内幕交易侵权行为中，区分错过与过失的主观过错，区别对待显然更能体现本条所规定的根据责任大小确定赔偿数额。连带债务作为一种特殊的债务承担模式，本质上能将部分债务人赔偿不能的风险分配给其他债务人，从而最大限度保障债权人的利益。分摊请求权的设计，乃是在此前提下，考虑各债务人之间按照最终份额比例承担

---

① 参见叶金强：《共同侵权的类型要素及法律效果》，载《中国法学》2010 年第 1 期。

② 参见刘道远：《证券侵权法律制度研究》，知识产权出版社 2008 年版，第 254 页。

③ 参见美国《关于共同侵权人共同分担责任的统一法律》第 2 条。另外，《德国民法典》第 425 条第 1 款规定，“除另有其他规定外，连带债务人在互相关系中负相等义务”；《瑞士债法典》第 148 条第 1 款作了相同规定；我国台湾地区学者同样持此观点，参见王泽鉴：《民法学说与判例研究》，北京大学出版社 2016 年版，第 807 页。

债务的公平性,作出的制度性设计,其基础就在于矫正正义。① 因而,清偿能力也是内部责任分担的重要因素之一。其体现的“公平”价值在我国侵权责任法中也有体现。此处关于连带责任人内部责任分担的论述同样适用于下文具体情况下的连带责任中。

在厘清两要件分离情况下内幕信息知情人与实际交易人之间的责任形式与责任分担后,根据复数人存在于内幕交易的不同要件中,又可以将多数人侵权型内幕交易分为两部分进行分析。

(2)知情人为复数的多数人侵权型内幕交易的责任形式

知情人为复数的多数人侵权型内幕交易,主要是指内幕信息经过多个知情人之间的传递,最后到达实际交易人处。其表现为内幕信息传递链条长,并在同一链条上存在多个依次传递的内幕信息知情人,且链条是单向的,其终端指向一个实际交易行为。我国《证券法》第53条规定内幕信息知情人和非法获取内幕信息的人不能买卖、建议他人买卖证券,也不能泄露内幕信息。从文义解释看,该规定并无适用除外情形,不受信息传递层级的影响,也即信息传递链条上的每个主体都必须承担内幕交易的违法责任。美国《1934年证券交易法》第20A(c)条则规定了任何传播重大非公开信息违反内幕交易相关规定的人与实际实行内幕交易的信息领受人承担连带责任。也即,在多次信息传递下信息传递链条上的所有知情人都应与实际交易人承担连带责任。

笔者认为,对于多次传递内幕信息链条上的知情人,其处理方式不能一概而论。

笔者认为,在处理信息传递链条上的内幕信息知情人泄露行为时,应当坚持侵权责任法自身逻辑,并合理体现证券法的立法价值。一方面,应当建立合理的连带责任范围:其起点为实际交易人及与其直接相关的内幕信息知情人,追溯终点为能够证明其有主观意思联络的所有前手,以主观意思的共同性作为连带责任的基础。另一方面,对于不能证明的信息传递链条上的前手,其行为依旧是违法的。但是,由于其泄露内幕信息行为没有具体受害人,

---

① 参见王竹:《论连带责任分摊请求权——兼论不具有分摊能力连带责任人份额的再分配方案》,载《法律科学》2010年第3期。

表现为对不特定多数人利益的损害，不便纳入现行侵权法理论体系，采用民事罚金的处罚方式更为合理有效。同时，以该民事罚金作为先行赔付基金的来源之一，建立先行赔付体系，亦在某种程度上弥补了其泄露行为给不特定多数人带来的损害，不失为一种可选的办法。

(3)实际交易人为复数的多数人侵权型内幕交易的责任形式

实际交易人为复数的内幕交易中又存在多数人为一个交易行为和多数人平行进行数个交易行为两种情况。在多数人进行一个实际交易行为时，其结构相对简单，多数人基于主观意思共同或者帮助、教唆他人侵权而承担连带责任。在帮助侵权的情况下，则更应考虑其主次要作用在对内责任分担中的影响。

在因数个平行的内幕交易而形成的多数人侵权型内幕交易中，情况则较为复杂。该类型的内幕交易，是指由某一内幕信息知情人将内幕信息传递给数个不同的实际交易人进行内幕交易。这种类型的内幕交易可以拆分为多个一般形态的多数人侵权型内幕交易，但又因内幕信息知情人同一而具有一定的关联性。根据前文分析，此时内幕信息知情人应当对每一个内幕交易行为的结果与每一个实际交易人承担连带责任，也即此时内幕信息知情人的责任范围是每一个内幕交易行为所产生的连带责任的总和。问题是，此时的实际交易人之间是否因其共享同一内幕信息知情人而承担连带责任呢？笔者认为，实际交易人之间并不存在连带责任(有共谋除外)。为了实现严厉打击内幕交易、创造诚信市场、维护投资者信心的目标，立法和司法实践承认内幕交易民事赔偿制度在打击内幕交易中的作用，但并不意味着在内幕交易民事赔偿制度的设计构建和实施上应当尽一切可能加强对行为人的打击力度，同时在各个方面都加强对受害者的保护。[①] 出于诉讼效率和保护投资者的考量，可以将这些实际交易人与内幕信息知情人作为共同被告。此时，实际交易人与内幕信息知情人一起承担连带责任，但对于某一特定交易行为的实际交易人而言，其承担的是一种特殊的单向连带责任。单向连带责任也称混合责任，是指在连带责任中，有的责任人承担连带责任，有的责任人承担按份

---

① 参见赵旭东:《内幕交易民事责任的价值平衡与规则互补——以美国为研究范本》，载《比较法研究》2014 年第 2 期。

责任,是连带责任与按份责任混合在一起的连带责任形态;其中,连带责任人对全部赔偿承担中间责任,按份责任人只承担与其份额相应的责任。[①] 而此内幕交易中,单向连带责任的特殊性在于特定实际交易人承担的按份责任是因其实际交易行为所产生的赔偿,但该赔偿并非其最终承担的责任,最终责任仍需与内幕信息知情人分担。

(4)多个内幕交易并存时的责任形式

以上对3种具体内幕交易类型的分析,是从内幕交易构成要件的内部视角出发的。从整个内幕交易的宏观视角来看,内幕信息的形成有明显的时间节点,距离时间节点越近,内幕信息知情人越少,其价值就越高。因而内幕交易往往容易在内幕信息形成后的一段时间内集中爆发,出现同时(或者紧密相邻)的多个并存的内幕交易,其责任形式同样值得探讨。

"多个内幕交易并存"并非前述一个内幕信息知情人对应多个不同的实际交易人的情况,而是几个要件上没有关联的内幕交易在时间上重叠(或者紧邻)。在现阶段"集中交易,价格优先"的市场环境下,时间重叠的内幕交易几乎不能区分与其对应的受害人,其具体因果关系也难以证明,但此情况恰好符合侵权责任法中共同危险行为的前提条件。除侵权行为基本的构成要件外,共同危险行为有两项重要的构成要件:一为共同危险人参与实施了对受害人权益有损害之危险的行为;二为因果关系不明,即无法确定具体的侵权人。此外,共同危险行为人之间不存在意思联络也是共同危险行为的消极构成要件。[②] 对于某一特定的受害人而言,客观上必然存在与其对应的内幕交易主体,但是由于存在多个时间上紧密相连的内幕交易行为,因而不能确定哪一个内幕交易行为具体导致了该损害,即存在多个危险行为但无法证明具体因果关系。此外,如前述,多个内幕交易并存实为多个独立的内幕交易,不存在主观意思的关联。由此观之,多个内幕交易并存的情形属于侵权责任法中的共同危险行为。我国《民法典》第1170条规定:"二人以上实施危及他人人身、财产安全的行为,其中一人或者数人的行为造成他人损害,能够确定具体侵权人的,由侵权人承担责任;不能确定具体侵权人的,行为人承

---

① 参见杨立新:《多数人侵权行为及责任理论的新发展》,载《法学》2012年第7期。

② 参见程啸:《论共同危险行为的构成要件——以〈侵权责任法〉第10条为中心》,载《法律科学》2010年第2期。

担连带责任。”故此种情况下的内幕交易可以参照适用侵权责任法，由该并行的多个内幕交易之主体承担连带责任。

对以上4种具体情况的分析并不能涵盖实践中纷繁复杂的内幕交易类型，但是此4种情况分别代表了一类典型情况下多数人侵权型内幕交易的责任形式及分担。实践中复杂的多数人侵权型内幕交易最终可以分解成该几种典型类型的组合，从而结合适用这几种类型下的责任形式与分担规则。

第四章　操纵市场民事赔偿标准及其适用

操纵市场行为危害巨大，其利用交易行为与信息手段营造证券市场的虚假表象，干预证券市场的真实供需关系，扭曲正常证券价格形成机制，以此引诱他人参与证券交易，为自己谋取不正当利益或转嫁风险。确立操纵市场的证券民事责任有助于矫正被扭曲的市场机制，实现对失衡利益的再度平衡。保护投资者是证券市场的基石，追究操纵市场行为人的民事责任，强调通过民事责任补偿受损投资者正是意图保护投资者的合法权益，有助于维护投资者对于证券市场的信心，督促投资者与监管者形成合力，共同维护市场机能健全性与资源配置有效性。

一、操纵市场及其民事法律责任

（一）操纵市场概念界定

证券市场发展过程中不断出现的操纵市场行为已深刻展现出其对市场秩序和投资者利益造成的巨大破坏，通过法律禁止操纵行为并追究其法律责任似乎是理所应当的，但实际上学者对此观点并不统一。即有观点对操纵市场的不法性提出质疑，美国学者费希尔（Daniel R. Fischel）和罗斯（David J. Ross）在1991年撰文时提出反对通过立法禁止操纵市场行为，其认为操纵市场具有相当大难度，实际上成功获利可能性并不高，并且操纵市场行为与一般普通交易行为近似，认定行为人主观意图极其困难，因此，通过法律禁止操纵市场行为反而会产生阻碍市场发展的不利后果。[①] 尽管此后有不同学者对此

---

① See Daniel R. Fischel, David J. Ross, *Should the Law Prohibite Manipulation in Financial Market*?, Harvard Law Review 105, p. 503 - 553(1991).

进行回应,从实证研究等不同角度强调操纵市场行为对市场效率带来的损害,但在对操纵市场行为与一般交易行为的甄别、危害性认定等问题上也难以形成统一认识。实际上,围绕操纵市场行为违法性的争议植根于操纵市场行为本身的复杂性。实践中操纵市场行为的认定与理论上操纵市场行为内涵外延的界定都并非易事,这种由行为复杂性导致的模糊性,同样体现在各国家和地区针对操纵市场行为的禁止性规定中。

美国《1934 年证券交易法》中并未明确定义"操纵"的概念,而是在第 9 条中对特定的操纵性活动进行了禁止性规定。美国 SEC 在两个案件中尝试对"操纵"一词进行了定义。在 1977 年爱德华·马沃德公司案(Edward J. Mawod & Co.)中[①],SEC 从投资者角度对操纵进行诠释,指出当市场交易行为出现且被投资者或者潜在的投资者发现时,投资者或者潜在的投资者有权假定该市场交易行为真实的市场行为,因而他们也会假定因该市场交易行为所支出或者接受的价格是真实的且不受其他因素干扰的,但是操纵市场的行为破坏了投资者这种合理预期。在 1985 年佩格尔公司案(Pagel Inc.)中[②],SEC 则是从维护市场自由供求关系这一市场秩序的角度对操纵进行诠释,指出操纵市场的行为是对证券市场自由的供求关系的故意干涉。上述定义均是从主观归责的角度将市场操纵界定为欺诈,正如《1934 年证券交易法》第 9 条明确指出的,其立法目的就在于禁止"使用任何手段以欺骗公众相信(被操纵的)证券交易行为反映了真实的市场供求关系",因而在美国,市场操纵行为必须具备欺诈因素。[③]

相对而言,英国和欧盟则采用了从客观出发的定义方式,强调市场操纵与市场滥用的联系。根据英国 2000 年《金融服务与市场法》第 118 条的规定,市场滥用是指由一人单独或多人串通或合谋进行的扰乱市场秩序的行为。根据欧盟于 2003 年 1 月发布的《市场滥用指令》(Market Abuse Directive,第 2003/6/EC 号指令)的规定,操纵市场的核心定义分为 3 种:(1)给出或可能给出关于金融工具供给、需求或价格的虚假或误导性的信

① Edward J. Mawod & Co.,46 SEC 865(1977).

② Pagel,Inc.,48 SEC 223(1985).

③ 参见田宏杰:《操纵证券市场行为的本质及其构成要素》,载《国家行政学院学报》2013 年第 3 期。

号，或通过单个个人或合谋的多人，在一个非正常或虚假的水平取得一个或多个金融工具的价格的交易或交易委托。除非该交易或交易委托者证明其有正当理由，并且该交易或交易委托符合规范市场下的市场惯例。(2)使用虚假手段或其他欺骗形式或阴谋的交易或交易委托。(3)通过媒体，包括因特网，或通过其他方式给出或可能给出关于金融工具的虚假或误导性信号，包括散布谣言以及虚假或误导性的消息，散布者知道或应当已经知道该信息是虚假或误导性的。[①] 可以看出，欧盟和英国采用了区别于美国对操纵市场通过传统证券欺诈路径的界定方式，试图将操纵市场行为从传统证券欺诈行为中独立出来，尝试通过市场的优势或影响力的因素来分析行为特征，并进而判断是否存在行为不当。

总而言之，操纵市场行为类型多样，单从行为本身很难抽象归纳出明晰的定义。不同国家和地区在法律规定中也采取了差异化的界定进路，美国植根于欺诈的传统认知进路与欧盟基于市场优势或影响力的分析范式各有特点，从不同角度揭示出操纵市场的行为特征与违法性因素。可以看出，操纵市场行为表现为区别于一般证券交易行为的特殊证券交易行为，是人为制造扭曲市场价格的信号，故意使其他投资者作出错误判断，以此获得收益或避免损失。一方面，操纵市场行为的实质在于操纵市场行为人利用其在证券市场的优势或者影响力，通过人为因素控制或者影响证券市场的行情，破坏了证券市场自由的供需关系和相应的竞争机制，破坏了资本市场运行机能的健全性，阻碍证券市场资源配置功能的实现；另一方面，投资者因为操纵行为导致的市场信号紊乱，难以正常作出投资判断，受虚假的市场信号产生的背离真实供需的趋势误导，成为操纵市场行为的受害者。因此，操纵市场可以被定义为：个人或机构背离集中竞价和市场供求关系原则，通过各种不正当方式，影响证券交易价格或证券交易量，制造证券市场假象，人为地操纵证券交易价格，以引诱他人参与证券交易，为自己谋取不正当利益或者转嫁风险的行为。[②]

---

① See Directive 2003 /6 /EC of the European Parliament and of the Council of 28 January 2003 on Insider Trading and Market Manipulation (market abuse).

② 参见冯果主编：《证券法》，武汉大学出版社 2014 年版，第 346 页。

（二）操纵市场行为类型

1. 操纵市场行为的具体样态

2019 年 12 月修订后的《证券法》第 55 条继续强调对操纵市场行为的禁止并规定了相应的赔偿责任，在原先第 77 条①“列举 + 兜底条款”模式的基础上对操纵市场行为的列举进行完善，吸收了 2007 年中国证监会发布的《证券市场操纵行为认定指引（试行）》的部分规定，进一步丰富了证券法文本中明确列举的操纵市场行为类型。②

其一，连续交易操纵，主要表现为单独或者通过合谋，集中资金优势、持股优势或者利用信息优势联合或者连续买卖，操纵证券交易价格或者证券交易量。这种通过真实交易产生操纵效果的行为难以从行为外在表现上识别，其认定需要深入产生操纵效果背后的“优势”和“利用”的背后以具体判断，重点关注主观方面。正如有观点指出，连续操纵之所以具有违法性，关键并非在于涉及哪种优势，而在于行为是否反映了操纵的本质，因而需要从本质上观察行为人是否具有可归责的主观意图，区分合法的投资行为与具有违法性本质的操纵行为。③

其二，约定交易操纵，主要表现为与他人串通，以事先约定的时间、价格和方式相互进行证券交易，影响证券交易价格或者证券交易量。约定交易的实质是一种合谋，通过事先的约定进行证券买卖，有意识地影响证券交易量，压低或抬高证券价格。

其三，洗售操纵，主要表现为在自己实际控制的账户之间进行证券交易，

---

① 2019 年修订前的《证券法》第 77 条第 1 款规定：“禁止任何人以下列手段操纵证券市场：（一）单独或者通过合谋，集中资金优势、持股优势或者利用信息优势联合或者连续买卖，操纵证券交易价格或者证券交易量；（二）与他人串通，以事先约定的时间、价格和方式相互进行证券交易，影响证券交易价格或者证券交易量；（三）在自己实际控制的账户之间进行证券交易，影响证券交易价格或者证券交易量；（四）以其他手段操纵证券市场。”

② 2019 年修订后的《证券法》在第 55 条第 1 款中规定：“禁止任何人以下列手段操纵证券市场，影响或者意图影响证券交易价格或者证券交易量：（一）单独或者通过合谋，集中资金优势、持股优势或者利用信息优势联合或者连续买卖；（二）与他人串通，以事先约定的时间、价格和方式相互进行证券交易；（三）在自己实际控制的账户之间进行证券交易；（四）不以成交为目的，频繁或者大量申报并撤销申报；（五）利用虚假或者不确定的重大信息，诱导投资者进行证券交易；（六）对证券、发行人公开作出评价、预测或者投资建议，并进行反向证券交易；（七）利用在其他相关市场的活动操纵证券市场；（八）操纵证券市场的其他手段。”

③ 参见汤欣、高海涛：《证券市场操纵行为认定研究——行政处罚案例的视角》，载《当代法学》2016 年第 4 期。

影响证券交易价格或者证券交易量,因此又被称为自买自卖或虚买虚卖,其实质是人为制造虚假的交易繁荣或直接影响交易价格。洗售操纵与约定交易在操纵致损逻辑上较为相似,两者都属于虚假交易,即不转移所有权或实质上未转移所有权的证券交易。[①] 两者都通过进行虚假交易对证券交易量和价格产生影响,区别在于洗售操纵强调单一主体通过自己控制账户进行操纵行为,而约定交易则是多个主体进行事先合谋的操纵。

其四,虚假申报操纵,主要表现为不以成交为目的的频繁或者大量申报并撤销申报。此操纵行为的实质在于人为制造市场假象,向市场传递不真实的信息,误导投资者对交易价格与市场供求关系产生错误的判断,以此诱导投资者交易。

其五,蛊惑交易操纵,主要表现为利用虚假或者不确定的重大信息,诱导投资者进行证券交易。蛊惑交易是典型的信息型操纵,其中虚假或者不确定的重大消息应当是能够对证券价格产生明显影响的信息。在信息传播渠道日渐多元与信息传递速度提升的背景下,虚假信息制造与传播的违法成本较低,但对证券市场资源配置效率的破坏性较大。

其六,"抢帽子"操纵,主要表现为对证券、发行人公开作出评价、预测或者投资建议,并进行反向证券交易。此前《证券市场操纵行为认定指引(试行)》在对"抢帽子"操纵的界定中强调了操纵行为人的主体身份应为"证券公司、证券咨询机构、专业中介机构及其工作人员",而《证券法》中并未要求主体具有特定的身份。[②] 此前对于主体专业身份的要求,主要是基于对证券行业专业人员与投资者之间利益冲突隔离的强调,属于采用特定身份推定,并加以重点防范的方式。然而在实践中,仍有大量行为主体虽然不具备特定身份,但却能产生相似行为效果的情况。若拘泥于主体身份判断,则容易导致行政监管与法律责任追究的疏漏。

其七,跨市场操纵,即利用在其他相关市场的活动操纵证券市场。区别于前述类型皆是通过对操纵手段的差异划分,跨市场操纵则是通过对操纵行为发生场域进行观察而划分出的类别,其强调操纵市场行为与操纵市场的结

---

① 参见刘新民:《中国证券法精要——原理与案例》,北京大学出版社 2013 年版,第 369 页。

② 与之类似,2019 年 6 月最高人民法院与最高人民检察院发布的《关于办理操纵证券、期货市场刑事案件适用法律若干问题的解释》对"抢帽子"操纵的规定同样未有行为人特定身份的要求。

果分别发生于两个或两个以上的市场。随着金融市场的全球化与金融产品的不断创新,不同交易市场互联互通的可能性不断增强,不同市场之间产品价格关联程度也在不断提高,因而跨市场操纵行为在单一市场操纵行为手段共性的基础上又演化出特殊性,使市场操纵行为隐蔽性与破坏性进一步增强。

此外,2019 年修订的《证券法》继续将"以其他手段操纵证券市场"作为操纵市场行为列举的兜底条款。总而言之,由于操纵市场行为的复杂性,法律文本很难对操纵市场行为内涵与外延作出准确界定,也难以列明不同操纵市场行为的差异化认定标准。在实践中,行为构成要素的组合与配比也存在一定的差别,操纵市场行为认定还需要把握操纵行为背后的欺诈本质和不当利用市场优势的特点,通过监管活动的经验积累逐步明晰行为认定规则。

2. 操纵市场行为的类型化分析

"操纵市场"实际上是一个包含各种具体行为种类的集合概念,项下具体行为导致证券市场扭曲的方式与效果存在差异,证券法中难以通过单一分类标准对操纵市场行为进行划分。同时,操纵市场行为类型也在不断翻新,对操纵市场法定类型的列举式规范也无法穷尽所有的操纵行为,实践中仍然需要使用兜底条款予以涵盖。因此,从学理上对操纵市场行为进行分类就尤为重要,这就要首先对操纵市场行为进行类型化分析。

总体而言,从操纵市场的基本手段来看,操纵行为可分为交易型操纵与非交易型操纵。交易型操纵,是在证券市场交易规则框架下,通过交易行为直接影响证券价格与成交量。交易型操纵具体可分为真实交易型和虚假交易型:前者旨在通过产生真实的交易制造假象,引诱投资者交易,使得证券价格产生特定方向的变化,典型行为有连续交易、约定交易、洗售交易;后者则是意图不产生实质上的交易,主要通过订单的分布制造假象,如虚假申报。非交易型操纵最主要的类型是信息型操纵。广义上的信息型操纵是操纵市场行为人利用信息优势,影响投资者决策,亦可与交易型操纵市场存在交集,如利用信息优势配合连续交易。狭义上的信息型操纵多指一种独立情况:上市公司董事、监事、高级管理人员或控股股东、实际控制人等通过控制上市公司信息披露事项,操纵证券交易价格和数量等形式。

基于操纵市场行为类型化分析,可以看到具体行为彼此之间共性与特性并存。一方面,操纵市场行为的细分依据是操纵手段的差异,但无论是利用价量优势,还是信息优势,行为所欲达成的目的是一致的,都意图使证券价格产生特定方向的变化;另一方面,狭义上的信息型操纵具有突出的特殊性,与交易型操纵明显不同的是,其具有类似虚假陈述行为的特点——单从行为上观察,行为人控制上市公司信息披露的时点和内容,即有可能出现上市公司未按规定披露信息,或者所披露信息有虚假记载、误导性陈述和重大遗漏的衍生结果。[①] 在实践中,就存在虚假陈述与信息型操纵行为竞合的可能。

事实上,在域外司法实践与学理讨论中,操纵市场往往与虚假交易、内幕交易一道被视为证券欺诈行为,也存在不少"误导性陈述式"操纵市场情形。正是基于虚假陈述与操纵市场在欺诈特性层面上确实具有共通之处,有观点认为,两种侵权行为的发展过程都可以总结为:行为人实施的欺诈行为引起了证券价格的异常波动,其他投资者不明就里地作出交易决策,后欺诈行为被揭露,证券价格回到正常状态,投资者受损。有学者进而认为,虚假陈述与操纵市场"除了具体欺诈行为方式不一样,在欺诈行为作出后导致其他投资者受损这一后续过程几乎一样"。[②] 此种观点是从整体上比较两者的相似性,但抽象概括过程容易遮蔽操纵市场行为的复合性与复杂性。在实践中,操纵市场行为导致投资者损失的样态较虚假陈述更加复杂,这就要求操纵市场的因果关系认定规则与赔偿数额计算规则的设计应更加契合操纵市场特殊的行为模式与致损逻辑。

(三)操纵市场民事责任构成

我国《证券法》明确指出操纵证券市场行为给投资者造成损失的,行为人应当依法承担赔偿责任。虽然该条文并未规定操纵市场行为的民事责任构成要件,但考虑操纵市场本质上仍属于一种侵权行为,其民事责任在性质上仍植根于侵权责任,因此根据民法一般原理,笔者认为操纵市场民事赔偿责任的构成要件具体包括以下方面。

第一,操纵市场违法行为。构成操纵市场,必须是在客观上实施了操纵行为,包括操纵证券市场价格和与此相联系的操纵证券交易量,这是从法律

---

① 参见高海涛:《试论信息型操纵的违法性及防控对策》,载黄红元、卢文道主编:《证券法苑》第22卷,法律出版社2017年版,第455~471页。

② 廖升:《操纵证券市场侵权责任之因果关系》,载《法学评论》2017年第1期。

上判断某个证券交易行为属于操纵证券市场的关键性要件。[①] 在证券交易不同于普通市场交易的特殊性之下,普通投资者难以准确判断是否构成操纵行为,往往需要借助证券市场监管者对操纵市场违法行为的调查与认定。

第二,行为人的主观方面。对于一般侵权行为,主观归责原则上实行过错责任,要求侵权行为人具有主观上的故意。《证券法》在第55条中界定操纵市场行为时提及“影响或意图影响证券交易价格或证券交易量”,相较于之前的立法,从文义上似乎将行为人的主观故意不再予以考虑,代之以对证券交易价格或交易量所产生的实际影响作为客观结果标准。而第55条第2款直接表述为“操纵证券市场行为给投资者造成损失的,应当依法承担赔偿责任”。由此看来,《证券法》修改后,淡化了对市场操纵行为主观故意的考量,只要操纵行为有影响证券交易价格或交易量的结果,即应被认定为操纵市场行为并承担赔偿责任,即实际无过错责任原则。但通常而言,操纵市场行为一般存在操纵的故意,实行无过错责任原则会减轻投资者主张损害赔偿时的举证责任负担。

第三,损害事实。在追究证券民事责任时,必须考虑违反证券法的行为是否对其他投资者造成了损害。操纵市场民事赔偿案件中损害事实的举证责任应由投资者承担,需证明遭受损害和具体的损失金额。就操纵市场行为而言,损害是指操纵市场行为人因实施操纵市场行为使投资者或者潜在投资者作出错误的投资决定而遭受损害的事实。证券欺诈给投资者造成的损失可以证券交易记录计算,但具体损失的确定仍受因果关系的认定与计算方法选取的影响,后文将在民事赔偿数额计算部分具体探讨投资者损失与适格原告的问题。

第四,操纵市场行为与损害结果之间具有因果关系。操纵市场行为人应对自己行为导致的损害结果承担法律责任,而要认定操纵市场行为人所应承担的民事赔偿责任,首先需要认定投资者所受损失与该行为人所进行的操纵市场行为之间具有因果关系。对于因果关系的认定,英美法系与大陆法系有着差异化的分析进路:前者将因果关系分为责任成立上的因果关系与责任范围上的因果关系;后者则将因果关系分为事实上的因果关系与法律上的因果

---

① 参见陈甦主编:《证券法专题研究》,高等教育出版社2006年版,第262页。

关系。尽管分析路径有所差异,实质上却殊途同归,都体现出从事实认知到法律认知的过程,都包括定性与定量两个层面。包括操纵市场在内的证券欺诈行为,具有不同于一般侵权行为的行为特点与行为发生环境,因果关系的认定存在诸多难题,确立契合证券侵权行为特性的因果关系认定规则就尤为必要。在实践中,我国最高人民法院关于虚假陈述民事赔偿的司法解释借鉴了域外司法实务经验,确立了推定虚假陈述行为与投资者交易行为和损失之间存在因果关系的特殊认定规则。对于在证券欺诈层面与虚假陈述具有一定共通性的操纵市场行为而言,其在理论上可以与虚假陈述一样获得类似的因果关系推定的特殊制度安排,从而突破因果关系认定障碍。

二、操纵市场民事责任因果关系认定

(一)操纵市场民事责任因果关系认定障碍

因果关系是连接操纵市场行为与投资者损失的纽带,是操纵市场民事赔偿标准的核心问题。正是由于契合操纵市场行为特点的因果关系认定标准缺失,在我国过往相当长的时期内,操纵市场民事责任始终虚置于法律文本中。

在2010年中核钛白案中,原告主张参照最高人民法院《关于审理证券市场因虚假陈述引发的民事赔偿案件的若干规定》中因果关系认定标准认定被告操纵市场侵权责任,但法院并未支持原告主张。法院认为,股票的价格变化还受上市公司的财务状况、经营情况、所属行业的景气程度以及大盘指数等诸多因素影响,原告虽然有投资损失,但不能认定该损失与操纵行为具有直接关联性。[①] 二审法院北京市高级人民法院维持了原判,同样认为不具有直接关联性。[②] 在2011年汪某某案中,投资者王某起诉汪某某操纵市场侵权,同样主张参照《关于审理证券市场因虚假陈述引发的民事赔偿案件的若干规定》。法院则认为,现行法律法规、司法解释对操纵市场与损害结果之间

① 参见文雨:《中核钛白股民维权遭遇滑铁卢,首例操纵证券市场民赔一审被驳回》,载《证券时报》2011年12月17日,A04版。

② 在二审中,股民提出操纵行为实施期间,中核钛白股价跌幅远远大于同期大盘跌幅,且同期中核钛白的财务经营状况、所属行业景气程度和大盘指数等均没有显著变化,应认定投资损失与操纵行为之间存在因果关系的上诉理由,北京市高级人民法院也没有采纳。

的因果关系的确定以及行为人承担赔偿责任数额的范围、损失的计算方法等均无明文规定,虚假陈述与操纵证券市场是两种不同的违法行为,两者在违法主体、行为表现、持续时间、影响范围方面均不同,参照《关于审理证券市场因虚假陈述引发的民事赔偿案件的若干规定》缺乏依据。①

操纵市场民事责任因果关系所要解决的关键问题为,操纵市场行为与投资者损失之间有无引起与被引起的关系,或者说投资者的损失是否是由操纵市场行为所致。考虑证券市场交易环境复杂,市场系统性风险与操纵市场导致的市场扭曲是同时存在的,两类情形导致投资者损失的可能性并存,使不同原因导致的损害混同。实践中,投资者与操纵市场行为人各执一词,然而法院又缺乏明确的操纵市场因果关系认定规则,最终只能通过侵权法的一般理论,保守地采用了必然、直接因果关系观点。

所谓必然因果关系,强调只有行为与损害结果之间具有内在的、本质的、必然的联系,才能认定违法行为与损害结果之间存在法律上的因果关系。所谓直接因果关系,是指原因行为与损害结果之间自然连接、没有被外来事件打断,尽管也有其他条件的介入,但可以确定这些条件并不影响原因行为作为直接原因的,应当认定其与损害事实之间具有因果关系。无论是直接因果关系还是必然因果关系,这种或许能够适用于一对一传统交易环境的因果关系认定规则显然难以适用于证券市场交易环境。证券交易的复杂性与特殊性,使当事人在证明因果关系时存在巨大障碍。如果采用直接、必然因果关系理论,则无疑会对提起赔偿请求的原告施加严苛的举证责任,阻却了投资者成功获偿。与实践中操纵市场民事赔偿案件陷入的困局不同的是,针对证券交易特点,借鉴欺诈市场理论的虚假陈述因果关系认定规则的制定,极大推动了虚假陈述民事责任的落实。包含明确的因果关系认定与赔偿数额计算规则的赔偿标准能够促使市场各方形成相对稳定预期,不仅使虚假陈述民事赔偿案件能够有序解决,也使先行赔付等多元化的投资者求偿模式稳步发展。可见,操纵市场民事赔偿标准的制定是落实操纵市场民事责任的关键,因果关系认定规则即为其中重点。

① 参见宋璇:《股民诉汪建中民事索赔失败——代理律师称考虑上诉》,载《国际金融报》2011 年 12 月 20 日,第 5 版。

2020年12月,成都市中级人民法院对我国首例操纵市场证券支持诉讼作出一审判决,部分支持了原告投资者的诉讼请求,判决被告操纵市场行为人承担民事赔偿责任。法院首次在操纵市场因果关系认定中借鉴了现有虚假陈述因果关系的认定规则,参照市场欺诈理论,采用因果关系的推定方式。[①]该案无疑是我国操纵市场民事赔偿制度完善千里之行迈出的坚实一步,具有标志性意义。但同时需注意的是:一方面,该案所涉及的操纵市场行为具有较大的特殊性,该案中单一型信息操纵本身与虚假陈述具有较大的相似性,对于其他操纵市场民事赔偿案件,尤其是包含众多操纵行为的复合型、交易型市场操纵的情况,经验复制具有一定局限性;另一方面,在当前缺乏清晰的操纵市场民事赔偿规则的情况下,因果关系认定仍具有相当大的不确定性,尤其是该案中可适用因果关系推定范围的选择、操纵行为开始与结束时点的选择、操纵期间的划定思路等仍存在可进一步探讨之处。总之,操纵市场因果关系认定规则的设计既要在证券欺诈的共性基础之上充分借鉴其他证券欺诈行为民事赔偿因果关系认定的经验,也需要结合操纵市场行为特点,建构起更加契合操纵市场致损逻辑的因果关系认定与赔偿数额计算规则。

(二)通过因果关系推定实现倾斜性保护

1. 因果关系二元划分的理论考察

因果关系的核心问题是判断操纵市场行为与投资者损失之间是否存在引起和被引起的关系。操纵市场行为本质上属于侵权行为,其因果关系植根于侵权法上因果关系理论。在大陆法系,因果关系分为责任成立上的因果关系与责任范围上的因果关系。前者用以判断可归责的行为与权利受侵害之间是否具有因果关系,进而判断责任是否成立;后者用以判断权利受侵害和损害之间是否具有因果关系,进而界定责任范围。在英美法系,因果关系分为事实上的因果关系(factual causation)与法律上的因果关系(legal causation),也分别被称为交易上因果关系(transaction causation)与损失上因

---

① 成都市中级人民法院审理认定,被告借市值管理之名行操纵市场之实,在2013年5月9日至7月4日实施了操纵恒康医疗股价的违法行为;原告投资被操纵的证券虽然存在损失,但损失计算方法缺乏法律依据,参考虚假陈述司法解释计算出原告损失为5632元;原告在被告操纵市场行为期间买入恒康医疗股票并在操纵结束后卖出而产生亏损,根据市场欺诈理论,其损失与被告操纵市场行为之间显然具有因果关系,原告无须为此举证。参见投服中心:《恒康医疗案一审判决,原告胜诉"首恶"担责》,载证券市场红周刊网,http://static.hongzhoukan.com/2020/01/20/593622.html。

果关系(loss causation)。前者通常通过"but-for"标准判断被告行为是否为原告损害的原因。该标准通过提出假设问题"如果没有被告的侵权行为,原告的损害是否会发生",来判定被告的侵权行为是否属于造成损害的必要条件。同时,为了防止事实因果关系判断的宽松导致原因过于宽泛,需要通过法律上因果关系限缩范围。后者实际上解决的是被告应当对原告受到权利侵害而遭受的哪些损失负赔偿责任,其本质就是损害赔偿数额的确定。所以,损失上因果关系在很大程度上直接影响赔偿数额计算,更倾向于是一个定量问题。

两大法系对于侵权法中因果关系的分析路径并非彼此对立,尽管有所差异,但都一致采取了二分法,其中分析路径的差异只是体现在具体论证过程中,实际上殊途共归。[①] 这种二元划分一致体现出因果关系从事实认知到法律认知的过程,包含定性与定量两个层面。其中,责任成立因果关系与事实因果关系更多涉及事实判断问题,而责任范围因果关系与法律因果关系则更多关涉价值判断问题。前者旨在先解决责任是否成立,再通过后者针对性地限缩责任范围,最终确定被告在多大范围内承担赔偿责任。

2. 实行因果关系推定的共识与分歧

考虑证券侵权的特殊性,无论是采取直接因果关系标准,还是相当因果关系标准,实际上都对原告施加了严苛的举证责任。2003 年出台的《关于审理证券市场因虚假陈述引发的民事赔偿案件的若干规定》确立了推定虚假陈述与投资人交易行为和损失之间存在因果关系的规则,只要是在特定时期买入证券、在特定时期卖出证券的,即可认定因果关系成立。推定的意义在于当事人只用证明难度较低的基础事实,可以减轻原告所负举证责任,利于当事人维护自身权利。即有观点指出,对于操纵市场民事责任构成要件的因果关系,同样可以和虚假陈述、内幕交易一样适用推定因果关系。[②] 学界对在操纵市场民事赔偿案件中实行因果关系推定并无太大争议,但对于在何种层面进行这种因果关系推定则不无争议。

有观点认为,应当划分为交易上因果关系与损失上因果关系,前者可以

---

① 参见曾洋:《内幕交易侵权责任的因果关系》,载《法学研究》2014 年第 6 期。

② 参见贾纬:《操纵市场行为的认定及其民事责任》,载《人民司法》2007 年第 17 期。

欺诈市场理论为基础的信赖推定规则进行推定，但对损失上因果关系则应当区分故意侵权和过失侵权，分别采用直接结果判断标准和合理预见标准。[①]也有观点认为，我国与美国在理论研究和司法实践上都存在巨大差异，不宜在操纵市场侵权案件中贸然移植交易上与损失上因果关系两分法，并认为，我国采用的是因果关系一元论，不存在分别认定交易上因果关系与损失上因果关系，因此适用于对交易上因果关系认定的欺诈市场理论在我国没有适用空间，但能够通过运用证明责任分配的有关理论，在操纵市场侵权案件中实行因果关系推定。[②]

分歧的落脚点在于如何对待因果关系的二元划分。这种分歧的产生与《关于审理证券市场因虚假陈述引发的民事赔偿案件的若干规定》对因果关系的笼统表述不无关系，这种不清晰的表达容易造成认知上的混乱——将交易上因果关系与损失上因果关系混淆。实际上，正如有学者指出的，尽管《关于审理证券市场因虚假陈述引发的民事赔偿案件的若干规定》没有明确划分交易上因果关系与损失上因果关系，但这种表达上的省略并不意味着最高人民法院取消了两者的区别，而是采用了同时推定交易上因果关系与损失上因果关系的方法。[③] 简言之，虽然我国在技术上采用了对因果关系的全面推定，但这种全面依然是建立在对因果关系二元划分的基础上，实则是对交易上因果关系与损失上因果关系的双重推定。对于证券侵权责任而言，这种两分思路是因果关系认定的必由路径。因果关系两分的功能定位与认定标准均不相同：无论是交易上因果关系还是责任成立上因果关系，在此因果关系部分解决的更多是事实判断问题，侧重于定性；无论是损失上因果关系还是责任范围因果关系，在此因果关系部分解决的更多是价值判断问题，侧重于定量。我国《关于审理证券市场因虚假陈述引发的民事赔偿案件的若干规定》采用的因果关系推定方法在世界范围内具有领先性，尽管在一定程度上存在认定标准僵化的问题，但这种双重推定模式也给予虚假陈述民事责任因果关系认定提供了诸多便利。司法解释的制定需要立足于法律文本的既有规定，也应结合我国证券市场的实际状况与审判实践的特点。无论未来有关

① 参见刘道远：《证券侵权法律制度研究》，知识产权出版社2008年版，第327页。
② 参见廖升：《操纵证券市场侵权责任之因果关系》，载《法学评论》2017年第1期。
③ 参见樊健：《我国证券市场虚假陈述交易上因果关系的新问题》，载《中外法学》2016年第6期。

操纵市场民事赔偿司法解释如何体现交易上因果关系与损失上因果关系的差异,对于操纵市场等证券侵权民事责任而言,这种对因果关系的区分都是必不可少的分析步骤。

对于欺诈市场理论能否作为操纵市场民事责任因果关系推定的理论基础问题,笔者认为该理论不宜直接套用,原因并不是我国不存在因果关系两分,针对交易上因果关系的推定的欺诈市场理论在我国没有适用空间,而是因为该理论并不完全适合操纵市场民事责任案件。欺诈市场理论的理论基础在于有效市场假说,强调证券价格能够有效反映公开信息。然而,证券市场不满足此条件时,能否依然适用因果关系的推定就成为问题。从近年来证监会关于操纵市场的处罚决定来看,受操纵市场行为影响的对象不仅包括A股市场中的股票,同样包括在“新三板”挂牌的股票。[①] 采用做市商进行交易的“新三板”市场相较A股市场,明显欠缺流动性,并不具有“半强式”效率型市场特点。正如有学者指出,如果投资者提起虚假陈述民事赔偿,不能适用《关于审理证券市场因虚假陈述引发的民事赔偿案件的若干规定》所采用的交易上因果关系的推定。[②] 但对于操纵市场而言,缺乏有效性的市场环境反而更有利于操纵行为人实行交易型操纵。实际上,即有美国学者所指出,欺诈市场理论的诞生与发展建立在虚假陈述的诉讼实践基础上,美国法院在司法实践中笼统地使用“依据规则10b-5的诉讼”的提法,可能并没有结合操纵市场的特点建构信赖推定规则。[③] 由此容易导致支撑欺诈市场理论的有效市场假说在实体与程序上都构成操纵市场民事赔偿的障碍。[④] 对于操纵市场而言,尤其是对于一些复杂的真实交易型操纵市场而言,实行因果关系推定的正当性基础更宜从举证责任分配理论上找寻。

总之,基于证券市场交易的特殊性,出于实现社会公平与诉讼公平的考虑,在操纵市场民事责任中同样可以借鉴已有的《关于审理证券市场因虚假

---

① 参见《中国证监会行政处罚决定书(上海易所试网络信息技术股份有限公司、中泰证券股份有限公司、章某等8名责任人员)》,〔2017〕100号。

② 参见樊健:《我国证券市场虚假陈述交易上因果关系的新问题》,载《中外法学》2016年第6期。

③ See Korsmo Charles Mismatch, *The Misuse of Market Efficiency in Market Manipulation Class Actions*, William & Mary Law Review 52, p. 1154(2011).

④ 例如,美国证券诉讼采用集团诉讼模式,集团认定(class certification)旨在解决众多求偿主体是否具有事实上与法律上的共通性,其中对不同成员是否满足信赖要件就存在要求。

陈述引发的民事赔偿案件的若干规定》所采用的因果关系推定模式,推定满足一定条件时因果关系成立。但同时也应当注意到,在证券侵权领域,因果关系的认定不可避免融入了法政策层面利益平衡的考量,尤其是因果关系推定鲜明体现了对投资者的倾斜性保护,所以需要尽可能严格地确定可适用因果关系推定的条件,并通过赔偿数额计算规则的精细化设计,最大限度保持各方利益与立法价值取向的平衡。

3. 避免因果关系认定规则僵化

操纵市场民事赔偿责任不应缺位,客观上需要制定明晰的操纵市场民事责任因果关系认定规则,明确因果关系推定所需要满足的条件。同时也应当注意,因果关系在定性与定量不同层面存在差异,因果关系认定规则制定需要避免制定过程超越个案的抽象化或将导致的规则僵化问题,避免为过度追求统一性与确定性而制定简单化的因果关系推定规则,不应完全豁免原告的举证责任,忽略举证抗辩与精细计算的需要。现阶段,我国关于操纵市场民事责任司法解释制定的最大难题也正在于此。证券市场在不断发展,操纵市场行为不断翻新,其复杂性决定了应当在因果关系认定规则中预留足够空间,充分保证法院在审理操纵市场民事责任案件时的自由裁量,其中两个关键点在于:合理设置反驳推定的事由,合理设计操纵行为期间及时点的认定方法。

对于前者而言,包括两个方面。其一,基于价格影响的交易上因果关系推定反驳。近年域外虚假陈述民事赔偿案件中,事件分析方法扮演着越来越重要的角色。[①] 尤其是在哈利伯顿案(Halliburton Ⅱ)中,虽然欺诈市场理论仍然适用,但美国最高法院指出,可以根据价格影响理论来推翻交易上因果关系成立的推定——"如果不存在价格影响,贝斯克案(Basic)确立的欺诈市场理论和信赖推定就将崩溃"。[②] 判断价格是否因此受到影响就需要引入事件分析方法,即通过计算超额收益(excess return)来实证分析某一特定事件对某公司市场价值的影响。同样,在操纵市场民事赔偿中,应当允许被告通过举证证明操纵市场行为对股票价格没有影响,从而推翻交易上因果关系成

① See Jill E. Fisch, Jonah B. Gelbach, Jonathan Klick, *The Logic and Limits of Event Studies in Securities Fraud Litigation*, Texas Law Review 96, p. 556(2018).

② Halliburton Co. v. Erica P. John Fund, Inc. (Halliburton Ⅱ), 134 S. Ct. 2398 (2014).

立的推定。

其二,基于介入原因的损失上因果关系推定反驳。所谓介入原因,是指在被告行为发生之后介入原先因果关系链条的第三人行为或外界事件。正如前述,损失上因果关系的实质在于合理限制赔偿范围。因此,在损失上因果关系阶段需要考虑介入原因是否中断损失上因果关系。证券市场交易环境复杂,影响证券价格因素众多,因此操纵行为之后可能存在其他行为和事件的介入从而中断因果关系。《关于审理证券市场因虚假陈述引发的民事赔偿案件的若干规定》中"系统性风险等其他因素"即属于对介入原因的规定。在操纵市场案件中,同样应当允许被告举证存在介入原因,减轻或免除赔偿责任。

第二点意在强调因果关系认定与赔偿数额计算对于利益衡量的重要意义。操纵市场民事责任因果关系认定与赔偿数额计算并非彼此孤立,尤其是损失上因果关系更多是一个定量问题,不可避免地涉及赔偿数额计算。两者难以割裂,应当在利益衡量的分析框架下予以统筹设计:如果采用因果关系推定的方式,实际上是给予原告投资者以倾斜性"照顾",同时也存在放大操纵行为人责任范围的可能,所以在赔偿数额计算方式的选取上,应该相应采取更严格的计算标准,并有效把握赔偿数额限缩与扩张的尺度。

三、操纵市场民事赔偿数额确定标准

(一)操纵市场赔偿数额计算规则创制的难点与要点

操纵市场民事责任制度落实具有相当大的难度,除因果关系认定外,赔偿数额确定标准的制定也尤为棘手,主要体现在3个方面。

首先,操纵市场行为本身的复杂性,决定了对损害赔偿计算方式的抽象概括具有很大难度。计算规则的创制基于对操纵市场行为纷繁复杂表象的共性进行的提炼,但操纵市场行为具体样态多样,虚假交易、真实交易、利用信息进行操纵市场3大类型彼此之间已存在危害形成机理的差异,不同类型项下具体操纵行为又各有其特点。加之,随着时代变迁,操纵市场行为样态不断翻新,操纵市场行为与证券投资者损失之间本就微妙的因果关系呈现更加扑朔迷离的局面,操纵市场损害赔偿计算方法的基本原则也就难以叙明。操纵市场行为的复杂性加剧了赔偿数额量化过程中的不确定性,创制理论周延并且计算精确的计算规则无疑要具有相当强的技术性。所以,尽管明确赔偿数额计算规则对于落实民事责任而言是必要的,但需要注意的是,对于操纵市场损害赔偿数额计算而言,并不存在一个可以精准对应任何情况的完美公式。并且,操纵市场因果关系认定与损害赔偿数额计算方法本身应当具有灵活性与多样性,不可将计算规则视为可机械套用的模板,且应当为实践中法院的自由裁量预留充足的空间。

其次,证券民事责任赔偿数额的计算并非仅是技术性问题,规则构建的背后实际上是复杂的利益衡量问题。风险的存在是证券市场的必然,投资者在追逐利益的同时不可避免地要承担对应的风险。操纵市场行为对证券市场的扭曲,涉及范围极广的投资者,但由于证券市场中可能影响股价与交易量变动的因素众多,操纵行为与证券价格波动结果之间因果关系的绝对性实际上难以证明。所以,认定操纵行为与因果关系的存在,实际上最多只能通过证明操纵行为是证券交易价格与交易量的异常或形成虚拟价格水平的重要原因。在计算赔偿数额时,同样难以准确剥离操纵市场行为之外的干预证券价格波动的因素。证券欺诈中因果关系证明与民事损害赔偿数额计算规则是证券民事责任的核心,两者的设计并非彼此孤立,而应当予以统筹安排。采用因果关系推定的方式,实际上是对原告投资者给予倾斜性的"照顾",赋予投资者更多的便利,但同时也存在放大操纵行为人承担过度赔偿的可能。在赔偿数额计算方式的选取上,应该相应采取更严格的计算标准。损害赔偿数额计算规则创制并非只是数学层面的加减搭配,更深层次乃是为利益平衡而进行的倾斜保护或妥协让步。唯有如此,方能最大限度保护投资者,又能避免将本应由投资者负担的风险通过民事诉讼转移给操纵市场行为人,防止"买者自负""风险自担"等证券市场基础规则被架空,导致民事责任实施机制被滥用,破坏市场运行逻辑。因此,证券欺诈损害赔偿数额计算规则正是通过对赔偿金额扩张与限缩的不同选择,保持着经济利益、价值取向与立法目标的精巧平衡。

最后,损害赔偿计算是操纵市场民事责任落实的关键,经过计算得出的赔偿数额之大小实际上关系着证券欺诈民事责任的应有定位。赔偿数额规则创制的复杂之处在于,其还应当考虑到操纵市场民事责任、行政责任与刑事责任 3 种责任的协调,并非单纯技术层面的问题,也涉及民事责任的价值理念问题。长期以来，我国证券法律责任更多地倾向于行政责任与刑事责任，忽视了证券民事责任。3种责任有其各自的定位，行政责任与刑事责任具有鲜明的惩罚性，意在打击与制裁违法行为，而民事责任的补偿性特点无疑最为突出。

一方面，对于操纵市场行为的受损投资者的赔偿，应当坚持民事赔偿责任的填补损害原则。即有观点认为，在境外对投资者损失的界定问题上，有从原告角度出发的实际损失规则，有从被告角度出发的交易获利规则，不同案件使用不同的方法，主要是看审判是注重对投资者的损失补偿还是注重对欺诈者的经济惩罚，我国应以弥补投资者直接损失为主，不鼓励惩罚性赔偿。① 操纵市场的民事法律责任固然会表现出对违法者的惩戒与威慑，但保护投资者利益、补偿投资者损失是此民事责任确立的根本。

另一方面，应当认识到民事责任在补偿投资者层面上的局限性。操纵市场行为直接作用于市场，操纵期间同时进行交易的投资者众多，单个投资者的损失难以获得完全补偿。在操纵市场行为的禁止理由中，投资者受损只是立法所关注的其中之一。实际上，对于内幕交易与操纵市场法律责任制度的构建，更多的是着眼于证券市场整体利益。所以，尽管操纵市场民事责任可以补偿投资者的损失，但这种补偿往往是在法律设置的一定限额之内，并且赔偿数额的计算应当尽可能排除非操纵行为导致的投资者损失，避免过度赔偿导致不当的诉讼激励。操纵市场民事责任和其对投资者损害的填补功能不应被寄予过高的期望。在禁止操纵市场行为层面上，私人诉讼也远不如公共执法有效率。总之，操纵市场民事责任有不可替代的价值，但应充分协调好证券责任之间的功能配置，尤其对于民事赔偿数额计算而言，其是能否实现各责任之间合理配置的重要因素。

（二）操纵市场赔偿数额计算的实践

美国证券集体诉讼制度较为成熟，但引发证券集体诉讼的违法行为主要是虚假陈述与内幕交易，关于操纵市场的集体诉讼并不多见。② 尽管其证券法明确在“禁止欺诈”与“禁止操纵”条款上赋予了民事赔偿请求权，但实际

---

① 参见梁定邦：《聚焦证券市场民事责任制度》，载《人民法院报》2001年9月3日，第1版。

② See James D. Cox, Randall S. Thomas, Dana Kiku, *SEC Enforcement Heuristics: An Empirical Inquiry*, Duke Law Journal 53, 2003, p. 737 - 779.

上针对操纵市场的私人诉讼依然存在诸多难题。①

具体而言,美国《1934 年证券交易法》第 9 条规定了对操纵证券价格的禁止,第(f)款规定:"任何人蓄意参与违反本条第(a)款、第(b)款或者第(c)款规定的任何行为和交易的,应当对按受该行为或者交易影响的价格购买或者出售证券的人承担责任,而由此受到损害的人可以向任何有管辖权的法院提起诉讼,要求赔偿其因该行为或者交易遭受的损害。诉讼中,法院可以酌情决定要求任何一方诉讼当事人支付与该诉讼有关的费用,并可以评定合理的费用,包括合理的律师费。"该条为在全国性证券交易市场因操纵市场行为受损的投资者提供了获得救济的可能,但是由于其对于操纵行为人主观上的要求是"故意参与"(willfully participate),原告需证明被告具有操纵市场的意图,被操纵的证券也被限定于全国性证券市场中,因而《1934 年证券交易法》第 9 条的民事责任执行成效不彰。② 实际上,美国对操纵市场行为提起的诉讼基本依赖于门槛相对较低的《1934 年证券交易法》第 10 条(b)款与规则 10b－5。

《1934 年证券交易法》第 10 条规定了对利用操纵手段和欺诈手段的监管,在第(b)款中指出:"对于买卖于全国性证券交易所注册的任何证券、未进行此等注册的任何证券或者任何以证券为基础的互换协议,违反证券交易委员会为维护公共利益或者保护投资者制定的必要或者适当规则和条例,使用或者利用任何操纵、欺诈手段或计谋。"虽然第 10 条与规则 10b－5 为操纵市场的私人诉讼提供了更加有利的选择,但因果关系证明的困难依然存在,并且对于如何确定操纵市场损害赔偿数额,也没有提供一个清晰的解决方案。实际上,对于此条款包含的其他几种类型证券欺诈行为的损害赔偿数额计算也都没有明确的规定。

从第 10 条(b)款的规定来看,只有受损投资者的实际损失可以补偿。一般而言,在私人民事诉讼中,原告不得要求惩罚性赔偿,但是如果能够证明存在足够强的因果关系,也存在补偿投资者间接损失的可能性。采取何种方式

---

① Tara E. Levens, *Too Fast, Too Frequent? High-Frequency Trading and Securities Class Actions*, University of Chicago Law Review 82, 2015, p. 1511－1557.

② 参见赖英照:《股市游戏规则——最新证券交易法解析》,中国政法大学出版社 2006 年版,第 452 页。

计算损失是一个至关重要的问题，这一问题在美国主要由法院决定。[①]《1934 年证券交易法》第 28 条规定，赔偿金额被限定于实际损失（actual damages）。这种方式被美国最高法院称为发生在金融市场中的欺诈案件的"正确损失计算方式"。[②] 然而，由于缺乏对"实际损失"的准确定义，实践中法院对"实际损失"存在不同理解，进而产生了不同的损失计算方法。

毛损益法（gross income loss），是以恢复证券欺诈受害者至交易前的应有状态为原则，以衡平法与被告的利得为理论基础，由法院赋予买卖契约撤销的法律效果，要求双方互相返还从对方取得的对价，使双方恢复至订立契约前的境地。毛损益法是以原告交易的实际价格与被告欺诈行为被揭露时交易的差额作为请求损害赔偿的主要依据，实际上扩大了原告损害赔偿的范围。[③]

净损差额法（out-of-pocket）是在证券欺诈诉讼中被运用最频繁的计算方式之一。是以原告之市场损失为中心，该损失为原告因被告欺诈而交易时的股票市价与真实价值的差额，也称为直接损失法。其基本理念为，被告只负责由欺诈因素所带来的风险，但对其他因素导致的损失不承担任何责任。[④]净损差额法正确适用的关键在于确定交易时的真实价值。[⑤]

实践中，原告实际买卖证券价格以该投资者在操纵行为实施之后、操纵信息揭露之前的交易平均价格计算；原告在操纵信息揭露之后仍持有相关证券的，以操纵信息披露之后、法院认定的基准日之前该证券的平均交易价格认定。受操纵证券的"真实价值"通过推定的方式予以计算，实践中通常以操纵行为揭露后一段时间内（一般为 30 日）的平均交易价格进行认定。[⑥] 正如有学者指出，由于证券欺诈诉讼案件的差异性，不可能有一个特定的计算

---

① See Alkhamees Ahmad, *Private Action as A Remedy Against Market Manipulation in the USA*, Journal of Financial Regulation and Compliance 20, 2012, p. 41 - 55.

② See Affiliated Ute Citizens of Utah v. United States, 1972.

③ 参见李有星、杨楠：《论我国内幕交易损害赔偿计算方法的建构》，载《时代法学》2012 年第 6 期。

④ 参见刘新民：《中国证券法精要——原理与案例》，北京大学出版社 2013 年版，第 291 页。

⑤ 参见郭锋：《从大庆联谊股东诉讼案谈中国证券民事赔偿制度的构建》，载《法学杂志》2006 年第 1 期。

⑥ 参见谢杰：《操纵证券市场民事诉讼机制——美国经验与中国选择》，载《金融实务》2012 年第 2 期。

方法可以救济所有证券市场上发生的欺诈诉讼，要想为特定案件选择一个合适的计算方法，法院应该在补偿投资者损失与对被告施加极端惩罚的危险之间保持平衡。[①]

值得注意的是，在证券民事赔偿诉讼选择之外，美国受损投资者还可以通过公平基金（Federal Account for Investor Restitution Funds，FAIR Funds）实现对证券欺诈造成损害的补偿。所谓公平基金，是指将SEC通过民事诉讼或者依照行政职权向证券市场违法者追缴的违法所得和民事罚款归入一个基金之中，并进而分配给受害人，或者奖励给举报人的制度。[②] 通过公平基金补偿投资者较私人诉讼具有特殊优势，使投资者能够更加便捷地获得补偿。公平基金的资金组成，主要包括民事罚款与违法所得，因此并非以投资者的实际损失为基准，法院在民事罚款数额的确定上享有自由裁量权。公平基金制度将收缴违法所得与罚款优先补偿受损投资者，而非直接上缴国库，实则在私人诉讼之外构建出新的投资者替代性补偿机制。对于赔偿数额计算尤为棘手的操纵市场赔偿而言，公平基金制度提供了一个私人诉讼之外、颇具可操作性的替代方案。

（三）操纵市场民事赔偿数额计算规则构想

在我国首例操纵市场民事赔偿案件王某诉汪某中、北京首放投资顾问有限公司案中，法院驳回了原告的诉讼请求，指出由于虚假陈述与操纵证券市场是两种不同的违法行为，两者在违法主体、行为表现、持续时间、影响范围方面均不同，原告要求的参照虚假陈述司法解释计算其损失缺乏依据。[③] 操纵市场与其他证券欺诈行为具有诸多差异之处，现有虚假陈述赔偿数额计算规则难以直接套用，需要充分考虑操纵行为的特殊性。

1. 操纵市场致损的类型化分析

如前所述，操纵市场与虚假陈述具有很强的相似性，但两者仍然具有显著差异，两者的致损样态存在区别。为更加全面展现操纵市场致损样态，依

---

① See Alkhamees Ahmad, *Private Action as A Remedy Against Market Manipulation in the USA*, Journal of Financial Regulation and Compliance 20, 2012, p. 41 – 55.

② 参见郭文英、徐明主编：《投服研究》（第4辑），法律出版社2018年版，第48页。

③ 参见宋璇：《股民诉汪建中民事索赔失败——代理律师称考虑上诉》，载《国际金融报》2011年12月20日，第5版。

照对虚假陈述的分类方法，根据最后行为人获利步骤的价格牵引方向，可将操纵市场行为分为诱多型与诱空型。[①] 前者使投资者误判买入，导致投资者因增持而受损；后者使投资者误判卖出已持有股票，导致投资者因减持而受损。如表4-1所示，操纵市场与虚假陈述在两个方面存在差异。

表4-1　致损类型比较

类型	虚假陈述	操纵市场
诱多型	虚假陈述导致证券价格扭曲，误导投资者以不真实的高价买进证券，在真相揭露后，灌水被挤出，证券价格下跌，从而产生投资者损失	操纵市场导致证券价格扭曲，误导投资者以不真实的高价买进证券，操纵市场行为（一般为拉抬步骤）结束后，证券价格下跌，从而产生投资者损失
诱空型	虚假陈述导致证券价格扭曲，误导投资者以低于股票真实价值的相对低价卖出股票，从而产生投资者损失	操纵市场导致证券价格扭曲，误导投资者以低于股票真实价值的相对低价卖出股票，从而产生投资者损失

其一，两者致损逻辑有区别。以诱多为例，虚假陈述的致损逻辑在于"灌水—挤出"，揭露日后虚假陈述导致的股价灌水将被挤出。所以，揭露日（更正日）的确定是确定责任范围的关键。揭露日的意义在于选择一个时间点，自此投资者应当对其行为决策自负责任，而不可再归咎于欺诈行为。例如，投资者"在虚假陈述揭露日或者更正日及以后进行的投资"，此时推定包括投资者在内的整个市场已经知悉该虚假陈述背后的事实真相，若投资者依旧从事投资行为则显然不是基于对虚假陈述事实的信赖。相较虚假陈述行为是由相对特定的、负有信息披露义务的主体进行，操纵市场行为人身份在很多情况下并不特定，其行为方式可能具有身份上的隐蔽特点。所以，在很多情况下，尤其是交易型操纵市场行为类型中并不存在一个揭露日，关键的时间节点是操纵市场行为结束之时，以及基于结束日拟制出的影响消除之时。

其二，两者行为步骤构成有区别。虚假陈述具有单方向性，操纵市场则

① 实践中已有诱空型操纵市场的案例，例如在江某案（〔2016〕71号行政处罚决定）中，江某控制操纵市场行为人大量连续委托卖出，对其他投资者的判断造成影响，加剧市场空头气氛，造成短时间多空力量失衡，强化所操纵股票价格的下跌趋势。在操纵期间，操纵市场行为人通过先卖空开仓，在股价下跌后买回平仓获利。

相对具有波动性。操纵市场诱多型与诱空型的划分是基于行为人最终获利步骤的价格牵引方向，但实际上操纵市场行为是一个能够包含不同股价牵引方向的行为组合。一般情况下，操纵市场行为包含3个行为步骤：买入建仓、制造有利条件（如拉抬股价）与卖出获益。在很多情形（尤其是真实交易型操纵市场）中，制造有利条件的行为与卖出获益行为是反向的。因此，在操纵市场行为开始之日至结束之日的期间内，可能存在多个不同牵引方向的操纵行为，使股价呈现波动特点。理论上，操纵市场行为并非不能将波动性解构成一系列单向性区间，分别套用虚假陈述的解构分段认定思路，[①]但考虑操纵市场行为构成复杂、组成行为交替往复、不存在明确揭露日的可能性，[②]解构分段的成本高昂，且实效不大。

可见，对于操纵市场而言，虚假陈述采用的解构分段思路并不能一概套用。对于比单一型的信息型操纵市场更为复杂的复合型、交易型操纵市场而言，应当采取更加契合操纵市场行为特性的整体期间型认定思路。整体期间型认定思路并不具体解构操纵市场导致的波动性，而将其视为受操纵市场影响的整体期间，有利于解决操纵市场子行为众多、难以划分区间的问题。以下将结合操纵市场行为中的时间节点与期间讨论操纵市场民事赔偿的数额确定过程。

2. 时间节点与期间：操纵市场行为过程解构

可以通过操纵市场行为的开始与结束，将操纵市场行为对证券的影响在时间坐标轴上划分为3个主要的期间：操纵市场行为前、操纵市场行为中、操纵市场行为后。操纵市场作为一种对证券市场供需关系的人为扭曲，其影响表现为对市场造成的波动。操纵市场行为结束之时，其对市场的影响并不会立即消失，仍会持续一段时间，实际上是操纵行为期间市场扭曲的延续。在操纵市场行为结束后一段时间内进行买卖的投资者同样受到了操纵市场行

---

① 根据虚假陈述行为的致损逻辑，可通过解构分段的思路划定投资者损失情形。诱多型虚假陈述为：投资者在虚假陈述行为实施日及以后，至揭露日之前买入证券，而在揭露日之后，因卖出证券发生亏损，或者因继续持有该证券产生亏损。诱空型虚假陈述为：投资者虚假陈述实施日之前买入并持有证券，而在实施日及以后至揭露日之前卖出该证券产生亏损的。

② 例如在唐某博案（〔2017〕20号行政处罚决定书）中，执法部门将操纵行为人对“同花顺”股票的操纵分为3个阶段，涉及10个期间内及时点上的交易行为，每个阶段又可以再分为3个步骤：建仓、拉抬与出仓。可见实践中操纵市场行为往往包含众多具有不同价格牵引方向的项下子行为。

为导致的负面影响。所以,操纵行为期间后应当设置一个操纵市场行为影响持续期间。①

为方便论述,如图4-1所示,将操纵市场行为开始之日设为X时点,操纵市场行为结束/截止之日设为Y时点,操纵市场行为影响消除之日设为Z时点;X时点之前的时间段定为A时段,即操纵市场行为开始前;X时点至Z时点之间为B时段,具体可分为B1与B2,即操纵市场行为期间与操纵市场行为影响持续期间;操纵市场行为影响消除之日之后的操纵市场行为后的时间段定为C时段。

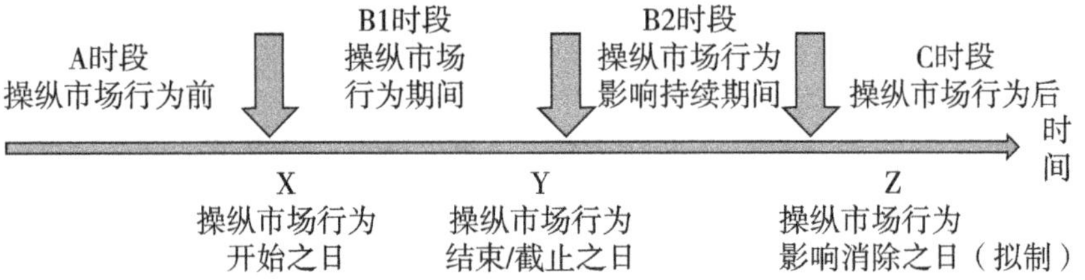

图4-1 操纵市场行为的期间与时点

如前所述,操纵市场具有自身的特殊性,不同于虚假陈述。操纵市场的行为往往经由一系列连续操纵手法完成,一般包括:压低股价以吸筹,制造证券交易假象,拉升股价并出货。在很多情况下,多种操纵手法交替使用,实际上难以清晰区分操纵市场行为人的行为方向。操纵市场行为往往表现为股价的大幅波动,这也正是因为操纵行为中步骤的多样性。正因如此,要在损害赔偿计算中逐笔判断投资者交易是否处于操纵行为人相反方向成本过高。所以,当个案中无法明确识别操纵方向时,可考虑不再具体判断操纵行为人是拉抬还是压低股价,直接将操作行为期间视为被扭曲的区间。

此外,由于操纵市场行为样态多样,尤其是新型操纵市场行为不断涌现,不同于传统认识中操纵行为横跨多个交易日,新型操纵市场行为历经的时间区间趋于缩小,个别案例中违法者实际作案时间甚至可以"秒"为单位计量。② 所以,对于操纵市场个案中民事损害赔偿的计算而言,行为过

① 当操纵市场行为进行中被揭露或查处时,操纵行为结束日实为截止日。

② 例如,在以频繁买入申报和撤销申报的手法操纵市场的情形中,操纵市场行为发生的时间短暂,可以"小时"甚至"秒"为单位计量,考虑到操纵市场期间越来越短的发展趋势,操纵市场的"之日"可以被"之时"替代。

程的解构需要基于个案特点之上的具体调整,时点的选择与拟制应体现相应的证券市场环境特点与操纵行为类型特点。①

3. 操纵市场损害发生范围界分

操纵市场的受损实际上发生在操纵市场的行为区间及影响持续期间之内,即投资者在被操纵的价位上从事了相关的证券交易。证券交易包含买入与卖出两种情况,所以投资者交易的受损也就可以分为因为买入股票而受损和因为卖出股票而受损两种基本类型。操纵市场民事赔偿数额计算的复杂性也在于此,当买入与卖出的不同情况横跨多个时间区间时,交易情形的可能性众多。通过操纵市场时间轴对应投资者进行的证券交易方向,可以分为以下最为基本的几类情况:

(1)A时段买入,A时段全部卖出;

(2)A时段买入,B时段全部卖出;

(3)A时段买入,B时段部分卖出,C时段部分卖出;

(4)A时段买入,C时段全部卖出;

(5)B时段买入,B时段全部卖出;

(6)B时段买入,B时段部分卖出,C时段部分卖出;

(7)B时段买入,C时段全部卖出;

(8)C时段买入,C时段全部卖出。

可以看出,第(1)种、第(4)种、第(8)种情况中投资者交易行为并没有受到操纵市场行为的影响,可以排除;而在其余几种情况中,投资者至少有一次交易处于操纵市场可能致使的市场扭曲影响区间中,无论是买价还是卖价,必有其一会受到影响。尽管在有些特殊情况中,操纵市场行为产生市场负面

① 操纵市场行为期间确定过程中,一个关键的问题在于如何具体认定操纵行为。实践中操纵市场行为因其构成的多样性造成行为个数认定上的困难,进而造成了操纵市场行为期间的确定实际上面临着巨大的不确定性。正如有学者在考察关于操纵市场行政处罚后指出:在很多情形下,操纵期间是中国证监会通过各种指标认定资金优势、持股优势的统计基础,也是统计操纵行为对证券交易价格或交易量的涨跌幅度及涉案账户盈亏计算的起始点。操纵期间具有重要意义,应当如何确定此范围?操纵期间只限于拉抬影响股价的个别期间还是包括操纵主体从预备实施到实现获利的整个期间?在实践中并未形成一致的认定标准。对同一个违法事实,如果存在不同的认定标准,将导致操纵行为个数的认定结果不同,操纵行为对证券交易价量的影响幅度的判定也不同,从而直接影响对违法行为情节轻重的判断,进而影响违法所得的认定及处罚的结果。参见汤欣、高海涛:《操纵市场行政处罚案例全景观察》,载黄红元、卢文道主编:《证券法苑》第18卷,法律出版社2016年版,第21~64页。

影响的机理与虚假陈述行为有一定相似性,例如,操纵市场行为在进行中被揭露而截止,此前行为人仅在单一方向上拉抬了股价,股价因为被操纵被揭露、拉抬行为中止而调转方向迅速下跌,投资者受损范围往往正是在操纵期间买入、期间后卖出的部分。即便如此,操纵市场期间交易的投资者的亏损也并不能完全归结于市场固有的风险,尤其是在操纵市场导致股价剧烈波动的情况下,单一范围的划定显然有不足,因为投资与操纵行为是一致还是相反有时是难以绝对区分的,期间股价扭曲波动中交易的投资者被排除在外,显然并不周延。

相较而言,整体期间型认定思路的优势在于不需要另行区分诱空与诱多,赔偿数额计算的基础都在于买入价格(或卖出价格)与通过“前取法”计算所得证券真实价格的差额。计算过程实际上包含了损益相抵的过程,并且实际上扣除了投资者期间卖出所获利益。尤其适合于操纵市场期间持续时间较长,操纵导致证券价格波动较大的情况,有利于避免单边计算投资者损失、忽视投资者在波动中拉抬获利的可能性,有利于防止投资者获得过度赔偿,避免对投资者产生不当诉讼激励。由此可见,在操纵市场民事责任案件中,适格原告的范围应当是:在操纵市场期间及其后一段时间内,即在 B 时段内交易证券,并扣除期间交易产生盈利部分仍有实际亏损的投资者。

需要说明的是,对操纵期间的认定应当把握各分阶段之间是否具有紧密的关联性。对于操纵期间的确定,从证券监管执法实践来看,行为人基于统一操纵目的而在不同时点所实施的行为,即使中间存在间隔,也不影响操纵期间的认定;但对于民事责任案件而言,则需要通过考察各阶段关联紧密度来判断是否需要分为若干个操纵期间,防止行为人责任范围扩张。① 换言之,在操纵市场民事赔偿案件中,不可直接套用行政处罚决定书中所定的操纵期间,而应当结合操纵市场行为具体组成行为之间的联系紧密程度,具体判断是否需要切分期间。此外,操纵市场行为一般分为三步骤,不同步骤之间的联系紧密程度是判断是否需要划分操纵期间的考量因素——如果建仓行为与拉抬行为间隔较大,具有相对独立性,则宜将导致股价灌水的拉抬行

---

① 从证监会行政处罚决定书来看,实际上对操纵期间的划分并未形成统一标准。参见陈晨:《操纵证券市场犯罪要素认定的司法观察》,载黄红元、卢文道主编:《证券法苑》第 21 卷,法律出版社 2017 年版,第 208 页。

为开始视为操纵行为开始之时。这也说明,整体期间型认定思路并非完全排斥解构分段的方法,实际上通过在个案中具体认定操纵期间实现灵活性。

4. 对整体期间内扭曲致损的度量

操纵市场行为危害性在于使股价背离真实价格,造成不正常的证券价格波动,操纵市场行为人获益,普通投资者则误信虚假的市场信号,交易因此而受到损失。可见,操纵市场行为危害性的关键特点在于,其对证券市场的扭曲。这种导致证券价格紊乱的负面影响使投资者买进或卖出被操纵证券的价格背离证券应有的价格,即剔除操纵市场行为的证券本应位于的价格水平。从理论上看,投资者受到操纵市场的损害由两部分组成,即投资人以遭到扭曲的不实价格买入股票受到的损害与卖出股票时受到的损害。前者抬升了投资者的证券买进价格,后者压低了投资者的证券卖出价格。具体计算时,损害即是证券买进或卖出价格与拟制的真实价格之间的差额。

首先,买入部分的损失。投资者在只有在B时段买进被操纵证券才可能产生损失,此种损失即实际买进价格被操纵市场行为抬升的幅度,应当是买进价格减去剔除操纵市场行为影响的证券应处于的真实价格之差额,即(买进价格 - 真实价格) × 买进股数。需要注意的是,(买进价格 - 真实价格)可能为正,也可能为负。正数意味着操纵市场行为抬升了投资者买进价格,其数额表示操纵市场行为给投资者该笔证券买进行为造成的损失;负数则意味着操纵市场行为压低了投资者买进价格,其数额表示投资者因操纵市场行为而少付出的买进成本。投资者在B时段可能会多次买进被操纵证券,而操纵市场行为对每一笔证券买进造成的损失均可按前述方式计算,则操纵市场行为对投资者在B时段买进的所有被操纵证券造成的损失应按前述方式计算后累加。买进损失 = (买进价格 1 - 真实价格) × 买进股数 1 + …… + (买进价格 n - 真实价格) × 买进股数 n。

其次,卖出部分损失。投资者在B时段卖出被操纵证券产生的损失,即卖出价格被操纵市场行为压低的幅度,应当是真实价格减去卖出价格的差额,即(真实价格 - 卖出价格) × 卖出股数。投资者在B时段可能会多次卖出被操纵证券,而操纵市场行为对每一笔证券卖出造成的损失均可按前述方式计算,则操纵市场行为对投资者在B时段卖出的所有被操纵证券造成的损失应按前述方式计算后累加。卖出损失 = (真实价格 - 卖出价格 1) × 卖出股数 1 + …… + (真实价格 - 卖出价格 n) × 卖出股数 n。

最后,投资者因操纵市场行为而产生的损失即为该两部分之和,即合计损失 = 买进损失 + 卖出损失。此种计算方法的实质是以买入证券或卖出证券的价格与真实价格之间的差价作为损失计算的基础。这与前文所述联明公司股价操纵案中采用的以买进所获利益减去卖出所受损失的计算方法是相同的,两者内在的计算逻辑实质相同。

此外,如前所述,公式中各项买进、卖出价格与真实价格的差额可能为正,也可能为负,相加减的过程实际上进行了损益相抵。

5. 真实价格的确定问题

对真实价格的确定,是上述损害赔偿数额计算的关键。只有首先确定真实价格,以其作为参照标准,才能判断每笔交易受操纵市场的影响究竟如何。在操纵市场损害赔偿计算中,这种所谓的真实价格的确定,与其说是找寻反映证券内在价值的价格,不如说是意图剔除操纵市场行为影响,将证券价格置于若无操纵市场行为情形时证券的价格。真实价格实际上也是一种人为拟制的价格,对于证券损害赔偿中"真实价格"的计算,财务经济学家多运用两种方式计算:一是指数比较法,或称真实价格不变法;二是事件研究法,或称价差不变法。对于前者而言,真实价格为一持平的固定数字,并不会随着市价变动而调整;对于后者而言,股票的真实价值与市价皆维持一定程度的系数关系,无论股票的市价如何变动,股票的真实价值皆随着市价变动而调整。[①] 尽管事件研究法中真实价格的随时而动可能更加贴合股票的真实价值,不同时日真实价格的差异性对于不同时日交易投资者的损害赔偿计算而言可能更加真实,但事件研究法真实价格的确定对财经专业知识的要求极高,需要专家证人提供专业分析作为支撑,诉讼成本相对高昂。

综观其他国家与地区操纵市场真实价格的确定方式,在真实价格不变的选取思路下,无外乎选取操纵市场行为前多个交易日(如 10 个交易日或 30 个交易日)的证券交易平均价格(前取法),或者操纵市场行为后多个交易日(如 30 个交易日或 90 个交易日)的证券交易平均价格(后取法)。选取操纵

① 参见刘连煜:《虚假陈述(财报不实)损害赔偿之真实价格如何认定及投资人是否与有过失问题》,载黄红元、徐明主编:《证券法苑》第 16 卷,法律出版社 2016 年版,第 32 ~ 46 页。

市场行为后多个交易日的证券交易平均价格作为拟制价格，其逻辑是操纵市场行为后的证券交易价格已不再被操纵市场行为扭曲，即在如图4－2所示的Z时点。[①] 此时操纵市场行为的持续影响已基本被证券市场消化，价格不再受到操纵市场行为影响。选取YZ之间时期的平均价格则是尽可能降低市场因素对证券交易价格波动的影响。

选取操纵市场行为前多个交易日的证券交易平均价格作为拟制价格，其逻辑是操纵市场行为前的证券交易价格未被操纵市场行为扭曲，反映该证券的真实价格，选取多日的平均价格则是尽可能降低市场因素对证券交易价格波动的影响。

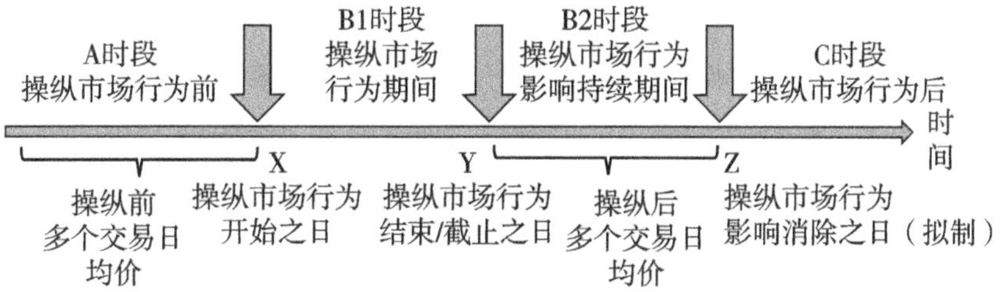

图4－2　操纵市场中的真实价格确定

前取法的优势在于试图回溯到不存在操纵市场行为前的情况，可以完全剔除操纵市场行为影响拟制出一个公平价格，但如果操纵市场期间较长，此段期间正常市场因素所致的波动则皆被排除在外。后取法的优势在于试图拟制出一个操纵市场行为影响能够被证券市场消化的情形下证券的公平价格，但对于操纵市场而言，此基准日选择有一定难度。

总之，真实价格承担的功能是标识不受操纵市场行为扭曲情况下的证券价格，以此为基准度量操纵市场行为对证券交易价格的扭曲程度。无论是选取操纵市场行为前多个交易日平均价格作为拟制价格，还是选取操纵市场行为后多个交易日平均价格作为拟制价格，基本前提假设都是：证券的真实价格在操纵市场期间是恒定的，操纵市场行为对市场造成扭曲使证券实际交易价格偏离了该恒定的真实价格。前取法与后取法推导剔除操纵市场影响环

① 前文述及投资者实际损失的计算时，同样人为拟制了“操纵市场行为影响消除之日”，此拟制时点的选择在两类数额计算中实际上是一致的。当选择以操纵行为结束日至此基准日期间平均价作为赔偿数额计算中的真实价格时，两个计算规则中的拟制价格与真实价格是相同的。

境的逻辑不同,并且由于操纵市场区间期间市场因素波动的影响,两者可能存在差异,相较而言,前取法更优。为更接近无操纵市场行为影响的证券市场真实环境,理论上可以操纵市场行为前多个交易日和操纵市场行为后多个交易日的平均价格作为拟制价格(例如,以操纵市场行为前10个交易日和操纵市场行为后10个交易日,共20个交易日的平均价格作为拟制价格)。对于操纵期间较长的情况而言,也可在前取法基础之上结合同行业同期波动幅度对真实价格进行拟制。

交易日天数的确定需要充分考虑我国证券市场的实际状况,如证券市场的规模、投资者构成、证券成交特点等,并且需要考虑操纵市场具体行为样态的复杂性,应当在个案中予以确定,而不宜直接在法律文本中规定固定的数值,或可参考《关于审理证券市场因虚假陈述引发的民事赔偿案件的若干规定》对虚假陈述损害赔偿计算中基准日的确定方式,设置动态的确定标准。实践中,应当同时允许原告与被告举证延长或缩减此区间,法院可根据操纵行为类型与操纵行为持续时间具体作出认定。

6. 赔偿数额的限度问题

法律责任体系的设计,主要基于两个目标:填补投资者损害和惩戒阻却违法者,对于前一目标的追求不应无节制地凌驾于后一目标之上。[①] 由于操纵市场行为期间可能范围广泛,同时段进行交易的投资者众多,投资者发生的损失可能是个天文数字。即使按照实际损失与损害赔偿损失孰小予以限制,最后的数额可能依然巨大。证券欺诈民事赔偿数额的计算并不只是数学层面的精确计量,利益平衡的考量同样重要。正如前述,证券欺诈民事责任的关键在于欺诈行为与损害之间的因果关系,然而对于操纵市场而言,责任构成中因果关系的证明尤其困难,采用因果关系的推定、举证责任分配的特殊设计,是强化投资者利益保护、落实操纵市场责任的一种可行选择。但与此同时,基于利益平衡的考虑,也应当对操纵市场民事赔偿数额设置一定的上限,合理控制限缩操纵市场行为人的责任,不仅有利于防止失当的威慑给社会经济发展带来负面影响,而且可以防止过度开放的责任设定方式造成证

---

① 参见郭雳:《证券欺诈法律责任的边界——新近美国最高法院虚假陈述判例研究》,载《中外法学》2010年第4期。

券市场运行机能破坏。

有观点指出，操纵市场赔偿数额的确定，"一般应以投资人实际损失为赔偿原则，兼顾操纵行为人非法收益最高限额赔偿"。当受损投资者众多，总体损失金额巨大，操纵行为人非法获利不多时，也可以"根据原告的请求以非法收益的最高限额的一倍金额判其承担民事赔偿责任"。① 同样有观点认为，我国操纵市场民事赔偿中也应该使用违法所得作为赔偿数额的上限。原则上，投资者获得的赔偿数额不能超过其损失数额，操纵证券市场行为人的赔偿数额应当以其违法所得额为限，但由于受操纵行为损害的投资者损失数额通常要大于操纵行为人的违法所得数额，可以规定将其赔偿额度提高至违法所得额的 3 倍。②

对操纵市场民事赔偿数额设置赔偿上限有其必要性，以违法所得作为操纵市场民事赔偿的上限也有自身优势。在实践中，违法所得数额可直接通过证券市场监管部门对操纵市场违法所得的认定获得，似乎具有便利性。2007 年中国证监会发布的《证券市场操纵行为认定指引（试行）》对操纵市场违法所得的认定作出了规定：违法所得的计算，应以操纵行为的发生为起点，以操纵行为终止、操纵影响消除、行政调查终结或其他适当时点为终点。并且规定了可以参考的违法所得计算公式：违法所得 = 终点日持有证券的市值 + 累计卖出金额 + 累计派现金额 - 累计买入金额 - 配股金额 - 交易费用。③

尽管法律对违法所得的计算有相对明确的规定，但正如民事赔偿数额确定中面临的复杂情形一样，违法所得计算中同样存在一些障碍。并且，如果将操纵市场违法所得作为民事赔偿金额的上限，违法所得数额与民事赔偿数额计算之间的对接还存在一些亟待解决的问题。例如，在操纵市场行为人并未获得实际盈利的情况下，民事赔偿数额的上限该如何确定。有研究对操纵

---

① 贾纬：《操纵市场行为的认定及其民事责任》，载《人民司法》2007 年第 17 期。

② 参见中国社会科学院课题组：《证券法律责任制度完善研究》，载黄红元、徐明主编：《证券法苑》第 10 卷，法律出版社 2014 年版，第 481 ~ 516 页。

③ 操纵市场违法所得的计算是一种独立的计算方法，其与具体计算民事赔偿数额无关，仅作为民事赔偿数额确定的参照。《证券市场操纵行为认定指引（试行）》对操纵市场违法所得的计算作了初步规定，但有观点指出这种规定存在不足：一是设立了多重基准时点，如何适用仍然具有不确定性；二是操纵人在操纵前已合法持有证券的价值不宜一并被算入"终点日持有证券的市值"。参见缪因知：《期货操纵和欺诈致损计算规则研究》，载黄红元、徐明主编：《证券法苑》第 15 卷，法律出版社 2015 年版，第 147 ~ 167 页。

市场行政处罚案例中违法所得进行了统计，发现操纵市场行为并非都如人们一般观念中认为的获得了巨大的收益，而是有为数不少的操纵市场案件存在亏损情况。[①] 其中缘由，部分是操纵者操纵能力不足，未能将股票高价位出售；部分则是操纵市场行为人的目的并非赚取买卖差价。操纵市场行为人取得的非法利益来自两个部分：一是低价买进高价卖出直接取得的价差收入；二是持有高价股票间接获取的收入。[②] 后一种情况下所获利益很难进行量化统计。例如，在特定期间进行的价格操纵中，操纵行为人有时并非为了直接赚取交易差价，而是以操纵市场手段实现特殊目的。在浙江恒逸集团案[③]中，虽然行为人拉高股价实际亏损，但股价因此维持在增发价格之上而保证了定向增发的顺利完成，这部分收益情况实则难以确定，而此时两种收益结果能否相抵也无从定论。[④]

此外，当下我国操纵市场行为法律责任主要依靠行政处罚，对操纵市场行为人处以罚款是重要的制裁方式。然而操纵市场民事赔偿制度若要真正从纸面走向实践，现有行政处罚中违法所得的没收、罚款程序与民事赔偿之间的协调将是难以回避的问题。我国《证券法》第 192 条规定了对操纵证券市场的处罚，并且新修订的条款中的罚款数额相对此前规定有较大幅度的提升。[⑤] 考虑实践中因操纵市场引发的民事赔偿案件往往在证券监管机构追究操纵市场者之后提起，操纵市场行为人的非法所得被证券监管机构没收并被处以罚款之后，受害投资者的民事赔偿诉讼是否能够实现存在不确定性。[⑥]

总而言之，操纵市场民事赔偿需要设置合理的上限，以违法所得作为民事赔偿数额的上限确定基准是一种合理的选择，可以规定动态的上限设定标

① 参见龚浩川：《操纵证券市场行为法律规制实证研究》，吉林大学 2015 年硕士学位论文，第 4～26 页。

② 参见陈舜：《操纵市场违法所得的计算方法》，载《中外法学》2005 年第 6 期。

③ 参见中国证监会行政处罚决定书（浙江恒逸集团有限公司、楼某）[2014]41 号。

④ 参见汤欣、高海涛：《证券市场操纵行为认定研究——行政处罚案例的视角》，载《当代法学》2016 年第 4 期。

⑤ 《证券法》第 192 条规定："违反本法第五十五条的规定，操纵证券市场的，责令依法处理其非法持有的证券，没收违法所得，并处以违法所得一倍以上十倍以下的罚款；没有违法所得或者违法所得不足一百万元的，处以一百万元以上一千万元以下的罚款。单位操纵证券市场的，还应当对直接负责的主管人员和其他直接责任人员给予警告，并处以五十万元以上五百万元以下的罚款。"

⑥ 参见彭冰：《建立补偿投资者的证券行政责任机制——针对内幕交易和操纵市场行为》，载《中外法学》2004 年第 5 期。

准,允许将赔偿额度提高至违法所得额的一定倍数(如3倍或5倍),以此协调操纵市场法律责任中利益的平衡。并且,在操纵市场行为样态不断翻新与操纵目的日趋多元的当下,将违法所得作为民事赔偿数额的上限确定基准,还需要进一步完善违法所得的计算规则,加强行政处罚与民事赔偿的衔接与协调,实现操纵市场法律责任的合理配置。

7. 小结

从整体上看,操纵市场与虚假陈述共同作为证券欺诈行为,彼此之间具有共性特点。对于行为构造较为简单的操纵市场行为而言,如单一型信息型操纵,操纵市场与虚假陈述二者致损逻辑较为相似,因而此时操纵市场民事赔偿因果关系认定与赔偿数额计算在一定程度上可以参照虚假陈述的规定。但在更多的情况中,操纵市场行为更具有隐蔽性和多样性,尤其是对于由众多子行为组成的复合型、真实交易型操纵而言,操纵行为导致投资者受损的逻辑链条更为复杂,直接参照现有虚假陈述规定,显然力有不逮。因此,操纵市场民事赔偿标准的制定需要更加契合操纵市场行为的特殊性,以下两方面需要予以重点关注。

第一,虚假陈述由信息披露义务主体实施,往往一经实施就会产生较为明显的股价拉升和股价压低的效应。对揭露日与更正日的确定较为容易,但操纵市场行为主体可以不必满足特定身份要求,行为人完全可以利用隐蔽的价量关系和来源模糊的人造信息实现操纵,操纵行为起始日和结束日对市场的影响都可能相对隐蔽,操纵市场影响持续期间的确定是较为棘手的问题。在很多情况下,尤其是在非信息型操纵市场情况下,很可能难以确定一个有效的揭露日,要划分出一个与操纵市场拉升或压低相反方向的时间段较为困难。

第二,不同于虚假陈述一经信息披露义务主体实施就会对市场产生相对明确的单一性方向诱导,操纵市场行为对市场的影响过程更为复杂。尤其是交易型操纵市场是由一系列连续操纵手法共同组成,一般包括:压低股价以吸筹,制造证券交易假象,拉升股价并出货。在很多情况下,多种操纵手法交替使用,实际上难以清晰区分操纵市场行为人每一个行为的意图方向。操纵市场行为往往导致被操纵股票的股价在操纵市场行为期间大幅波动,这也正是操纵行为步骤的多样性所导致的。正因如此,对于此种复杂型操纵市场行为类型,要在损害赔偿计算中逐笔判断投资者交易是否处于操纵行为人相反方向,计算过于复杂且实效不大。

所以,完全参照现有虚假陈述司法解释中划定单一方向的计算思路来设计操纵市场计算规则可能并不合适。整体期间型赔偿数额确定思路并没有具体细分操纵市场行为期间行为人的作用方向,也并未细分诱多型与诱空型操纵类型,而是将操纵市场行为视为一个整体。一方面,将操纵市场行为视为导致证券市场波动的整体有利于最大程度保护投资者利益;另一方面,整体期间型认定思路并非完全排斥解构分段的方法,通过在个案中具体认定操纵期间实现灵活性。这种计算思路对于与虚假陈述的单向性较为相似的操纵市场类型,如单一型信息型操纵,实际上也并不排斥:计算中较为灵活的影响消除之日确定规则可以兼容依据揭露日确定基准日的模式,单向性的操纵市场情形同样可以有效适用。

总而言之,在操纵市场民事赔偿中,存在实际损失的投资者可请求的赔偿数额以投资者证券买入或卖出的价格与拟制真实价格的差额为确定基础。在整体期间型赔偿数额确定思路下,可以不用具体判断操纵行为人是拉抬还是压低股价,直接将操作行为期间视为被扭曲的区间,这样计算会更加清晰和简便。并且,这种计算方法也利于解决可能存在的损益相抵问题:在此种计算过程中,各项买进、卖出价格与真实价格的差额相加的过程,实际上是损益相抵的过程,有利于避免单边计算投资者损失、忽视投资者在波动中拉抬获利的可能性,有利于防止投资者获得过度赔偿,避免对投资者产生不当诉讼激励。此外,还应当以违法所得作为民事赔偿数额的上限确定基准,实现利益平衡。

第五章 证券侵权民事赔偿中的先行赔付与责任分配

对证券侵权民事赔偿标准进行系统性的深入研究，为证券侵权民事责任的落实和投资者民事权利的救济提供制度供给，在当前证券市场发展和证券法制完善的背景下具有重要的理论与实践价值。针对证券侵权民事赔偿的诸多困境，亟待一系列替代性纠纷解决机制的创新和应用，在此背景下证券市场先行赔付制度应运而生，其不仅在《证券法》中得以明确规定，而且已经在实践中有了初步的探索和尝试。

2013 年 5 月，在万福生科虚假陈述案中，作为保荐机构的平安证券出资 3 亿元设立万福生科虚假陈述事件投资者利益补偿专项基金，先行偿付适格投资者。最终，12,756 名投资者与平安证券达成和解，占万福生科虚假陈述案适格投资者总人数的95.01%，补偿金额约 1.79 亿元。2014 年 7 月 18 日，海联讯主要股东出资 2 亿元设立海联讯虚假陈述事件投资者利益补偿专项基金，先行赔付适格投资者因海联讯财务数据虚假陈述而遭受的损失。先行赔付制度在实践中的两次“试水”，对于促进投资者保护以及纠纷解决机制创新都起到了积极的作用。基于此，2016 年 1 月 1 日起实施的新股发行制度正式将先行赔付作为一项制度安排固定下来。《公开发行证券的公司信息披露内容与格式准则第 1 号——招股说明书(2015 年修订)》(以下简称《招股说明书(2015 年修订)》)第 18 条中规定了招股说明书扉页应载有如下声明及承诺：“保荐人承诺因其为发行人首次公开发行股票制作、出具的文件有虚假记载、误导性陈述或者重大遗漏，给投资者造成损失的，将先行赔偿投资者损失。”由此，在彼时先行赔付制度尚缺乏上位法依据的情况下，证监会即以该准则的形式明确规定了保荐人的强制性先行赔付义务。此后，作为保荐机构的兴业证券，在欣泰电气虚假陈述案发生后，决定使用自有资金5.5亿元进行先行赔付，成为证监会新股发行制度改革引入保荐机构先行赔付制度以来的首个券商先行赔付案例。2016年1月22日，在证监会新闻发布会上，证监会新闻发言人张晓军表示："下一步将基于先行赔付的自律措施定位，按程序由证券业协会制定专门的制度规则，明确先行赔付的条件、标准和程序等具体规则。"①

既有的先行赔付成功经验为该制度的立法和实践奠定了基础，丰富了证券民事侵权纠纷解决机制，拓展了证券市场投资者权利救济渠道。但是，证券市场先行赔付制度仍处于"摸着石头过河"的阶段，关于先行赔付制度的一系列问题仍有待进一步澄清，包括先行赔付义务的性质、先行赔付主体、赔付范围、赔付标准、赔付程序、先行赔付后的追偿机制等。即便《证券法》第93条已经对先行赔付制度作了规定，但该规定是否完善，实施效果如何，也需要进一步的研判和检验。本章将对以上问题展开研究，以期为证券市场先行赔付制度的规则完善和实践应用提供理论支撑。

一、先行赔付的法律性质与法理逻辑

（一）先行赔付义务的法律性质

先行赔付，是指在证券市场因欺诈发行、虚假陈述等重大违法行为给投资者造成损失，在发行人、上市公司等责任主体承担民事赔偿责任之前，由证券侵权可能的连带责任人等主体先行出资赔付投资者，再由先行赔付主体向发行人以及其他连带责任人进行追偿的一种制度措施。② 对于先行赔付义务的法律性质，争议之处无非在于先行赔付究竟是强制性的法定义务，还是基于自愿性和解协议产生的合同义务，而这又在很大程度上取决于先行赔付制度的立法模式。事实上，先行赔付制度并非证券市场所特有的，其他法律领域已经率先引入先行赔付制度。例如，《消费者权益保护法》《产品质量法》规定了销售者对消费者的先行赔付义务，同时还针对电子商务的特殊性

---

① 参见王小伟：《证监会：保荐机构先行赔付制度规则将制定》，载搜狐网，https://www.sohu.com/a/56128606_115402。

② 参见陈洁：《证券市场先期赔付制度的引入及适用》，载《法律适用》2015年第8期。

规定了网络交易平台提供者在特定情形下的先行赔付义务，且明确该义务属于强制性的法定义务，目的是强化对消费者这一弱势群体的倾斜性保护。从《招股说明书(2015年修订)》第18条规定来看，保荐人承诺先行赔付投资者在法律性质上应属于单方法律行为，具有自愿性，但通过该格式准则明确规定后实际上已经异化为保荐人的强制性义务，虽然对于推动先行赔付制度的实施和投资者保护具有积极作用，但是否于法有据则值得商榷。

另外，目前大多数学者更倾向于认为，先行赔付并非强制性的法定义务，认为其本质上是一种替代性的纠纷解决机制，是双方当事人基于平等、自愿原则协商一致达成和解协议的行为。① 以万福生科虚假陈述案中平安证券的先行赔付为例，依证券市场民事赔偿程序，平安证券本没有义务设立投资者利益补偿专项基金先行赔偿投资者损失。虽然根据《证券法》的相关规定，平安证券作为万福生科的保荐人，除能证明自己没有过错外，应当就万福生科欺诈发行的行为承担连带赔偿责任，但这也应是基于法院生效判决的赔偿数额和范围承担责任。平安证券之所以在无法定义务的前提下自愿设立专项基金先行赔付投资者，笔者认为，主要有两方面的考量：一是证监会正在积极推动投资者权益救济机制创新，在监管机构隐性权威的强力推动下，配合开展先行赔付制度的“试水”；二是在万福生科虚假陈述案中，平安证券作为保荐机构依法本就应当承担连带赔偿责任，其责任承担只是时间问题，提前与投资者和解并无不妥。因此，与其等待法院判决，不如配合监管机构完成一次投资者保护机制的创新，也可借此提升其声誉资本。平安证券公布的《〈平安证券有限责任公司关于设立万福生科虚假陈述事件投资者利益补偿专项基金的公告〉问答》和《和解承诺函》也明确指出，基金的设立是在司法途径之外，为投资者提供一条相对高效、便捷的救济渠道，因万福生科虚假陈述而遭受损失的适格投资者，如果接受补偿，则表明其自愿放弃向万福生科虚假陈述事件的责任方再行请求赔偿的权利；如果不接受补偿，可以依法提起诉讼，但需自行承担相应的诉讼成本及诉讼风险。这也表明，先行赔付实

---

① 参见杨润时主编：《最高人民法院民事调解工作司法解释的理解与适用》，人民法院出版社2004年版，第61页；赵吟：《证券市场先行赔付的理论疏解与规则进路》，载《中南大学学报(社会科学版)》2018年第3期；肖宇、黄辉：《证券市场先行赔付——法理辨析与制度构建》，载《法学》2019年第8期。

际上是先行赔付主体与投资者之间自愿达成的和解行为，并无法律上的强制性。

但随之而来的疑虑是，在缺乏法律强制性或激励机制的前提下，发行人控股股东、实际控制人和保荐人等责任主体是否有足够的动力自愿出资先行赔付投资者。自2013年平安证券首开先行赔付之先河至2020年，总共不过万福生科案、海联讯案和欣泰电气案3起先行赔付的实践案例，相对证券市场层出不穷的违法行为案件，其样本量太小，所起到的示范意义远大于实际功效。这似乎也能说明一定的问题，即基于自愿的先行赔付制度是否会面临形同虚设的尴尬境地。或许正因如此，证监会早在2016年即规定，保荐人在招股说明书扉页应当承诺先行赔付投资者因欺诈发行造成的损失，从而将自愿性的承诺转变为强制性的要求。

（二）先行赔付制度的法理逻辑

证券市场先行赔付制度不仅在私法层面符合“极可能的连带责任”逻辑，在公法层面也满足社会责任和市场责任逻辑，其法律基础在于维护市场秩序和社会公共利益。[①] 先行赔付制度之所以在《消费者权益保护法》《保险法》等领域被广泛应用，并被引入《证券法》，根本原因在于该制度是对传统的民事侵权责任救济路径的有益补充，能够更好地保护消费者、投资者等居于弱势地位的群体，彰显法律的公平正义价值，同时还有利于提高纠纷解决效率，降低维权成本，节约司法资源。

1. 先行赔付制度是对证券侵权民事责任制度的有益补充

先行赔付制度的建构原理，在于民事责任的最终依法承担与民事责任的实际承担过程之间的功效平衡。[②] 虚假陈述作为证券市场最早支持投资者民事诉讼的侵权行为，假定法律能够得到有效的实施，即使没有先行赔付制度的介入，但依照法律程序对证券侵权民事赔偿责任进行划分和执行，最终也可以恰如其分地分配民事责任并充分赔偿投资者损失。但在司法实践中，投资者权利救济的效果并不尽如人意，投资者维权难的问题依然是证券市场的常态。究其原因，一方面，是证券侵权民事诉讼相对一般民事侵权诉讼而

---

① 参见段丙华：《先行赔付证券投资者的法律逻辑及其制度实现》，载《证券市场导报》2017年第8期。

② 参见巩海滨、王旭：《证券市场先行赔付制度研究》，载《财经法学》2018年第6期。

言,存在诉讼规模大、案件复杂等特点,加之由于诉讼前置程序的存在,案件立案和审理周期长,投资者维权成本高。有学者曾对2002～2011年证券虚假陈述民事赔偿案件作了梳理,发现在符合前置程序的253个案件中已诉案件仅有65个,并且案件审理时间的平均值是13.5个月,中位值是11.7个月。①

另一方面,即便投资者经过漫长的诉讼程序获得了法院生效判决的支持,执行难的问题又是横亘在投资者面前的一道鸿沟。虽然《证券法》规定了虚假陈述案件中发行人、上市公司、董监高、保荐人以及控股股东、实际控制人等相关责任主体的连带赔偿责任,但对这一连带赔偿责任的追究蕴含一个约定俗成的顺序,即往往是发行人、上市公司赔偿在先,在其不能赔偿时,才由其他连带责任人承担赔偿责任。② 实践中,常常存在各连带责任主体互相推诿责任的情形,例如,被称为"证券民事赔偿第一案"的大庆联谊虚假陈述案,自2004年12月终审判决生效后,申银万国和大庆联谊互相推诿赔偿责任;截至2006年12月4日,哈尔滨市中级人民法院执行局才向该案代理律师一次性发放全部执行款907万元。③ 不仅如此,投资者还可能因为相关责任主体丧失责任能力(如企业出现破产等情形)而无法得到足额赔偿。④虽然《证券法》规定了民事赔偿责任优先原则,⑤以凸显对投资者利益的优先保护,但由于缺少相应的制度保障,该原则很难得到真正落实。盖因现实中,民事诉讼、刑事诉讼以及行政处罚程序并非同步发生的,证券民事侵权案件中受损投资者无论采取民事诉讼或是其他方式提出民事赔偿请求权,往往都滞后于证监会的行政处罚决定,当行政处罚已经执行完毕,罚没款业已上缴国库,所谓民事赔偿责任优先也就成为一纸空文了。⑥

---

① 参见黄辉:《中国证券虚假陈述民事赔偿制度——实证分析与政策建议》,载黄红元、徐明主编:《证券法苑》第9卷,法律出版社2013年版,第967～995页。

② 参见陈洁:《证券市场先期赔付制度的引入及适用》,载《法律适用》2015年第8期。

③ 参见赵清:《大庆联谊案案情及诉讼过程》,载搜狐网,https://business.sohu.com/20061221/n247189286.shtml。

④ 参见王利明:《试论虚假陈述民事责任制度的完善》,载黄红元、徐明主编:《证券法苑》第14卷,法律出版社2015年版,第27～35页。

⑤ 参见《证券法》第220条规定:"违反本法规定,应当承担民事赔偿责任和缴纳罚款、罚金、违法所得,违法行为人的财产不足以支付的,优先用于承担民事赔偿责任。"

⑥ 参见张东昌:《证券市场没收违法所得与民事赔偿责任的制度衔接》,载黄红元、卢文道主编:《证券法苑》第23卷,法律出版社2017年版,第407～422页。

针对上述证券侵权民事责任的实现困境,先行赔付制度可以避免民事诉讼的漫长程序,由具有赔付能力的主体采用"先偿后追"的方式,主动与投资者达成和解协议,先行出资赔付投资者损失,从而使投资者更加高效便捷的获得救济。可以说,先行赔付制度的应有功能恰好可以弥补现行制度的功能缺陷,是对证券侵权民事责任制度必要而有益的补充。

2. 先行赔付制度通过对投资者的倾斜保护彰显正义价值

法律对正义具有重要作用,这不仅表现在通过立法来分配权利义务、确认正义,还表现在通过执法来伸张实质正义、恢复正义。[①] 当一方侵犯另一方合法权益导致利益失衡之时,法律可起到矫正功能,重新恢复双方的利益衡平。对于社会整体利益的损害以及强弱势主体之间的利益失衡,按照传统民商法思维中的主体平等、意思自治和契约自由的思路寻求私法救济,存在难以克服的路径局限。而在社会经济领域,主张实质而非形式的机会公平,通过对"受惠最少者"实行差别待遇,给予其"利益倾斜性配置"来调节和消除形式平等但"实力"不平等的"交易优势"。[②] 例如,在消费者保护领域,消费者处于交易的弱势地位,对商品或服务的信息获取远低于经营者,消费者在行使一般的合同或侵权救济时,存在专业性和取证等方面的巨大障碍,还面临经营者"店大欺客"等问题,正常的私权救济困难重重,造成实质上的不公。从主体能力差异的角度和实质公平的要求来看,需要对其予以倾斜保护,以实现真正的社会公平。[③] 证券市场亦是如此,由于证券交易具有天然的信息不对称性,发行人、保荐人等市场主体在证券交易中处于优势地位,而投资者尤其是中小投资者由于其经济实力、专业能力、风险承受能力的局限而处于显著的弱势地位。当发生证券市场侵权行为时,大多数中小投资者的维权能力也相对较弱,现有的以民事诉讼为主的救济机制难以满足投资者保护的现实诉求。鉴于此,在证券市场引入先行赔付制度,使投资者不必经历烦琐而漫长的诉讼程序即可获得赔付,有效缓解了一直以来制约证券市场发展、困扰投资者维权的种种问题,彰显了《证券法》的公平和正义价值。更进

---

① 参见孙笑侠:《法的形式正义与实质正义》,载《浙江大学学报(人文社会科学版)》1999 年第 5 期。

② 参见江帆:《经济法实质正义及其实现机制》,载《环球法律评论》2007 年第 6 期。

③ 参见叶明:《经济法实质化研究》,法律出版社 2005 年版,第 41 页。

一步说，先行赔付制度不仅为中小投资者提供了一条更加便捷有效的维权途径，也起到了督促保荐机构等相关市场主体勤勉尽责的作用，有利于在全社会营造良好的维护正义的社会环境。

3. 先行赔付制度作为便捷的替代性纠纷解决机制体现效率价值

对广大中小投资者而言，以民事诉讼为代表的投资者救济机制维权的时间成本和经济成本过高，很多投资者基于"成本—收益"的考量望而却步，怠于主张权利。以曾经轰动一时的银广夏虚假陈述案为例，诉讼时效到期之时，银川市中级人民法院共计受理案件 103 件，涉及投资者 847 人，分布于全国 20 多个省、自治区、直辖市，总标的额约 1.806 亿元，但这也仅占投资人总数的 1% 多一点。[①] 这固然有当时法院以"先刑后民"等理由拖延案件受理等客观因素阻碍的原因，但投资者面对高昂的诉讼成本和诉讼风险放弃索赔的权利也是不争的事实。即使投资者甘冒诉讼风险，历经"起诉—审理—执行"的漫漫程序最终获得了赔偿，从"成本—收益"角度来看恐已失去实际意义，毕竟迟来的正义虽不能说已非正义，但也定然会大打折扣。反过来看，与投资者权利救济机制不健全、维权成本过高相对应的，是证券市场违法主体的违法成本变低，助长了其实施虚假陈述等违法行为侵犯投资者权益、攫取高额违法收益的动机。

更何况，不仅是投资者维权成本高，在现有的以单独诉讼和共同诉讼为主的民事诉讼模式下，以大规模侵权和群体性诉讼为特征的证券民事侵权案件，也面临司法成本过高的问题。除了前文所提及的银广夏虚假陈述案，在大庆联谊虚假陈述案中哈尔滨市中级人民法院受理此类案件总计 145 件，[②] 而在东方电子虚假陈述案中青岛市中级人民法院受理的案件数量更是高达 2716 件，历时 8 年方才全部结案。[③] 数量庞大的证券民事侵权案件造成司法审判的巨大压力，因此 2019 年《全国法院民商事审判工作会议纪要》就证券

① 参见章武生：《类似案件的迥异判决——银广夏虚假陈述证券民事赔偿案评析》，载《华东政法大学学报》2010 年第 2 期；黄韬：《中国法院受理金融争议案件的筛选机制评析》，载《法学家》2011 年第 1 期。

② 参见《共同诉讼第一案：大庆联谊案》，载新浪财经网，http://finance. sina. com. cn/stock/t/20110309/19309500873. shtml，最后访问日期：2020 年 1 月 20 日。

③ 参见《东方电子虚假陈述案结案　历时 8 年 6827 股民获赔》，载腾讯财经网，https://finance. qq. com/a/20110303/001067. htm，最后访问日期：2020 年 1 月 20 日。

虚假陈述民事赔偿案件，明确提出“案件审理的集约化和诉讼经济”“保障投资者能够便捷、高效、透明和低成本地维护自身合法权益”。

先行赔付制度作为替代性纠纷解决机制，有着便捷、高效、低成本的优势，基于已有的3起先行赔付实践经验考察，相比民事诉讼，先行赔付的用时一般在2个月，赔付适格投资者占比达到95%以上，赔付金额占比更是高达99%。[①] 这极大地提高了证券虚假陈述案件中纠纷解决的效率，降低投资者的维权成本，快速实现受损投资者利益和证券市场秩序的安定。虽然先行赔付不能够完全取代民事诉讼在纠纷解决中的地位和作用，但也可以大大缓解大规模证券侵权中的司法压力，节约司法资源。

二、先行赔付制度的模式选择与制度构建

（一）先行赔付制度的模式选择

如前所述，先行赔付义务的法律性质究竟是基于自愿承诺的单方法律行为，还是强制性的法定义务，在很大程度上取决于制度的立法模式和制度设计，而这又会进一步影响该制度的实施效果。如若将先行赔付作为强制性的法定义务，则一方面有违民事侵权责任承担的法律逻辑，另一方面也会对保荐人等市场主体施加难以承受之负担，同时还可能会滋生发行人、上市公司的道德风险。先行赔付制度若是完全基于市场主体自律构建，在缺乏激励和约束机制的情况下，能否得到市场主体的认同并实现预期的制度效果，恐怕要打上大大的问号。针对先行赔付制度存在上述两难境地，证监会明确规定保荐人在招股说明书中作出先行赔付的承诺，使先行赔付成为了“强制性的承诺”，姑且不论该规定是否存在合法性问题，但2016年该规定出台后也只有欣泰电气虚假陈述案这唯一一起由保荐人兴业证券先行赔付的实践案例，也反映出该规定的实施效果并不理想。

鉴于此，有学者提出了证券侵权责任主体先行赔付和投资者保护基金先行赔付相结合的模式，形成“自愿赔付＋法定最低赔付”的双轨制先行赔付

---

① 参见肖宇、黄辉：《证券市场先行赔付——法理辨析与制度构建》，载《法学》2019年第8期。

制度结构。[①] 即当出现证券市场因虚假陈述等违法行为造成投资者损失时，首先应鼓励保荐人等责任主体采用“先偿后追”的方式先行赔付投资者，但是当责任主体缺乏先行赔付的能力和意愿时，可由投资者保护基金出资对适格投资者提供次优保护和底线保护，从而构建起自律与法定、责任主体全额赔付与投资者保护基金最低赔付相结合的先行赔付制度。当然，也有观点认为，投资者保护基金不宜作为先行赔付主体，因其设立初衷是应对证券公司破产等情形下的债权赔付，更多体现为政策性，不应为个别市场主体的错误行为买单。[②] 但需要指出的是，我国证券公司发展现状决定了投资者保护基金在偿付证券公司破产债权方面的作用十分有限，空有投资者保护之名，却未能充分行投资者保护之实。对此，中国投保基金公司总经理巩海滨也提出扩大证券投资者保护基金使用范围，建立投资者保护基金先行偿付机制，从而真正实现投资者保护基金“取之于市场、用之于市场”的根本目的。[③] 本部分将基于“自愿赔付 + 法定最低赔付”相结合的模式设想，构建起我国证券市场先行赔付的法律制度。

（二）责任主体自愿赔付的制度构建

责任主体自愿先行赔付本质上是一种和解协议，其法律制度可以在《证券法》及相关实施细则中予以明确，相关具体制度主要包括先行赔付主体、赔付金额计算、赔付程序、先行赔付协议的效力等。

1. 赔付主体

在责任主体自愿赔付模式下，先行赔付主体应当是与证券虚假陈述违法行为的责任主体相适应的。按照《证券法》第 85 条的规定，证券交易中虚假陈述致使投资者遭受损失的，发行人、上市公司等信息披露义务人毫无疑问是当然的责任主体，至于发行人的控股股东、实际控制人、董事、监事、高级管理人员和其他直接责任人员以及保荐人、承销的证券公司及其直接责任人员，除能够证明自己没有过错外，应当与发行人承担连带赔偿责任。另外，

---

① 参见张东昌：《证券市场先行赔付制度的法律构造——以投资者保护基金为中心》，载《证券市场导报》2015 年第 2 期；叶林：《证券投资者保护基金制度的完善》，载《广东社会科学》2009 年第 1 期；段丙华：《先行赔付证券投资者的法律逻辑及其制度实现》，载《证券市场导报》2017 年第 8 期。

② 参见赵吟：《证券市场先行赔付的理论疏解与规则进路》，载《中南大学学报（社会科学版）》2018 年第 3 期。

③ 参见巩海滨、王旭：《证券市场先行赔付制度研究》，载《财经法学》2018 年第 6 期。

《证券法》第163条还规定了会计师事务所、律师事务所等证券服务机构在制作、出具文件中虚假陈述给他人造成损失的,除能够证明自己没有过错外,应当与委托人承担连带赔偿责任。依此,将其延伸至先行赔付责任主体的认定,应当与发行人、上市公司承担连带赔偿责任的主体都可以是承担先行赔付义务的主体。但考虑证券市场侵权的民事赔偿数额巨大,动辄数以亿计,发行人的董事、监事、高级管理人员和其他责任人员以及会计师事务所、律师事务所等证券服务机构往往缺乏足够的偿付能力,即使单独规定其作为先行赔付主体,制度初衷恐也会落空,当然如若其具备一定偿付能力和意愿主动参与先行赔付也未尝不可。值得一提的是,目前关于先行赔付主体的讨论大都将发行人本身排除在外,或许是因为发行人本就是当然的责任主体,无须赘言。但也应认识到,先行赔付的制度要义不在于责任分配,而在于鼓励责任主体与投资者达成和解,在司法程序之外高效地解决纠纷、赔付投资者损失。正如有学者所指出的,先行赔付之"先",不在于其他责任主体先于发行人赔付,而在于先诉讼程序主动赔付。[①] 因此,由发行人先行赔付投资者自然也是先行赔付制度的应有之义。综上,基于制度的现实可行性,先行赔付主体应包括:第一,发行人、上市公司;第二,发行人的控股股东、实际控制人;第三,保荐人和承销的证券公司。

2. 赔付金额

(1)一级市场适格投资者新股投资损失赔付金额的计算

①计算原则

一级市场适格投资者新股投资损失以新股发行价格为基准,依据返还财产或折价补偿的原则计算,不扣减证券市场风险因素。股票发生权益分派、公积金转增股本、配股增发等情况的,相应作除权除息处理。

②计算公式

第一,一级市场适格投资者卖出新股损失:投资者申购新股,因卖出新股而产生亏损的,其新股投资损失,以发行价格(除权后价格)与实际卖出平均价格之差,乘以投资者卖出新股数量计算。

第二,一级市场适格投资者持有新股损失:投资者申购新股,退市时仍持

---

① 参见肖宇、黄辉:《证券市场先行赔付——法理辨析与制度构建》,载《法学》2019年第8期。

有新股而产生亏损的，其持有新股损失以发行价格（除权后价格）乘以投资者退市时仍持有的属于赔付范围的新股数量计算，该部分适格投资者同时将仍持有的新股过户给基金出资人。

第三，投资者同时符合上述第一、第二项情形的，计算投资损失时，分别计算卖出新股损失和持有新股损失。

说明：申购新股，截至股票暂停上市时仍持有所申购新股的一级市场适格投资者，根据该部分适格投资者在退市整理期间卖出新股情况计算新股投资损失，在股票退市后赔付。

一是在退市整理期间卖出新股的，按发行价格（除权后价格）与实际卖出平均价格的差额，乘以卖出新股数量计算。

二是退市整理期间未卖出新股，在退市时仍持有新股的，该部分适格投资者可以选择是否保留退市时仍持有的新股。

三是如适格投资者选择保留退市时仍持有的新股，新股投资损失以发行价格（除权后价格）与股票退市价格的差额，乘以投资者退市时仍持有的属于赔付范围的新股数量计算。

四是如适格投资者选择不保留退市时仍持有的新股，新股投资损失按发行价格（除权后价格）乘以投资者退市时仍持有的属于赔付范围的新股数量计算，适格投资者应将退市时仍持有的新股过户给基金出资人。适格投资者需要根据管理人后续公告签署股份过户文件，并配合办理股份过户手续。

③其他

损失部分的佣金及印花税、资金利息，根据基金设立公告公布的方法计算。

（2）二级市场适格投资者损失赔付金额的计算

①计算原则

第一，赔付金额以二级市场适格投资者卖出股票的交易损失和持有股票至终止上市的退市损失合并计算，扣减证券市场风险因素所致损失后，以适格投资者因虚假陈述而实际发生的直接损失为限。

第二，涵盖适格投资者二级市场退市损失。如因欺诈发行导致退市，二级市场适格投资者因此所受损失包括了卖出股票的交易损失和持有股票至退市的退市损失。

第三,赔付金额扣减证券市场风险因素所致损失。根据最高人民法院《关于审理证券市场因虚假陈述引发的民事赔偿案件的若干规定》的规定,"由证券市场系统风险等其他因素所导致"的损失,属于"应当认定虚假陈述与损害结果之间不存在因果关系"的情形之一,在计算投资者损失时,扣减证券市场风险因素造成的损失。

②计算公式

赔付金额 = 投资差额损失 + 投资差额损失部分的佣金和印花税 + 资金利息

总之,对于违法行为责任主体自愿、主动出资设立专项补偿基金先行赔付投资者的,有关赔付金额的计算尚无明确规定,但从先行赔付机制的长远考虑,责任主体与适格投资者达成和解协议先行赔付的金额不应低于民事诉讼赔偿标准。[①] 即遵循"充分补偿"的原则,按照有利于投资者赔偿数额最大化的方式确定最终赔偿金额,对证券侵权行为造成的投资差额损失、投资差额损失部分的佣金和印花税以及资金的利息等均应予以赔付。对此,可以借鉴万福生科虚假陈述案、海联讯虚假陈述案的成功经验,以"充分补偿"原则为指引,对适格投资者进行全额赔付。责任主体为尽快消除违法行为对其声誉资本等方面的负面影响,也会借助专项补偿基金的方式,先行搁置责任认定和责任份额划分,主动对投资者损失进行充分补偿。例如,《海联讯补偿公告问答》指出:"本次基金充分考虑了海联讯上市以来的二级市场走势,按照与股票买入时点最接近的揭露日或更正日及其所对应的基准日来计算补偿金额。按照该算法,结合海联讯先跌后涨的走势,部分跨期持有的投资者有可能获得高于实际亏损金额的补偿金额。"显然,海联讯虚假陈述案的先行赔付金额已经超出了目前司法解释对证券市场虚假陈述责任主体赔偿标准的要求,充分体现了先行赔付制度下投资者利益最大化原则。[②] 但也要指出的是,在先行赔付金额超出诉讼赔付标准时,可能在后续追偿过程中遭遇其他连带责任主体的抗辩,此时应当如何抉择考验着司法裁判的勇气和智慧。笔

---

① 参见投保基金公司专项补偿基金工作组:《证券市场投资者保护新机制探索》,载《证券市场导报》2015 年第 3 期。

② 参见汤欣、杨祥:《虚假陈述损害赔偿的最新实践及法理检视——以万福生科与海联讯补偿方案为例》,载《证券市场导报》2015 年第 3 期。

者认为,本着有利于投资者保护和鼓励先行赔付的立场,除先行赔付金额过分显著超出赔付标准之外,法院应以先行赔付金额为准。

3. 赔付程序

程序正义是实体正义的重要保障。先行赔付制度能否妥善实施,赔付程序的设置至关重要。具体而言,先行赔付程序包括赔付方案的制定、基金设立、基金公告、基金管理、投资者申报和分配、基金清算和终止等整个过程。万福生科虚假陈述案、海联讯虚假陈述案和欣泰电气虚假陈述案 3 个案例已经为先行赔付制度实践提供了成功的经验,但在先行赔付制度构建中的几个关键性的程序问题仍然值得进一步研究。一是先行赔付方案的制定过程应当有包括受损适格投资者、发行人、基金管理人等相关主体的广泛参与、充分讨论,确保赔付方案能够真正体现投资者利益诉求并得到连带责任方的认可,避免后续在赔付和追偿过程中产生争议。二是从现有实践来看,投资者保护基金公司是先行赔付基金管理人较为妥当的选择。投资者保护基金公司参与基金管理有着天然的优势,其风险处置经验丰富,专业优势明显,能够按照中立公正的立场对专项补偿基金进行有效的管理。更为重要的是,投资者保护基金公司管理先行赔付专项补偿基金,能够尽可能避免先行赔付主体对专项基金的不当控制,是广大投资者更能接受的方案。况且作为国务院批准设立的以保护投资者为宗旨的机构,投资者保护基金公司代为管理先行赔付专项基金,也是其职责所在。[①] 但无论是由投资者保护基金公司抑或是其他机构担任基金管理人,都应当明确其出于投资者保护的公益目的,防止基金管理过程中的利益冲突,也要确保基金管理人权责明晰。三是先行赔付的时间限制应当合理设定,既有的先行赔付实践的周期基本都设置为 2 个月,但也要根据具体案件所涉及的投资者数量、赔付金额等因素灵活考量,既不能因时间过长丧失先行赔付制度所具备的便捷高效的特点,也不能因片面追求效率牺牲投资者利益。

4. 先行赔付协议的效力

先行赔付主体与投资者达成的和解协议效力及其与诉讼的关系如何,即

---

① 参见杨光:《万福生科案先行赔付探索投资者保护新模式》,载《中国证券报》2013 年 7 月 3 日,第 6 版。

先行赔付和解协议是否具备强制力并可排除投资者再行诉讼的权利，是先行赔付制度构建的一个重要问题。诉讼外和解作为纯粹的“民法上和解”，未经法院制作调解书等程序，通常仅有实体法上的效果，不具备法律上强制力。[①] 各国的立法也没有将诉讼外和解作为一项独立的诉讼制度，一般做法是通过诉讼机制，经由法院审查后将诉讼外和解转为诉讼和解，最终以诉讼和解的形式获得与判决同样的法律强制力。例如，《日本民法》第695条规定和解契约可通过一定的诉讼机制使诉讼外和解转化为裁判上的和解，即赋予了和解协议强大的公法效力。[②] 在我国民事诉讼法律框架下，当事人可以向法院申请，由法院对和解协议进行实体、程序审查，双方当事人协商一致在和解协议上签字后，诉讼外和解协议最终转化为诉讼和解协议，从而获得法律强制力。此后，投资者不得再以同一诉讼标的向人民法院起诉主张保荐机构或者其他责任方赔偿其损失，双方的权利义务关系至此处于确定状态。从执行力角度来看，如果当事人已经认可并签订和解协议接受先行赔付方案后又反悔，主张赔偿的投资者及作为赔偿主体的发行人、证券公司、保荐机构，都可以依据和解协议要求法院强制执行。然而这种确认之诉又会导致案件进入复杂且持久的诉讼程序之中，与先行赔付制度便捷高效的宗旨相悖。鉴于此，有学者认为，经由证监会审批，赋予先期赔付协议以行政和解的效力，无疑更具有现实可行性。[③] 由证监会出面认可并确认先行赔付协议，普通民事和解即转化为行政和解，该项协议对双方当事人都具有确定力和强制执行力。

（三）投资者保护基金法定赔付的制度构建

通常认为，证券投资者保护基金与监管者的审慎性监管、中央银行的最后贷款共同构成维护金融体系稳定的公共安全网。[④] 当相关责任主体不愿主动出资先行赔付投资者时，投资者保护基金应承担法定的最低赔付义务，从而与责任主体自愿先行赔付有机衔接、相互配合。但是，与本就可能承担

---

① 参见贺剑：《诉讼外和解的实体法基础——评最高人民法院指导案例2号》，载《法学》2013年第3期；陈自强：《民法上和解之效力》，载《政大法学评论》1999年第61期。

② 参见白绿铉编译：《日本新民事诉讼法》，中国法制出版社2000年版，第98页。

③ 参见陈洁：《证券市场先行赔付制度的引入及适用》，载《法律适用》2015年第8期。

④ 参见洪艳蓉：《证券投资者保护基金的功能与运作机制——基于比较法的制度完善》，载《河北法学》2007年第3期。

连带责任的发行人控股股东、实际控制人以及保荐人不同,投资者保护基金纯粹出于投资者保护的公益目的参与先行赔付,因而在赔付资金来源、赔付对象、赔付标准以及追偿机制等制度构建方面应与前者有所区别。

1.资金来源

证券投资者赔偿基金的资金数额在一定程度上关乎赔偿基金是否可以达到预期效果,投资者保护基金能否作为先行赔付义务主体,是否有充足的资金来源支持是其中一个重要的关键点。在大多数国家和地区,保护基金主要来自对会员的强制收费,而会员强制缴费规则主要源于会员自我保险的基金本质。[①] 我国《证券投资者保护基金管理办法》第14条对我国保护基金的来源作了规定,主要包括一定比例的交易经手费、证券公司上缴的基金、发行申购冻结资金的利息收入、向有关责任方追偿所得及从证券公司破产清算中受偿收入、捐赠收入等。虽然从该规定来看,投资者保护基金的资金来源渠道较为广泛,但在实践中绝大部分的基金来自中国人民银行的再贷款,资金的市场化来源不足。

我国香港特别行政区投资者赔偿基金的资金来源也比较广泛,除交易费外还包括投资收益。我国香港特别行政区《证券及期货条例》还为投资者赔偿基金创设了后备资金来源,即为应对突发灾难性事件引起的巨额索赔,允许证监会在获得司长同意的情况下为赔偿基金的目的借入款项补偿投资者。[②] 事实上,证券市场违法行为的罚没款作为一种行政处罚的手段,除具有对违法主体的惩戒功能之外,还应具有对受害主体的补救功能,这也更加符合“取之于市场、用之于市场”和“国不与民争利”的原则。[③] 因此,为了扩充投资者保护基金的资金来源,使其避免因承担先行赔付义务而承受不可承受之重,笔者主张将证券市场罚没款收入按照一定比例纳入投资者保护基金中,用于赔付投资者因证券违法行为而受到的损失。

---

① 参见叶林:《证券投资者保护基金制度的完善》,载《广东社会科学》2009年第1期。

② 参见王坤、王泽森:《香港证券投资者赔偿基金制度改革评析》,载《证券市场导报》2005年第9期。

③ 张东昌:《证券市场没收违法所得与民事赔偿责任的制度衔接》,载黄红元、卢文道主编:《证券法苑》第23卷,法律出版社2017年版,第407~422页。

2. 赔付对象

两种不同的先行赔付模式因赔付主体和赔付理念的差异，在赔付对象上存在区别。在责任主体自愿赔付模式下，实质是责任主体与投资者之间达成的和解，因而在赔付对象上应当包括所有符合条件的适格投资者。例如，万福生科虚假陈述案中，明确了先行赔付的对象包括除虚假陈述责任方以外所有因虚假陈述而遭受损失的符合条件的投资者。但在投资者保护基金法定赔付模式下，因其体现的是对中小投资者倾斜保护之公益目的，对赔付对象有必要作严格限制。如学者所言："投资者保护基金之目的在于保护处于弱势地位的中小投资者，所以在进行'客户'或'适格投资者'身份识别时，就不能作扁平化处理，而必须负载'除外条款'，将处于强势地位的机构投资者与具有利害关系的当事者剔除在外。"[①]例如，我国香港特别行政区《证券及期货（投资者赔偿—申索）规则》第2条明确规定下列9类主体不属于可向投资者赔偿基金提出申索的投资者：（1）持牌法人；（2）认可金融机构；（3）认可交易所、认可控制人或认可结算所；（4）获认可的自动化交易服务提供者；（5）获授权的保险人；（6）获认可集体投资计划的经理人或经办人；（7）身为法团的违责中介人的雇员或相关联者；（8）特区政府或海外政府；（9）上述法团的受托人或保管人。因此，笔者认为投资者保护基金先行赔付对象应当是除机构投资者、利害关系投资者[②]以及相关责任主体以外的适格投资者。

3. 赔付标准

与责任主体先行赔付所遵循的"充分补偿"原则不同，投资者保护基金先行赔付所体现的是"最低赔付"原则。因此在投资者保护基金先行赔付时，应当考虑设定最高赔付限额或一定的赔付比例，这样既有利于投资者保护基金效用的最大化，减轻投资者保护基金的赔付压力，也可与责任主体先行赔付相区分。具体的赔付标准可综合考虑投资者损失额度、投资者保护基金的负担能力等因素，并结合个案情况合理确定。可资借鉴的是，英国《金融服务与市场法》规定金融服务补偿计划（Financial Services Compensation Scheme，FSCS）的最高赔偿限额为4.8万英镑，其中3万英镑内的全部赔付，

---

① 黎四奇：《对我国证券投资者保护基金制度之检讨与反思》，载《现代法学》2008年第1期。

② 利害关系投资者，一般应包括发行人的董事、监事、高级管理人员，持有5%以上股权的股东、实际控制人，以及上述人员的配偶及其他近亲属等。

再赔付额外 2 万英镑的 90%。我国香港特别行政区《证券及期货(投资者赔偿—赔偿上限)规则》规定支付申索人的赔偿总额不得超过 15 万美元。①

4. 追偿机制

先行赔付制度采取的是“先偿后追”的方式,在责任主体先行赔付模式下,“先偿后追”体现的是先行赔付后在连带责任主体之间的责任再分配;在投资者保护基金先行赔付模式下,“先偿后追”的本质则是投资者保护基金代责任主体赔付后取得的代位求偿权。代位求偿权的实质是民法上的债权转移,其功能主要是防止双重赔付、避免损害赔偿责任人逃脱责任。② 只有赋予投资者保护基金先行赔付之后的代位求偿权,方能保障制度的可持续性,同时使责任主体承担其应有的责任,防范道德风险。关于投资者保护基金的代位求偿权,我国香港特别行政区《证券及期货条例》第 243 条规定,证监会用赔偿基金赔付投资者申索损失后,投资者就该项损失而享有的一切权利及补救,须在赔付范围内由证监会代位享有,证监会据此追讨所得的一切资产须成为赔偿基金的一部分。我国《证券投资者保护基金管理办法》第 21 条也同样规定了基金公司使用基金偿付债权人后,取得相应受偿权。因此,在投资者保护基金先行赔付投资者之后,为了保障代位求偿权的实现,应允许投资者保护基金公司以自己名义提起代位求偿诉讼,其追偿范围以赔付范围为限。值得探讨的问题是,投资者保护基金基于先行赔付所取得的债权是否应当赋予其优先性,特别是在出现发行人或其他连带责任人破产的情形时,其在破产债权中能否优先受偿。笔者主张,从证券市场投资者保护的整体利益和公共目标出发,为保障投资者保护基金代位求偿权的实现,可赋予其相对于普通债权的优先性。

三、《证券法》先行赔付制度的立法解读与规则评析

2019 年修订通过的《证券法》第 93 条规定:“发行人因欺诈发行、虚假陈述或者其他重大违法行为给投资者造成损失的,发行人的控股股东、实际控

---

① 参见张东昌:《证券市场先行赔付制度的法律构造——以投资者保护基金为中心》,载《证券市场导报》2015 年第 2 期。

② 参见温世扬、武亦文:《论保险代位权的法理基础及其适用范围》,载《清华法学》2010 年第 4 期。

制人、相关的证券公司可以委托投资者保护机构,就赔偿事宜与受到损失的投资者达成协议,予以先行赔付。先行赔付后,可以依法向发行人以及其他连带责任人追偿。"该条规定即成为我国证券市场先行赔付制度的基础法律依据,本部分将结合《证券法》修订过程中历次审议稿中先行赔付制度的规则演变,对《证券法》第 93 条展开解读与评析,以期为法律规则适用和完善提供思路。

首先,关于先行赔付制度的适用范围,《证券法》第 93 条规定的违法行为包括"欺诈发行、虚假陈述或者其他重大违法行为"。观察现有实践和学术讨论,先行赔付制度主要适用于欺诈发行、虚假陈述案件中,尚未涉足内幕交易和操纵市场等违法行为。对此,可以理解为内幕交易和操纵市场的违法行为主体大多是投资者,往往缺乏主动赔付的意愿和能力,加之内幕交易和操纵市场侵权行为因相关司法解释的缺位,其责任认定及民事赔偿困难重重。[①] 但是,这更多只是立法和司法层面的障碍,并不能构成否定内幕交易、操纵市场违法行为适用先行赔付的理由,第 93 条规定的"其他重大违法行为"实际上已经为此预留了空间。更何况,光大证券内幕交易案和恒康医疗案投资者胜诉,标志着我国证券市场内幕交易和操纵市场民事赔偿已经有了司法判决的先例。因此,在内幕交易和操纵市场的民事赔偿司法解释出台,明确因果关系、责任认定、投资者损失和赔偿金额计算等问题之后,也可以适时地纳入先行赔付制度的适用范围。

其次,关于先行赔付制度的适用主体,《证券法》第 93 条规定的先行赔付主体包括"发行人的控股股东、实际控制人、相关的证券公司"。该规定可以从两个层面进行解读:一是明确排除了投资者保护基金先行赔付,仅保留了责任主体先行赔付的制度模式。值得一提的是,在 2015 年 4 月 20 日提交审议的《证券法(修订草案)》(一审稿)第 173 条关于先行赔付的规定中,明确提出"国务院证券监督管理机构认可的投资者保护机构可以就赔偿事宜与投资者达成协议,予以先期赔付"。但从二审稿开始即将投资者保护机构排除在先行赔付主体之外,仅可作为基金受托管理人参与先行赔付。这一变化反映了立法者对投资者保护机构先行赔付所持的审慎态度,笔者认为,其理由

① 参见肖宇、黄辉:《证券市场先行赔付——法理辨析与制度构建》,载《法学》2019 年第 8 期。

可能在于由投资者保护机构先行赔付将面临资金来源的问题，以及难以处理责任主体先行赔付与投资者保护机构先行赔付之间的关系，甚至可能导致责任主体先行赔付被架空，诱发道德风险并背离制度本意。但本书前文中也已对此问题作了阐述，即可以通过证券市场罚没款等充实投资者保护基金的资金来源，同时投资者保护基金先行赔付也非责任主体先行赔付的替代，而体现对中小投资者的底线保护，由投资者保护基金作为法定赔付主体应予以充分考虑，此处不再赘言。二是该条规定并未将所有可能的连带责任主体纳入先行赔付主体中，只限定为发行人的控股股东、实际控制人和相关证券公司。饶有意味的是，从一审稿直至三审稿对先行赔付义务主体的规定都含有“证券服务机构”，但在最终的法律规定中则将其排除在外，这更多的是考虑证券服务机构赔付能力有限，由其作为先行赔付主体通常缺乏现实可行性。另外，无论是历次审议稿还是修订通过的法律规定，都没有将发行人作为先行赔付主体，但正如本书前文已阐明的，发行人作为违法行为的当然责任人和第一责任人，其参与先行赔付应是与该制度相契合的。

最后，关于先行赔付义务的性质，《证券法》第 93 条明确规定的是特定主体“可以”与投资者就赔偿事宜达成协议予以先行赔付，这也意味着《证券法》所采纳的先行赔付义务不属于强制性的法定义务，所体现的是责任主体与投资者自愿性的和解。但随之而来的问题是，完全基于自愿的先行赔付制度是否能够实现预期效果，或者成为一纸空文。显然，证监会以准则的形式将保荐人在招股说明书中承诺先行赔付变相为强制性的要求，从第 93 条的规定来看有失妥当。目前，仅依靠证券公司等责任主体声誉机制的约束显然是不够的，为了推动责任主体积极主动参与先行赔付，可考虑借鉴境外市场“行政和解”制度的意蕴，通过从轻或减轻行政处罚等措施，形成“激励相容”机制。实际上，在既有的先行赔付实践中，证监会在作出行政处罚决定时也将先行赔付作为重要的考量因素。例如，海联讯虚假陈述案中证监会在行政处罚决定书中明确指出海联讯主要股东“主动出资设立专项补偿基金，补偿适格投资者因海联讯虚假陈述而遭受的投资损失";[1]欣泰电气虚假陈述案中证监会在对保荐人兴业证券的行政处罚决定书中也提及兴业证券"积极研究制定先行赔偿方案,补偿投资者因欣泰电气虚假陈述而遭受的投资损失"。[2]

总之,《证券法》中引入先行赔付制度在某种程度上可以说开启了我国证券市场投资者保护的新篇章,对于推动证券投资者保护和纠纷解决具有重要意义。但我们也要清醒地意识到,先行赔付制度处于起步阶段,法律制度尚不健全,实践样本仍然太少,有关赔付模式、赔付主体、赔付范围、赔付标准、追偿机制等具体问题仍有待进一步的规则细化,并且应随着实践发展的需要而不断修改完善。

---

① 《中国证监会行政处罚决定书(深圳海联讯科技股份有限公司、章某、邢某某等18名责任人)》(〔2014〕94号)。

② 《中国证监会行政处罚决定书(兴业证券股份有限公司、兰某、伍某某)》(〔2016〕91号)。

第六章　证券侵权民事赔偿立法与司法的衔接

本书围绕证券侵权民事赔偿标准这一命题，结合虚假陈述、内幕交易和操纵市场3种典型的证券侵权行为，着重从以下两个层面展开研究：其一，从理念价值层面对证券侵权民事赔偿标准的内涵进行阐释，探讨证券侵权民事赔偿标准的构成要素，据此明确证券侵权民事赔偿标准的确定原则；其二，分别就虚假陈述、内幕交易和操纵市场这3种典型的证券侵权行为的民事赔偿标准进行研究，并就未来立法机关和司法机关就各类证券侵权民事赔偿出台相关立法或司法解释提出具体的标准确定方案建议。

一、证券侵权民事赔偿标准的制度模式

赔偿责任认定标准是判断证券侵权行为是否承担侵权责任的依据。理论上一般分为客观认定标准和主观认定标准两大类。在认定某一证券侵权行为是否承担侵权责任时，须遵循的一般分析路径为：先判断该行为是否符合客观认定标准，再判断该行为是否符合主观认定标准。客观认定标准是证券侵权行为的外在表现形式，是认定证券侵权民事赔偿责任的基础。包括违法行为、损害结果和违法行为与损害结果之间的因果关系。主观认定标准是指在满足客观认定标准之后，应依何种主观归责依据使其负责的标准。此种标准体现了法律对证券侵权行为的价值判断。

对于赔偿数额的认定，实践中有多种计算方式，修正的净损差额法可使损失数额的计算结果较为符合客观实际损失结果，可相对合理地保护投资者利益。未来我国证券侵权赔偿数额确定标准的制定，应参酌净损差额法的理念，适当吸收修正的净损差额法中的合理要素。

证券侵权民事赔偿标准的确定，应当基于以下原则。

第一,易于确定性。证券侵权民事赔偿标准应易于确定、具有可操作性。随着我国证券市场的发展壮大,客观上,证券侵权民事赔偿案件越来越多,在数量上呈现快速增长的态势。因法院审理该类案件经验有多有寡、不同区域间法治水平存在差异、现行规范群体系也存在不确定性等因素,证券侵权民事赔偿标准须满足不同层级法院审理该类案件的实践需要,尤其是对审理该类案件经验匮乏的地区法院。易于确定性原则是制定证券侵权民事赔偿标准所有原则中的首要原则,将易于确定的损失计算方法与时点认定规则通过立法形式予以明确,不仅回应了证券市场日益发展所带来的相关案件增多的现实审判需求,也能够增强法律的确定性,为证券市场投资者提供更为充分的保护。

第二,直接性。受证券侵权行为影响的投资者,投资损失是所持证券在有效市场前提下正常价格与受到欺诈后价格之间的差额,此差额构成投资者的直接损失。依附证券价值而发生的佣金与印花税,也在直接损失范围之内。综观 3 种证券侵权行为下直接损失的确定方法,认定直接损失的关键在于将证券欺诈侵权影响股价的因素从其他引起股价波动的因素中分离出来。或者说,证券侵权行为人只对其证券侵权行为致使投资者所发生的直接损失承担赔偿责任。不考虑系统风险以及投资者的合理减损义务,一概将投资者所有的差价损失、佣金、印花税和资金利息损失纳入赔偿范围的思路是不可取的。

第三,补偿性。证券侵权民事责任损害填补功能,因其具有使被侵权人的损害获得实质、完整和迅速的填补之法律效果,能够实现充分保护投资者的证券法立法目的。在制定证券侵权民事赔偿标准的过程中,也应当将补偿性原则置于首要位置,以有效填补投资者的合理损失,同时对证券侵权行为人进行惩罚,从而预防和遏制证券侵权行为发生之目的。补偿性原则还体现在,对证券侵权所致损失数额进行计算时,应根据侵权行为性质差异,在贯彻补偿性原则确定民事赔偿范围时,有必要对赔偿责任作适当限制,不能简单援引侵权法一般赔偿理论来确定侵权人的责任范围;同时排除精神损害赔偿的可能,排除证券交易中的期待利益等间接损失。

第四,适当性。证券侵权民事赔偿标准需要符合我国证券市场的基本运行状况,使侵权人所承担的民事赔偿责任与其侵权行为对投资者造成的损失程度相当。适当性原则具体包含了“侵权人为自身行为负责”和“侵权人不为不可归责于自身的损失负责”两方面的内容。一方面,在证券欺诈侵权中普遍存在的“合理期间”是侵权人为自身行为负责的最好例证。另一方面,投资者有合理避免遭受更大损失的义务,侵权人不为不可归责于自身的损失承担责任。

二、虚假陈述民事赔偿标准的司法适用

虚假陈述制度与信息披露制度可谓是一枚硬币的两面。虚假陈述的直接危害便是信息披露实质性意义的丧失,这种行为不仅会造成投资者的直接损失,更可能触发资本市场的道德风险与逆向选择问题,损害资本市场的有效性。我国关于虚假陈述的规定集中体现在《证券法》第五章“信息披露”与《关于审理证券市场因虚假陈述引发的民事赔偿案件的若干规定》当中,将虚假陈述明确定性为一种民事侵权行为,并对相关责任人课以一定的民事责任与行政责任,甚至是刑事责任。但当前民事责任的规定相对匮乏且亟须完善。

(一)虚假陈述民事赔偿责任认定的立法基础

1. 虚假陈述民事赔偿标准的基础性问题:四大要件

第一,违法行为。我国《证券法》对于虚假陈述的认定采用了“重大性”标准,即《证券法》所规制的虚假陈述是以重要信息为披露对象的陈述,只有在此种虚假陈述中,投资者才能以我国证券法相关规定为请求权基础请求侵权行为人承担民事侵权责任。首先,“重大性”标准为证券发行人的信息披露提供了一项可以参考的宽严尺度,降低发行人信息披露的不确定性,并为其信息披露义务划定红线。其次,这一标准同时也是证券投资者举证与被告抗辩的关键,明确虚假陈述侵权诉讼中的焦点。最后,“重大性”标准也为法院在虚假陈述侵权诉讼中明晰当事人间权利义务提供了一条便捷的途径,即若构成“重大性标准”,则原告即具有请求权基础,在此基础上审查其他侵权行为要件是否成立;若不具有此项请求权基础,则原告的诉讼请求被直接驳回。

第二,因果关系。我国在虚假陈述民事侵权责任的认定上充分借鉴了信赖推定原则,并进行了进一步创新。所谓创新,即我国在审理虚假陈述民事

侵权责任案件中不再区分责任成立的因果关系与责任范围的因果关系，即投资者不必再就损失上的因果关系负有举证责任，法院在司法审判中对责任的成立与损失的范围进行一体把握，将举证责任倒置于被告。虽然原告不必就损失与侵权行为之间存在因果关系承担举证责任，但这并不意味着原告所有的损失都在赔偿范围之内。我国对虚假陈述行为责任范围因果关系的判断体现在《关于审理证券市场因虚假陈述引发的民事赔偿案件的若干规定》第30条中，根据该条款的规定，我国并未明确过失虚假陈述责任的损害因果关系，由于此种侵权行为主观恶性相对较小，不宜采直接结果标准，而应以合理预见标准为宜。

第三，虚假陈述侵权责任的请求权主体。各国证券法律都对因虚假陈述行为遭受损失的投资人规定了提起民事赔偿诉讼权利。我国《证券法》并未对虚假陈述侵权责任诉讼的主体范围予以明确规定，但请求权主体至少应符合以下几个要素：原告必须是证券市场的投资者；原告须为不知道有虚假陈述存在而进行证券投资的投资者；原告必须遭受了实际损失；虚假陈述行为和原告的损失具有因果关系。我国《证券法》明确了多种虚假陈述行为责任主体负有赔偿义务，成为受害投资者的请求权基础，但对于请求权主体范围并未有有效的圈定。

第四，损害结果。所谓损害，是指财产或其他法益所受之不利益，这包括财产上及非财产上之积极损害、履行利益以及信赖利益。具体到虚假陈述的民事责任而言，损害则仅仅限于积极损害，且局限于财产之损失；若投资者因虚假陈述所导致的证券价格下跌等异常现象而遭受精神上的损害，则不能以相关证券法规为依据提起虚假陈述侵权责任赔偿。

2. 提高虚假陈述损失认定方法立法位阶

提高立法位阶，将虚假陈述损失认定方法纳入《证券法》。首先，在《证券法》中规定虚假陈述行为人应当承担的民事赔偿责任范围；其次，对于数额计算中的关键时间点和计算基准（如买入平均价格、卖出平均价格、交易日收盘价）进一步明确和细化；最后，将系统风险在损失认定中如何扣除通过立法条文的形式予以确认。

3. 起诉时证券价格

完善程序性规则，明确虚假陈述行为揭露后投资者怠于行权的法律后果。最高人民法院《关于审理证券市场因虚假陈述引发的民事赔偿案件的若干规定》仅规定了两种证券价格作为请求民事赔偿的依据:一是起诉前售出证券价格;二是起诉前持有至基准日证券价格。建议未来将“起诉时证券价格”作为认定损失数额的依据之一,防止在案件审理过程中,因投资者怠于行权,将证券价格下跌风险转移给虚假陈述行为人,加重其赔偿责任。

4. 虚假陈述行为中实施日的认定

(1)性质相同的若干个虚假陈述行为中实施日的认定。若虚假陈述行为人在一段时间内实施了披露内容相似、披露方式相同或对证券价格影响程度相当的若干虚假陈述行为(如连续数年的半年报、年报),法院在认定虚假陈述实施日时应分别认定,不宜只认定最早实施的日期为虚假陈述实施日。

(2)性质不同的若干个虚假陈述行为中实施日的认定。若虚假陈述行为人在一段时间内实施了披露内容、披露方式不同或对证券价格影响程度不一的若干虚假陈述行为(如既实施了定期报告的虚假陈述,也实施了临时报告的虚假陈述),法院在认定虚假陈述实施日时应分别认定,不宜只倾向于认定定期报告的虚假陈述实施日,而对临时报告的虚假陈述实施日不予认定。

5. 揭露日的认定

(1)我国法院对虚假陈述揭露日的认定,应遵循最大化范围保护投资者原则。具体而言,法院在认定揭露日时,应尽可能以最宽泛的标准认定适格投资者,赋予投资者以起诉权,使其有资格去提起虚假陈述民事赔偿诉讼。当揭露日的认定存在多种可能时,法院应充分发挥自由裁量权,斟酌、衡量对于揭露日的哪一种认定更符合客观事实。当认定某一揭露日后,可能显著减少能够提起民事赔偿诉讼投资者数量,需仔细斟酌该揭露事实是否构成实质性揭露;当认定某一揭露日后,该证券价格并未出现显著下跌,需重新审视该认定的合理性;当认定某一揭露日后,明显更有利于减轻被告诉讼负担,需衡量该种认定是否公平。

(2)对于分批、分次揭露的虚假陈述案件中揭露日的认定,应当结合我国证券市场有效程度(弱式有效、半强式有效)、所处发展阶段以及成熟度等因素综合判断。当前我国证券市场并不能够及时反映所有已公开信息,能否依据较早批次散播的虚假陈述信息认定虚假陈述揭露日应当审慎判断。同时,在个案审理中也应当对证券市场的有效性与个股有效性进行区分。有些证券的社会公众关注度高,历史价格与证券所反映的信息关联度较高,从而导致该证券价格形成机制较之其他证券特殊,对于此类证券,即使是少量的信息也能引起价格的剧烈波动,需要慎重考虑先前散播的初步、少量的虚假信息能否构成对虚假陈述行为的实质性揭露。

(3)对于揭露日个数的认定而言,如果发生可能存在多个揭露日的事实,法院需谨慎判断。揭露日个数的认定至少应当遵循如下步骤:一是对于揭露虚假陈述行为的事实需要定性,看是否构成实质性揭露。如果证券市场上的参与者能够认识到该揭露事实对证券价格可能产生影响,就应当认定构成实质性揭露。二是在构成实质性揭露的前提下,再判断后一个或几个揭露行为是否是前次揭露事实的再次确认。如果是前一次揭露事实的再确认,则不宜再认定新的揭露日;如果揭露的是新的事实,则可以认定新的揭露日。

6. 系统风险问题

(1)对系统风险存在与否的认定。系统风险是证券市场上普遍存在的客观事实,并且可以通过多个证券市场指数或数据得到反映。具体而言,系统风险存在与否,可以通过证券市场综合指数、证券市场流通股总市值、股票所在行业板块指数、股票所在行业板块流通股总市值4类数据的变动情况加以判断。

(2)系统风险致损数额的计算。在认定系统风险是否存在时,可以通过证券市场综合指数、证券市场流通股总市值、股票所在行业板块指数、股票所在行业板块流通股总市值4类数据的变动情况加以判断。因此,在确定系统风险致损数额时,上述因素也应当纳入考虑范围。若综合指数、全部流通股总市值的下降幅度大于板块指数、板块流通股总市值的下降幅度,则最终确定的数据应更靠近板块指数和板块流通股总市值的下降幅度,但该数据须介于大盘数据与板块数据之间,不能等于或低于最小值。

7. 取消前置性程序,制定虚假陈述诉讼制度中"重大性"标准

最高人民法院《关于审理证券市场因虚假陈述引发的民事赔偿案件的若干规定》虚假陈述颁行实施十数年来,虚假陈述前置性程序确实在一定程度上发挥了民事诉讼"过滤器"的功能,防止了"滥诉""缠诉"的大量出现,也为法院审理该类案件定下了极具确定性的裁判规则:以未受到行政处罚或刑事判决为由的抗辩,几乎无一例外地得到了法院的支持。前置性程序在很多案

件中都成为被告方提出抗辩的有力武器,专业中介服务机构能否构成虚假陈述行为,在很大程度上取决于是否受到有关机关的"一纸处罚"。在取消前置性程序后,还必须围绕虚假陈述的"重大性"标准设计诉讼制度。

8. 制定中介机构承担责任与否的判断标准

签字型虚假陈述,是指中介机构未对发行人的信息披露文件勤勉尽责,没有发现发行人的虚假陈述行为,并于信息披露文件上签字。签字且有过错型虚假陈述,是指中介机构不仅在发行人信息披露文件上签字,而且能够被证明其存在过错。我国在制定中介机构承担民事责任判断标准时,应尽量减少签字型虚假陈述的认定,将判断标准的重心放在"签字且存在过错型虚假陈述"的认定上,同时应向"制作标准"靠拢,将是否存在可以强烈地推断出中介机构主观上存在故意或者重大过失的事实作为认定"过错"的标准。

(二)虚假陈述民事赔偿的司法规则

第一条【投资差额损失依据】 投资者可以购买证券的价格与以下几种价格之间的差额作为请求损害赔偿的依据:

(一)起诉前售出证券价格;

(二)起诉前持有至基准日证券价格;

(三)起诉时证券价格。

说明:

以起诉时的证券价格为依据,可以防止投资者在起诉后根据市场行情决定是否卖出证券,进而转嫁证券下跌风险,加重虚假陈述行为人赔偿责任。

第二条【实施日的认定原则】 对于虚假陈述实施日的认定,应遵循分别认定原则。

说明:

当虚假陈述行为人实施了数个披露内容相似、披露方式相同或对证券价格影响程度相当的若干虚假陈述行为时,在司法实践中,法院往往倾向于只认定最早实施的虚假陈述行为日期为虚假陈述实施日,而对其他虚假陈述行为实施日不予认定。

当虚假陈述行为人实施了数个披露内容、披露方式不同或对证券价格影响程度不一的若干虚假陈述行为时,在司法实践中,法院往往倾向于只认定定期报告中存在的虚假陈述行为,而对临时报告中的虚假陈述行为很少认定甚至不予认定。

根据虚假陈述行为人实施的虚假陈述行为个数分别认定虚假陈述实施日,这样做的法律实益在于,虚假陈述行为可能在不同时间点揭露,分别认定虚假陈述实施日,可以对应多个不同的揭露日:(1)可以更加精准地认定,哪些投资者能够提起民事赔偿诉讼,哪些投资者应当被排除出保护的范围;(2)当数个虚假陈述行为分别、分批被揭露时,对于不同时间点揭露的虚假陈述行为,不同类型投资者的损失数额计算可以更加精准。

第三条【揭露日的认定原则】 虚假陈述揭露日的认定应遵循最大化范围保护投资者原则。

说明:

我国现行司法解释对于揭露日的规定过于僵硬,认定揭露日时需满足多个法律限制,如"全国范围""首次"与"公开"都在一定程度上制约了法院自由裁量权的行使,致使在一些案件中对于揭露日的认定过于刻板,缺乏灵活性。笔者认为,对于虚假陈述揭露日的认定应遵循最大化范围保护投资者原则。

理由如下:(1)虚假陈述行为作为一种证券市场的违法行为,查处难度较大。投资者对该类案件提起民事诉讼必须以行政机关的行政处罚为前提,更加大了此类案件进入民事诉讼程序的难度。因此,虚假陈述案件一旦被监管部门查处,应遵循最大化范围保护投资者原则,使尽可能多的投资者进入诉讼程序,享有起诉权,至于其是否享有胜诉权,需留待法院实际审理后再行定夺。(2)在尚未建立惩罚性赔偿制度的情况下,最大化范围保护投资者本身就是对虚假陈述行为人的惩罚。将尽可能多的投资者纳入诉讼程序,再通过审判程序确定其是否能够获得赔偿,保障了本就处于弱势地位的投资者,实现了他们在虚假陈述案件中的机会公平。(3)证券市场是一个信息市场,也是一个信心市场,投资者对于证券市场的信心是证券市场健康、持续发展的保障。证券市场上的参与者依据信息给市场上交易的证券定价。虚假陈述等证券违法行为,改变的是证券市场根本的定价机制,动摇的是证券市场的根基,贯彻最大化范围保护投资者原则,可以有效提振市场信心,维护市场的公平性和成长性。

第四条【揭露日的认定】 分批、分次揭露的虚假陈述案件中揭露日的认定应当结合证券市场发展阶段、成熟度以及有效程度等客观状况。

说明：

虚假陈述揭露日的认定，不仅影响可以提起民事赔偿诉讼的投资者群体范围，同时也对于损失数额计算产生重要影响。证券市场所处发展阶段、成熟度以及有效程度等客观状况直接影响证券价格对被揭露的虚假陈述信息的反映程度。我国证券市场尚未达到半强式有效市场程度，证券市场上各类证券价格仅能反映所有过去历史的证券价格信息，而对所有已公开信息反映不足或者迟滞，若将较早散播虚假信息的日期认定为揭露日，可能面临认定投资者损失数额过少、收窄投资者保护范围的实践困境。对于较早批次散播的虚假陈述信息能否据此认定为揭露日应当审慎判断。

第五条【揭露日个数的认定】　在认定数个揭露日时，若后一个或几个揭露行为构成对前次揭露事实的再次确认，不宜认定为揭露日。

在认定数个揭露日时，若后一个或几个揭露行为所揭露的是新事实，则可以认定新的揭露日。

说明：

大多数虚假陈述民事赔偿案件只认定一个揭露日，赔付金额的计算从一个实施日到一个揭露日，但是有些案件当中亦存在一个实施日对应多个揭露日，或者多个实施日对应多个揭露日的情形，需结合揭露行为本身性质加以认定。

第六条【系统风险的认定】　若证券市场综合指数、证券市场流通股总市值、股票所在行业板块指数以及股票所在行业板块流通股总市值同时上涨或下跌，则系统风险存在。

说明：

证券市场上存在可能影响某一行业或领域的政策、趋势或利好（空），这些因素对整个证券市场的影响可能并不大，但却对某一行业产生巨大影响。例如，国家出台某一领域产业调整政策，行业景气程度受国际环境影响，行业产品价格受自然灾害影响等。在此情形下，如果只根据证券市场综合指数判断是否发生系统风险，有失偏颇；若从行业或板块角度考察，则可能夸大了行业因素对证券价格的影响，将多种数据综合起来观察，可能最为客观。

第七条【系统风险致损数额的计算】　若综合指数、全部流通股总市值的下降幅度大于板块指数、板块流通股总市值的下降幅度，则最终确定的致损数额应当更靠近板块指数和板块流通股总市值的下降幅度。

说明：

认定系统风险存在与否是确定系统风险致损数额的第一步；在确定系统风险确实存在的情形下，如何认定系统风险所致损失数额，是合理分配被告赔偿责任的关键。如果综合指数、全部流通股总市值的下降幅度大于板块指数、板块流通股总市值的下降幅度，则最终确定的致损数额应更靠近板块指数和板块流通股总市值的下降幅度，但该数据须介于大盘数据与板块数据之间，不能等于或低于最小值。将系统风险看成是更贴近上市公司所在板块（行业）波动的风险，而根据证券市场基本定价机制，上市公司所在板块也与上市公司股票价格关联度最高，将系统风险所致损失数额确定基点定位于更靠近板块（行业）整体跌幅的一侧，有利于估算最接近客观损失的致损数额，在实践当中，也便于法院操作。

第八条【重大性标准】 对投资者进行投资判断有重大影响的信息都应当予以充分披露。

说明：

取消前置性程序后，虚假陈述的重大性标准是判断行为人的信息披露是否构成虚假陈述的关键。我国现行证券法律法规中认定事实是否具有重大性，采用的是“二元论”，即“投资者决策标准”和“价格重大影响标准”。笔者认为，应当采用“投资者决策标准”作为认定虚假陈述是否具有重大性的依据。理由如下：(1)价格重大影响标准仅要求信息披露义务人考虑信息对证券价格的影响，缩小了信息披露义务人应当考虑因素的范围；(2)投资者决策标准比价格重大影响标准更为严格；(3)投资者决策标准仅需被侵权人证明该信息足以影响一般理性投资者的投资决策即完成举证，可以有效减轻其举证责任。

三、内幕交易民事赔偿标准的司法适用

内幕人以未公开的重大“优势信息”为获利或避亏工具，在证券市场从事非法证券投机行为，严重违背诚实信用与市场公平原则，损害了投资者“以信息对称为核心的公平交易法益”，不利于证券市场的持续稳定发展。预防

和打击这种违法行为离不开刑事责任、行政责任与民事责任的互相配合。就我国目前状况而言,大多数内幕交易案件只注重行政与刑事的制裁,鲜涉民事责任的承担,呈现"重罚轻赔""重公轻私"的畸态。在与证券侵权救济相关的民事责任中,民事损害赔偿责任与投资者经济损失的填补要义契合度最高、关联性最强。然而,我国关于内幕交易民事赔偿责任的相关法律制度尚付阙如,投资者基于内幕交易侵权行为寻求私权救济的途径不足、范围不清、标准不明,导致了投资者难以有效地主张证券侵权民事赔偿。本部分尝试构建合理、明晰、具有可操作性的内幕交易民事赔偿责任制度,以期在权衡内幕人利益基础上,实现对投资者利益的有力保护。

(一)内幕交易民事赔偿标准的立法基础

1.禁止内幕交易理念纠偏:由"欺诈"到"公平"

各国禁止内幕交易立法的核心理论可归纳为反欺诈理论和有效市场假说两种,二者在禁止内幕交易制度的核心利益方面存在根本分歧。从内幕交易的本质看,其应属于违反证券法中公平原则的不公平交易行为,而非与虚假陈述相似的欺诈行为。在当前立法解释和学理解释上,应倾向"公平"理念。

2.内幕信息的判定标准:重大性和非公开性

内幕信息构成要素包含内容的重大性和未公开性。重大性,通常指内幕信息一旦公开后就可能会充分影响相关证券市场价格或价值。在界定重大性问题上,有抽象、具体、综合 3 种不同的模式。综合模式综合了抽象模式的灵活和具体模式的明确,兼具较广的适应性和较强的可操作性,是最为合理的确立模式。针对现有立法,仍须进一步明确阐释性抽象说明的周延严谨与列举性具体事项的类型代表性。内幕信息非公开,是指信息尚未被市场公众所得知。内幕信息公开的方式,包括形式公开和实质公开。笔者认为实质公开方式更为合理,因为其更为接近信息公开的客观真实,可减少信息形式公开到被市场消化期间内内幕人进行"先行操作"获利或避损的可能。由于发行人的规模和影响、内幕信息的性质和内容、信息传播的范围和速度等方面的巨大差异,信息消化的时间长短不一,难以事先确定一个统一等待期间,只能根据具体案情进行实质性判断。但考虑我国司法能力和证券市场的现状,我们可以在形式公开后确定一个范围区间(如 1 ~ 15 日),以减少司法滥用,实现对内幕信息公开时点的全面准确认定,增进可操作性和实用性。

3. 内幕交易的主体要件:宜采用一般进路规制

内幕交易主体或称为内幕人,是指拥有并知悉重大未公开信息,能够实施内幕交易行为的自然人、法人或其他组织。内幕人的认定有两种进路,即特殊主体进路和一般主体进路,前者认为内幕交易主体应当与发行公司或内幕信息的来源之间存在特定的职务、工作或其他性质的信任关系,即应当具有一定的特殊身份,此种进路也被称为身份联结进路。后者认为内幕主体可以是任何拥有内幕信息之人,无论其与发行公司或内幕信息来源之间是否存在任何关系,此种进路又被称为信息联结进路。

一般主体规制进路不仅简化了内幕人的定义,更能够将所有潜在的内幕交易实施者纳入规制范围,实现立法的周延性和确定性。建议在《证券法》修订稿或有关内幕交易民事赔偿的司法解释中对此问题给予回应,采用一般主体进路,统一用语,不再拘泥于主体身份因素,而是依行为事实来认定。

4. 内幕交易的行为样态及豁免情形

本书中探讨的内幕交易的行为样态与现有《证券法》第 53 条规定一致,包括:自己实施内幕交易行为、泄露内幕信息行为和建议他人实施内幕交易。但关于豁免情形,现有规定只有上市公司收购一种,即"持有或通过协议、其他安排与他人共同持有公司百分之五以上股份的自然人、法人、非法人组织收购上市公司的股份"。笔者认为,还应包括以下 5 种:第一,遵循预定计划进行交易;第二,已建立有效的内幕信息隔离制度;第三,正当的市场行为(包括做市行为、忠实执行客户指令的行为、并购行为);第四,为履行法律义务的行为;第五,政府行为。

5. 损害赔偿范围宜为同期进行反向交易的投资者直接受到的实际财产损害

内幕交易侵权损害赔偿的明示诉权应赋予内幕人的同期反向交易者。这种模式着眼于交易相对人模式未能解决的证券交易对手无法识别和内幕损害具有传递性的问题,将同期反向交易者这些实际处于不公平信息劣势地位的投资者作为实际交易相对人的替代者,使内幕交易损害赔偿原告的界定更具可行性。在具体判定时,应先判定"反向交易",然后明确"同期范围"。

内幕交易行为在给受害者带来物质损失的同时,往往也会造成一定程度的精神损害，但证券市场本身就是一个利益与风险同在的而且利益与风险成正比的市场。证券市场瞬息万变，即使没有内幕交易行为，投资人也时常感到精神上的不安，因而不能将精神损害如数归咎到内幕交易。另外，内幕交易造成的可期待利益损害、间接损害也不应被纳入损害赔偿的范围。上述两种损害主观性强，在实践中很难认定，而且举证困难，一旦适用不当将会给内幕交易责任人带来巨额赔偿责任，使其行为与赔偿责任不相当。在司法实践中，相关损害认定操作难也使法官陷入窘境，还可能面临无法执行的后续问题。所以，建议明确内幕交易民事赔偿责任范围仅限于与内幕人内幕交易行为同期进行反向交易的投资者直接受到的实际财产损害。

6. 内幕交易民事赔偿责任宜采用因果关系推定

内幕交易的实质是通过侵害与其进行反向交易的投资者公平交易权来获得非法利益，而这些对内幕信息不知情的投资者通常是基于对证券市场公平性和诚信性的信赖而进行投资的，如果其知道反向交易者中存在内幕人，必然不会作出导致其受损的交易决策。既然证券市场中任何与内幕人进行反向交易的投资者，在事实上均有可能受到内幕交易的侵害，那么内幕交易与投资者损害之间“若无，则不”的因果关系即可以证成。我国在进行内幕交易民事赔偿责任因果关系的认定时也可采用，摆脱传统证券欺诈理论的理念桎梏，从“交易公平”角度出发保障投资者合法权益。

7. 内幕人内幕交易行为的归责依据以“客观归责”为佳

过错作为内幕交易民事责任的主观要件，当前主要有主观归责说和客观归责说两类。在内幕交易民事赔偿中，行为人主观动机难以被发现，即使能被发现也成本过高且未必准确。当前客观归责说已成为侵权法发展趋势，我们建议以“客观性过错”来判定内幕交易民事责任的归责原则。借助行为主体的客观行为去确认行为主体的主观心理，行为人不能证明其无过错时推定其主观有过错。此外，对内幕交易人采用举证责任倒置的原则，由此将举证责任转移给内幕交易人从而减轻受害人的举证责任，扩大对受害人的法律救济。通过过错推定和举证责任倒置，一方面，将举证责任归于拥有信息优势和专业优势的内幕交易者，平衡双方权利义务关系，减轻投资者举证负担；另一方面，在证券内幕交易中，行为人享有不该享有的利益正是其有过错的客观依据，将非法所得的客观依据作为其主观过错的佐证，以此确定责任主体会更为方便准确,也会减少大量诉讼成本和时间成本。

8. 内幕交易民事赔偿责任的免责事由:"特殊"与"一般"的结合

免责事由要明确化,不能过于宽泛,不能被任意解释、拓展,否则将使免责事由丧失其"要件"的独立性质。内幕交易民事赔偿责任的免责事由,应分为两类,即"特殊抗辩事由"和"一般抗辩事由"。前者是指损害确系被告行为所致,但其行为是正当的、合法的;后者则指损害并不是被告行为造成,而是由一个外在于其行为的原因独立造成的。特别事由分别针对内幕交易民事赔偿责任的客观要件、过错要件予以抗辩,包括内幕人、内幕信息、内幕行为、事实损害、因果关系、被告过错6项事由;一般事由则从原告要素和程序要素出发,包括原告过错和诉讼时效两项事由。侵权责任的免责应当由法律(《证券法》)或相关司法解释作出明确界定。

9. 内幕交易民事赔偿数额确定方法:差额修正法

差额修正法的要义是在内幕交易影响存续期间,计算投资人与内幕人反向的实际交易价格与"合理价格"的价差。用计算出的价差,乘以交易数量,即交易的实际差额损失。

实践中,投资者的实际交易价格容易确定,可通过相关交易记录查实。合理价格的确定虽相对复杂,但技术上可行。一般以内幕信息披露后的合理期间的证券平均价格为合理价格。这种"合理期间"的设定旨在使市场在充分吸收该内幕信息的基础上得出较为合理的交易价格。而利用平均价格的方式则意在降低股价波动的影响,进而获取真实价格。合理期间的始点是内幕信息公开披露之日,对此并无争议,但合理期间终点为何则观点不一。笔者认为,内幕交易所涉证券面广,并不局限于股票,在债券、期货以及金融衍生品中都有发生。不同品种的证券特性不同,其交易规则也有较大区别(如保证金交易与否、T+1还是T+0等),适格投资者的标准也不相同,投资者的交易频率也有所差别,因此投资者对内幕信息的"消化"时间也大有不同,不能生硬规定统一的合理期间,应根据不同证券、不同投资者、不同行情进行"个案判断"。但考虑法律稳定性和操作可行性,建议将合理期间划为"范围区间"(如"内幕信息披露之日起3~10日"),尽量确保时间长度"够长"使市场能充分消化该信息,又确保长度不"过长"以避免其他因素的过多干预。如此规定既可实现有法可依,又能使法院根据个案具体情形进行灵活判断。

10. 内幕交易民事赔偿金额的参照标准:内幕人违法所得

依据我国《证券法》及《民法典》的精神,从保护投资者的利益出发,赔偿金额应以受害人的损失为基准。但在内幕交易发生的同时,必然也有其他投资者与内幕人进行同方向的交易而获利。同期交易者模式也赋予未遭受内幕交易侵害的其他正常反向交易者以诉权,这些被扩大进来的原告的损失并非内幕交易造成,原则上不应由内幕人赔偿,但囿于鉴别困难,才允许其与实际受害者一同求偿,如果损害的计算只是把所有与内幕人从事反向交易的原告损失加总,那么损失将远远超过内幕交易者所获利益,将不当地扩大内幕人的责任范围。基于利益平衡的考量,应对投资者的赔偿总额进行必要的限定。从平衡内幕交易人和投资者利益的角度出发,3 倍于被告违法所得上限的明定既可以震慑内幕交易的发生,又能够防止过度赔偿。

11. 内幕交易民事赔偿的责任分配:连带责任链条

在赔偿义务人上,应当包含内幕交易主体与其他赔偿义务人(先行赔付人与因其他法定义务的违反而承担义务的赔偿义务人)。针对内幕交易主体识别应采取信息公平理论,以"任何知情人"为基础,同时满足内幕信息知情、有实际交易行为和知情人与实际建议行为有牵连关系 3 个要件。对于内幕交易的责任形式,实践中应当以其是否存在连带责任基础进行区分,在涉及公共政策保护投资者的取向时,可以适用法律拟制的连带责任。对于不同赔偿义务人之间的责任关系,应当在一般侵权法理论框架内进行讨论,将知情人多数、实际交易人多数的情况融入一般形态下,再将其连带责任链条进行组合延伸。

(二)内幕交易民事赔偿标准的司法适用

【禁止内幕交易】 禁止证券交易内幕人利用内幕信息从事证券交易行为。

说明:

该条为禁止内幕交易的宣言性规定。该条明确规定证券市场禁止内幕交易,为后续法条提供概念基础和法理源泉。

【内幕信息认定】 本规定所指内幕信息,是指证券交易活动中,涉及发行人的经营、财务或者对该发行人证券的市场价格或对投资人进行投资判断有重大影响的尚未公开的信息。

符合下列情形之一的，为证券交易内幕信息：

（一）《证券法》第80条第2款所列重大事件（对上市公司、股票在国务院批准的其他证券交易场所公开交易公司的股票交易价格产生较大影响的重大事件）；

（二）《证券法》第81条第2款所列重大事件（对公开交易债券的交易价格或者发行人的偿债能力产生较大影响的重大事件）；

（三）国务院证券监督管理机构认定的对证券交易价格或对正当投资人进行投资判断有重大影响的其他重要信息。

说明：

该条规定是对内幕信息的认定。本条采取“抽象概括+具体列举”的方式对内幕信息内涵进行厘定；除原条文所含的股票型内幕信息外，还增加了债券类内幕信息的判断标准，更契合证券市场的特征；此外，在原有的“价格重大影响标准”基础上增加了“投资者决策标准”，将有效包含未能明显引致市场价格变化的重大信息，范围更为周延。

【内幕交易的认定】 证券交易内幕人在内幕信息公开前，不得买卖相关证券，或者泄露该信息，或者建议他人买卖相关证券。

买卖相关证券的行为包括：

（一）以本人名义，直接或委托他人买卖证券；

（二）以他人的名义或者借用他人名义买卖证券；

（三）为他人买卖证券。

泄露内幕信息的行为，包括故意或重大过失向他人泄露内幕信息。

建议他人买卖相关证券的行为，包括以明示或者暗示的方式建议他人买卖相关证券。

说明：

该条规定了内幕交易行为的认定。内幕交易行为类型仍分为3种样态。本条在《证券法》基础上进一步明确3种样态的限定。此外，将原来“不得买卖该公司证券”修改为“不得买卖相关证券”，也考虑了证券市场证券范围的包容性。

【证券内幕交易的豁免情形】 上市公司及上市公司的控股股东、相关股东或者其他市场参与人，依据法律法规的规定进行下列行为的，不构成内幕交易：

（一）上市公司回购股份；

（二）上市公司控股股东及相关股东为履行法定义务而交易上市公司股份的；

（三）符合法律、行政法规规定的其他合法行为。

【证券内幕交易的豁免情形】 有下列情形之一的，行为人的证券交易活动不构成内幕交易：

（一）证券买卖行为与内幕信息无关；

（二）有证据表明内幕信息已公开；

（三）为收购公司股份而依法进行的交易行为；

（四）不知道或不应知道所获悉或所泄露的信息为内幕信息；

（五）符合法律、行政法规规定的其他交易行为。

说明：

第5条、第6条规定内幕交易豁免情形。内幕交易的豁免情形，我国《证券法》第53条第2款只规定了上市公司收购一种，即"持有或通过协议、其他安排与他人共同持有公司百分之五以上股份的自然人、法人、非法人组织收购上市公司的股份"。上述既有规定不仅种类较少，且内容极为简单，不易于实践操作。本条在结合证监会《证券市场内幕交易行为认定指引（试行）》和最高人民法院、最高人民检察院《关于办理内幕交易、泄露内幕信息刑事案件具体应用法律若干问题的解释》规定基础上，进一步明确了豁免情形，以期准确厘定禁止内幕交易法律制度的适用边界。

【内幕交易民事赔偿因果关系的认定】 投资者投资的是与内幕交易有直接关联的证券，且具有以下情形之一的，人民法院应当认定内幕交易与损害结果之间存在因果关系：

（一）投资者在内幕交易实施日及以后，至内幕信息公开日之前买入该证券；

（二）投资者在内幕交易实施日及以后，至内幕信息公开日之前，因卖出该证券发生亏损，或因持续持有该证券而产生亏损。

内幕交易实施日，是指发生第一笔内幕交易之日。

内幕信息公开日，是指内幕信息在中国证监会指定的报刊、网站等媒体披露，或者被一般投资者能够接触到的全国性报刊、网站等媒体揭露，或被一般投资者广泛知悉和理解。

说明：

该条为内幕交易民事赔偿因果关系的认定。“同期反向”理念渗透法条之中，尤其是同期起止时间规定为内幕交易开始至内幕信息公开之日，在此之前内幕交易尚未发生，投资者决策不会受到影响；在此之后，内幕人已不具有信息优势，无法对投资者造成不公平损害。这种解释进路严松适中，充分地权衡了内幕人和受害人双方的利益。且对信息公开日的规定，既兼顾了形式公开，又考虑到实质公开，将投资者知悉和理解纳入内幕信息公开日的认定范畴之中。综言之，这种因果关系推定的方式也可摆脱传统证券欺诈理论的理念桎梏，从“交易公平”角度出发保障投资者合法权益。

【内幕交易民事赔偿因果关系的排除】 被告证明原告具有以下情形的，人民法院应当认定内幕交易行为与损害结果之间不存在因果关系：

（一）原告明知内幕交易存在而进行的证券交易行为；

（二）原告损失由证券市场其他因素所导致；

（三）原告在内幕交易实施日之前已卖出证券；

（四）原告在内幕交易结束日及以后进行的证券交易行为。

说明：

该条为内幕交易民事赔偿因果关系的排除。该条内容结合证监会《证券市场内幕交易行为认定指引（试行）》拟定，旨在对因果关系推定予以进一步明确，是对前述规定的补充说明。

【内幕交易民事赔偿的归责原则】 内幕人员对其内幕交易给投资者造成的损失承担民事赔偿责任。

内幕人员有证据证明其无过错的，应予免责。

说明：

该条是内幕交易民事赔偿归责原则的规定。此条以客观性过错来判定内幕交易民事责任的归责原则。借助行为主体客观行为去确认行为主体的主观心理，行为人不能证明其无过错时推定其主观有过错。

【内幕交易民事赔偿的损失认定】 内幕人员在证券交易市场从事内幕

交易,导致投资者损失的,投资者有权依照法律、法规和本规定的规定要求赔偿。赔偿范围以投资者因内幕交易而实际发生的损失为限,且不得高于内幕交易违法所得的三倍。

投资者实际损失包括:

(一)交易差额损失;

(二)交易差额损失部分的佣金和印花税;

(三)本条第二款第(一)、(二)项所涉资金利息,买入至卖出证券日或者基准日,按银行同期活期存款利率计算。

交易差额损失以投资者就其证券买入或者卖出价格与内幕信息公开后合理期限内的平均价格之间差价为准。合理期限为三日至十日,具体由法院依个案情形判断。

说明:

该条为民事赔偿损失的认定。法条进一步明确投资者实际损失范围,且明确交易差额损失的计算方式;在损失认定时充分考虑内幕人与受害人利益,即从受害人角度出发考虑除交易差额损失外,仍有佣金、印花税、资金利息等其他损失,又考虑到内幕人的过错和承担能力,规定了赔偿范围的上限。

此外,在合理期限的处理上较为灵活,充分考虑不同品种的证券,其特性不同,交易规则区别也较大,对适格投资者的标准也不相同,投资者的交易频率也有所差别,因此投资者对内幕信息的"消化"时间也大不同,不能生硬规定统一的合理期间,应根据不同证券、不同投资者、不同行情进行"个案判断"。但考虑法律稳定性和操作可行性,建议将合理期间划为"范围区间"。如此规定既可实现有法可依,又能使法院根据具体案情进行个案的灵活判断。

【内幕交易民事赔偿的责任分配】 内幕交易主体为单一主体的,由其承担赔偿责任。内幕信息知情人将内幕信息以明示或暗示方式传递至实际交易人,由实际交易人完成交易的,由内幕信息知情人与实际交易人承担连带责任。

内幕信息知情人传递内幕信息,信息经过数次传递后实施内幕交易行为的,内幕信息传递链条上的有意思联络的内幕信息知情人应当与实际交易人承担连带责任。

说明：

该条是内幕交易民事赔偿的责任分配规定。由于内幕交易形态的日渐复杂，主体之间的关系也日益复杂，梳理内幕交易主体之间的责任关系应当回归于内幕交易主体的构成要件，即知情人要件、实际交易要件与知情人和实际交易的牵连关系。知情人与实际交易人分离时，其相互间应负连带责任已被各国立法所采纳，也符合我国侵权法理论与法律规范。知情人传递内幕信息从而导致多个知情人存在时，各主体间的责任分配应当有连带责任的基础，即主观的意思联络性。故而应当将实际交易人直接损害后果由该信息传递链条上的所有有意思联络的知情人承担连带责任。

四、操纵市场民事赔偿标准的司法适用

本部分以操纵市场民事责任的认定标准与赔偿数额计算为重点展开论述。虽然操纵市场民事责任为证券侵权民事责任的一种，但由于操纵市场行为具有高度复杂性，相较虚假陈述与内幕交易，操纵市场民事责任的条文表述与实践运行在世界范围内都存在相当大的障碍。其中，操纵市场民事责任中因果关系的认定与赔偿数额的计算规则制定尤为困难，也是致使我国证券法中操纵市场民事责任实施不畅的症结所在。本部分在系统考境外市场操纵市场民事赔偿理论与实践的基础上，重点分析操纵市场民事责任因果关系认定与赔偿数额确定两大难点，在法律制度构造理念与司法解释条款设计两方面总结如下。

（一）操纵市场民事赔偿标准的立法基础

1. 宜采用因果关系推定以减轻原告举证负担

如何认定行为人侵权行为与投资者遭受损害之间的因果关系，是世界范围内操纵市场行为民事赔偿普遍存在的难题。尤其是采用传统侵权法“必然因果关系”“相当因果关系”等理论的大陆法系国家，操纵市场民事求偿基本上都难以满足因果关系的严苛证明要求。在美国，通过 SEC 10b－5 规则提起的证券欺诈诉讼则是以市场欺诈理论为支撑，在司法实践中确立起信赖推定的原则，凭借可被反驳的信赖推定在很大程度上解决了事实因果关系证明问题。可见，只有切实减轻原告投资者的举证负担，才能使操纵市场民事责任从纸面走向实践。笔者认为，基于证券市场交易的特殊性，出于实现社会

公平与诉讼公平的考虑,在操纵市场民事责任中可以推定满足一定条件时因果关系成立,适用因果关系举证责任倒置的方法,由被告负担证明因果关系不能成立的责任。与此同时,应当保证因果关系推定规则的灵活性,预留充足的自由裁量空间,避免为追求单一固定标准而造成规则僵化。

2. 因果关系认定与赔偿数额确定规则设计应充分考量利益平衡

证券欺诈中因果关系证明与民事损害赔偿数额计算是证券民事责任的核心,对于两者的设计并非彼此孤立,应当统筹安排。采用因果关系推定的方式实际上是对处于弱势地位的投资者的倾斜保护,但同时不可避免地存在放大操纵行为人责任的可能,可能致使赔偿范围过于宽泛。损害赔偿数额计算规则创制,并非只是数学层面的加减搭配,其深层次乃是为利益平衡而进行的倾斜保护或妥协让步。因此,在赔偿数额的计算方式的选取上,就应该采取更严格的损害赔偿计算标准。唯有如此,方能最大限度保护投资者,又避免将本应由投资者负担的风险通过民事诉讼转移给操纵市场行为人,防止"风险自担"的证券市场规则被架空,导致主张赔偿的救济机制被滥用。具体而言,赔偿数额确定规则中有 3 个关键点。

其一,赔偿数额的计算应当采用净损差额赔偿法,宜采用前取法拟制真实价格。

其二,当投资者进行多次证券交易且有获利时,交易差额的计算应当实行损益相抵。

其三,应当设置合理赔偿数额上限,防止失当的威慑造成对社会经济发展的负面影响,且操纵行为人承担民事赔偿的责任的范围应以投资者实际发生的损失为限,且不应超过操纵行为人违法所得数额的 3 倍。

3. 应实现对操纵市场民事、行政与刑事责任的合理配置

一方面,民事责任的补偿性特点最为突出,对于操纵市场行为的受损投资者赔偿,应当坚持民事赔偿责任的填补损害原则,不宜过分倚重惩罚性赔偿;另一方面,尽管操纵市场民事责任因这种补偿功能具有无可替代的价值,但也需要认识到其所存在的局限性,操纵市场民事责任补偿功能不应被过高期待。在理论上,操纵市场行为涉及数量众多的投资者,而赔偿数额又需要设置上限,因此对单个受损投资者的补偿很可能非常有限。在这种情况下,追究操纵市场民事责任对于操纵行为人的惩罚与威慑功效,还要大过对于补

偿受损投资者的实际意义。实际上,尽管各国对操纵市场行为普遍作出禁止性规定,但对操纵市场行为明确设定民事责任的立法例却不多见,更多的是出于惩处与制止操纵市场行为的考虑,着重强调刑事责任与行政责任的法律责任配置。尤其是欧盟,更是将操纵市场从传统证券欺诈的分析范式中独立出来,将其归为市场滥用行为,着眼于保护市场整体利益,并采用以行政处罚为主的责任配置方式。在我国严重依赖证券违法行政责任的传统下,若需强化操纵市场民事责任落实,尤其需要注重解决民事责任与行政责任之间的协调问题,如行政处罚中违法所得的没收罚款与民事赔偿的冲突,违法所得计算与赔偿数额计算的衔接。

4. 操纵市场民事责任落实宜循序渐进

美国被视为证券欺诈民事赔偿实践最为发达的国家之一,其有较为丰富的证券集团诉讼实践,法律文本中对操纵市场民事赔偿请求权也有着明确的规定,但实际上其操纵市场民事赔偿并不如想象中便利,其民事诉讼程序对于投资者就操纵市场求偿形成了不少障碍。实践中,能成功进入证券集体诉讼认定阶段的证券违法案件类型主要是虚假陈述与内幕交易,纯粹的操纵市场类型其实并不多见。证券侵权民事责任制度的完善宜循序渐进,制定虚假陈述、内幕交易、操纵市场三合一式的司法解释并不现实,操纵市场民事责任可在现有虚假陈述司法解释进一步完善之后,在充分汲取实践经验的基础上平稳推进。

(二)操纵市场民事赔偿标准的司法适用

1. 因果关系认定部分

【操纵市场损害赔偿因果关系的认定】 投资者所投资的是与操纵行为有直接关联的证券且具有以下情形之一的,人民法院可以认定操纵行为与损害结果之间存在因果关系:

(一)投资者在操纵行为实施日至操纵行为影响消除日期间买入证券,而在实施日至行为影响消除期间及以后,因卖出该证券产生亏损,或者因继续持有该证券产生亏损;

(二)投资者在操纵行为实施日起至操纵行为影响消除日期间,因卖出该证券而产生亏损。

【操纵市场损害赔偿因果关系的排除】 被告举证证明原告具有以下情

形之一的，人民法院可以认定操纵行为与损害结果之间不存在因果关系：

（一）明知操纵行为正在进行或市场扭曲影响持续而进行的证券交易；

（二）损失或者部分损失是由证券市场其他因素所导致。

【操纵行为实施日】 操纵行为实施日，是指操纵行为开始之日。

【操纵市场行为影响消除日】 操纵行为影响消除日，是指在操纵行为人结束操纵行为，或者操纵行为因被揭露或查处而终止之后，操纵市场行为对证券价格影响直至基本消除的日期。操纵行为实施日至影响消除日为操纵行为影响持续期间。

该影响持续期间应当结合下列情形加以确定：

（一）操纵市场行为类型与操纵手法；

（二）操纵市场行为的持续时间；

（三）操纵市场行为对证券价格造成的波动幅度；

（四）操纵市场行为被揭露后的证券累计成交量。

说明：

操纵市场行为类型众多，是证券欺诈行为中最为复杂的一类：在操纵市场行为开始之日至结束之日的期间内，可能存在多个不同牵引方向的操纵行为。虚假陈述的因果关系认定，之所以能够采用固定单一式推定，是因为其能够较为清晰地确定虚假陈述的揭露日，能够有效解构"灌水—挤出"这一过程，进而划分出不同区间。对于单一型信息型操纵市场而言，操纵市场的致损逻辑与虚假陈述较为相似，虚假陈述的因果关系认定规则在一定程度上可以为操纵市场因果关系认定规则的制定提供参照，如通过揭露日划分出因果关系推定的范围：投资者在虚假陈述行为实施日及以后，至揭露日之前买入证券，而在揭露日之后，因卖出证券发生亏损，或者因继续持有该证券产生亏损。但对于交易型或复合型操纵市场而言，操纵市场行为可能构成复杂、组成行为交替往复，甚至可能不存在明确揭露日，解构分段的实效不足。因此，对于比单一型信息型操纵市场更为复杂的复合型、交易型操纵而言，应当采取更加契合操纵市场行为特性的整体期间型认定思路，将操纵市场行为实施之日至结束之日作为基础，适度向拟制出的影响消除之日扩张。

所谓影响消除之日，是影响持续期间的截止日期。之所以要拟制影响消除之日，是因为操纵市场作为一种对证券市场供需关系的人为扭曲，当操纵市场行为结束之时,其对市场的影响并不会立即消失,仍会持续一段时间,实际上是操纵行为期间市场扭曲的延续。在操纵市场行为结束后一段时间内进行买卖的投资者同样受到了操纵市场行为导致的负面影响。投资者因在被操纵的证券价格上从事了相关的证券交易(包含买入与卖出)而受损,损失发生于操纵市场的行为实施日至结束日区间及影响持续期间之内。所以,操纵行为期间后可以设置一个操纵市场行为影响持续期间。

2. 赔偿数额确定部分

【投资者实际损失范围】 投资者的实际损失包括交易差额损失与交易差额损失部分的佣金与印花税。前涉资金利息,自买入日至卖出证券日或者影响消除日,按银行同期活期存款利率计算。

【多次交易差额的计算】 当投资者进行多次证券交易且有获利,交易差额的计算应当实行损益相抵。

【赔偿数额的确定基础】 存在实际损失的投资者可请求的赔偿数额以投资者证券买入或卖出的价格与拟制真实价格的差额为确定基础。

【拟制真实价格的确定】 拟制真实价格可通过计算操纵行为结束日至影响消除日期间的收盘平均价格确定,或操纵行为实施日前十日或其他合理期间的收盘平均价格确定。

说明:

操纵市场行为危害性的特点,在于其对证券市场价格机制的扭曲,操纵市场赔偿数额的计算应采用净损差额法。投资者受到操纵市场的损害由两部分组成,即投资人以遭到扭曲的不实价格买入股票受到的损害与卖出股票时受到的损害。前者抬升了投资者的证券买进价格,后者压低了投资者的证券卖出价格。在具体计算时,即是以证券买进或卖出价格与拟制的真实价格之间的差额为据。当投资者存在多笔证券交易时,应当实行损益相抵。

采用净损差额法的关键在于对真实价格的选取。所谓真实价格,实际上是人为拟制出的价格,只有首先确定真实价格,并将其作为参照标准,才能判断每笔交易受操纵市场行为的影响究竟如何。操纵市场损害赔偿计算中真实价格的确定,与其说是找寻反映证券内在价值的价格,不如说是意图剔除操纵市场行为影响,将证券价格置于若无操纵市场行为情形时证券的价格。前取法与后取法推导剔除操纵市场影响环境的逻辑不同,并且由于操纵市场区间期间市场因素波动的影响，两者可能存在差异。对于操纵市场而言，在很多情况下可能难以确定揭露日，因而往往采用前取法更加简便。

【操纵行为人民事赔偿责任范围】 操纵行为人承担民事赔偿的责任的范围，以投资者实际损失为限，且不应超过操纵行为人违法所得数额的3倍。

【不得冲抵赔偿金额的情形】 投资者持股期间基于股东身份取得的收益，包括红利、红股、公积金转增所得的股份以及投资人持股期间出资购买的配股、增发股和转配股，不得冲抵赔偿金额。

说明：

前述计算方法的思路是，操纵行为对投资者造成损失的原因是操纵行为扭曲了证券价格。此计算方法意在度量操纵行为对证券本应处于的真实价格水平所造成的扭曲，但如果单以此计算，可能出现赔偿数额高于实际损失的问题，所以还应当以投资者实际损失数额作为上限。并且，基于对因果关系认定与赔偿数额确定规则构建应体现利益平衡的考虑，操纵行为人承担民事赔偿的责任的范围还应当设置以违法所得作为参照的上限，设置3倍违法所得较为合适。

五、先行赔付制度与赔偿责任分配

本部分以先行赔付制度与赔偿责任分配为中心展开论述。实践中先行赔付成功案例的不断增加为证券侵权民事赔偿案件的顺利解决提供了一条可行路径。替代性赔偿方案中的赔偿标准的选择，也能为建立证券侵权民事赔偿标准提供经验积累。笔者认为，以先行赔付的成功实践为基础，构建先行赔付的制度化和常态化机制，更好地保护证券投资者。核心结论及司法解释建议如下。

（一）先行赔付制度的立法基础

1. 立法明确先行赔付制度

为使先行赔付制度这一有益探索成为证券投资者损失赔偿的常态化机制，需要通过立法与制度设计将其确定下来。应充分汲取我国已有案例实践经验，借鉴域外成熟资本市场证券投资者保护基金的立法及运行，在《证券法》和《证券投资者保护基金管理办法》中明确规定先行赔付制度。首先，应明确先行赔付的法律定义，可以将其界定为在证券市场中发生证券欺诈案件时,在对发行人、上市公司等市场主体据以承担赔偿责任的行政处罚、司法裁判作出之前,由证券欺诈民事赔偿责任的可能的连带责任人之一先行垫资向投资者承担赔偿责任,然后再由先行赔付者向未参与先行赔付的发行人、上市公司以及其他连带责任人追偿的一种措施。其次,在具体的制度设计上,笔者设想采用证券民事责任主体先行赔付和投资者保护基金先行赔付相结合的模式,将投资者保护基金作为专项补偿基金的有益补充,形成违法行为主体自愿全额赔付与投资者保护基金法定最低赔付相衔接,自律与法定相结合的二元制先行赔付制度模式。

2. 完善先行赔付赔偿标准

先行赔付制度的赔偿标准可以为证券侵权民事赔偿标准提供经验积累。基于先行赔付制度的设计构想,笔者将其赔偿标准一分为二进行区分。

其一,对于违法责任主体主动出资设立专项补偿基金先行赔付投资者的情况,民事和解的赔偿金额应不低于民事诉讼赔偿标准,即投资者先行补偿机制在补偿数额方面应该具体遵循"充分补偿"的原则,对于同时符合多种不同情形的投资者应分别计算并按有利于投资者的原则确定最终补偿金额。

其二,在投资者保护基金先行赔付情形下,投资者保护基金应摒弃全额收购或者全额补偿的观念,应当考虑制定先行赔付的赔付限额或赔付比例的标准,既有利于投资者保护基金效用的最大化,也可以防止滋生道德风险,具体的标准应结合我国证券市场发展水平、个人投资者平均投资额、投资者保护基金的负担能力等因素,经过具体论证后加以确定。

(二)先行赔付的司法适用

【先行赔付】 对于投资者因虚假陈述等严重证券违法行为而遭受的损失,由违法主体基于与投资者达成的和解协议先行赔付投资者,并相应取得向其他连带责任主体追偿的权利。

【先行赔付的承担主体】 保荐机构、发行人等证券违法行为连带责任的主体是先行赔付的承担主体。

【先行赔付的赔偿范围】 先行赔付的范围应以投资者的实际损失为限。

说明:

先行赔付的具体损失范围根据个案确定,但应以投资者的实际损失为限,一般为投资差额的损失以及损失部分的佣金、印花税和利息。

【先行赔付赔偿数额的计算】　采取交易价差额计算法，对适格投资者充分补偿。具体应为买入证券平均价格与实际卖出证券平均价格之差，乘以投资者所持证券数量，及损失部分的佣金、印花税和利息。

说明：

先行赔付应本着“充分补偿”的原则确定赔偿数额，遵循有利于投资者的原则。在无法明确、存在模糊的问题上都应是朝着对投资者有利的方向解释，即投资者先行补偿机制在补偿数额方面应该具体遵循“充分补偿”的原则，采取交易价差额计算法，对于同时符合多种不同情形的投资者应分别计算并按有利于投资者的原则确定最终补偿金额。

【先行赔付基金的管理主体】　中国证券投资者保护基金公司作为先行赔付专项补偿基金的管理人。

说明：

由中国证券投资者保护基金公司作为受托管理专项补偿基金的管理人，保护基金公司拥有多年风险处置的经验，并且拥有专业优势，能够秉持公益性、中立性的原则，独立开展专项补偿基金日常管理及运作，并聘请由法律、会计专家等组成的顾问团，对补偿方案及补偿工作中涉及的重要问题，进行充分研究论证。

【先行赔付和解协议与诉讼之间的协调】　投资者与责任主体达成先行赔付和解协议后，投资者不得再以同一诉讼标的向人民法院起诉主张先行赔付责任主体或其他连带责任主体赔偿其损失。

说明：

由于先行赔付中的和解协议是基于双方合意达成，不是具有法律强制力的文书，因此必须明文规定和解协议与诉讼之间的协调处置。同时避免投资者为谋取更多利益，在接受先行赔付赔偿后又对赔偿责任人提起诉讼。

【先行赔付后的责任分配】　先行赔付责任主体完成赔付后，可以以与投资者达成的和解协议为证据进行民事诉讼，要求追偿其他责任主体应当承担的责任比例。

说明：

先行赔付责任主体在承担连带赔偿责任后，可以根据证监会的行政处罚决定书，对其承担责任之外的赔偿款，向其他责任主体追偿。

参 考 文 献

一、中文专著

1. 白绿铉编译:《日本新民事诉讼法》,中国法制出版社 2000 年版。

2. 蔡奕:《证券市场监管执法的前沿问题研究——来自一线监管者的思考》,厦门大学出版社 2015 年版。

3. 曹理:《证券内幕交易构成要件比较研究》,法律出版社 2016 年版。

4. 陈甦主编:《证券法专题研究》,高等教育出版社 2006 年版。

5. 程啸:《侵权责任法》,法律出版社 2011 年版。

6. 程啸:《证券市场虚假陈述侵权损害赔偿责任》,人民法院出版社 2004 年版。

7. 冯果等:《债券市场风险防范的法治逻辑》,法律出版社 2016 年版。

8. 冯果主编:《证券法》,武汉大学出版社 2014 年版。

9. 冯玉军:《法经济学范式》,清华大学出版社 2009 年版。

10. 郭锋主编:《虚假陈述证券侵权赔偿》,法律出版社 2003 年版。

11. 郭文英、徐明主编:《投服研究》(第 4 辑),法律出版社 2018 年版。

12. 胡光志:《内幕交易及其法律控制研究》,法律出版社 2002 年版。

13. 黄立:《民法债编总论》,中国政法大学出版社 2002 年版。

14. 赖英照:《股市游戏规则——最新证券交易法解析》,中国政法大学出版社 2006 年版。

15. 赖英照:《股市游戏规则——最新证券法解析》(第 2 版),台北,元照出版公司 2009 年版。

16. 赖英照:《证券交易法逐条释义》(第 4 册),台北,三民书局 1991 年版。

17. 李开远:《证券管理法规》,台北,一手文化有限责任公司 1997 年版。

18. 刘道远:《证券侵权法律制度研究》,知识产权出版社 2008 年版。

19. 刘连煜:《新证券交易法实例研习》,台北,元照出版公司 2012 年版。

20. 刘士国:《现代侵权损害赔偿责任研究》,法律出版社 1998 年版。

21. 刘宪权、谢杰:《证券期货犯罪刑法理论与实务》,上海人民出版社 2012 年版。

22. 刘新民:《中国证券法精要——原理与案例》,北京大学出版社 2013 年版。

23. 马其家:《证券民事责任法律制度比较研究》,中国法制出版社 2010 年版。

24. 齐斌:《证券市场信息披露法律监管》,法律出版社 2000 年版。

25. 邱聪智:《民法研究》,中国人民大学出版社 2002 年版。

26. 盛学军主编:《欧盟证券法研究》,法律出版社 2005 年版。

27. 史尚宽:《债法总论》,中国政法大学出版社 2000 年版。

28. 苏力:《法治及其本土资源》,北京大学出版社 2015 年版。

29. 王利明主编:《民法》(第 5 版),中国人民大学出版社 2010 年版。

30. 王利明:《侵权行为法归责原则研究》,中国政法大学出版社 2003 年版。

31. 王利明:《侵权责任法研究》(上卷),中国人民大学出版社 2010 年版。

32. 王林清:《证券法理论与司法适用——新证券法实施以来热点问题研究》,法律出版社 2008 年版。

33. 王泽鉴:《民法学说与判例研究》,北京大学出版社 2016 年版。

34. 王泽鉴:《侵权行为》,北京大学出版社 2009 年版。

35. 王泽鉴:《侵权行为法 · 基本理论》,中国政法大学出版社 2001 年版。

36. 吴弘主编:《中国证券市场发展的法律调控》,法律出版社 2001 年版。

37. 吴弘:《证券欺诈的民事责任制度研究》,法律出版社 2001 年版。

38. 杨峰:《证券民事责任制度比较研究》,法律出版社 2006 年版。

39. 杨亮:《内幕交易论》,北京大学出版社 2001 年版。

40. 杨润时:《最高人民法院民事调解工作司法解释的理解与适用》,人民法院出版社2004年版。

41. 杨志华:《证券法律制度研究》,中国政法大学出版社1995年版。

42. 杨紫烜主编:《经济法》(第5版),北京大学出版社2014年版。

43. 叶林:《证券法》,中国人民法大学出版社2006年版。

44. 叶明:《经济法实质化研究》,法律出版社2005年版。

45. 于莹:《证券法中的民事责任》,中国法制出版社2004年版。

46. 张明远:《证券投资损害诉讼救济论》,法律出版社2002年版。

47. 张新宝:《侵权责任构成要件研究》,法律出版社2007年版。

48. 赵万一主编:《证券交易中的民事责任制度研究》,法律出版社2008年版。

49. 朱锦清:《证券法学》(第3版),北京大学出版社2011年版。

二、中文译著

1. 卞耀武主编:《日本证券法律》,徐庆译,法律出版社1999年版。

2. [美]路易斯・罗恩等:《美国证券监管法基础》,张路等译,法律出版社2008年版。

3. [德]克雷斯蒂安・冯・巴尔:《欧洲比较侵权行为法(下)》,焦美华译,法律出版社2004年版。

4. [日]森田章:《公开公司法论》,黄晓林编译,中国政法大学出版社2012年版。

5. [英]理查德・亚历山大:《内幕交易与洗钱——欧盟的法律与实践》,范明志等译,法律出版社2011年版。

6. [德]托马斯・M・J. 默勒斯:《欧洲资本市场法的新发展——从德国的视角》,申柳华等译,中国政法大学出版社2016年版。

7. [德]埃尔温・多伊奇、汉斯、于尔根・阿伦斯:《德国侵权法》(第5版),叶名怡、温大军译,中国人民大学出版社2016年版。

三、中文论文

1. 蔡奕:《各国内幕交易管制与我国证券法的完善》,载《证券市场导报》2003年第10期。

2. 蔡奕:《论证券内幕交易的界定》,载《当代法学》1999 年第 6 期。

3. 蔡奕:《我国证券市场内幕交易的法学实证分析——来自引起内幕交易成案的统计分析》,载《证券市场导报》2011 年第 7 期。

4. 曾洋:《内幕交易侵权责任的因果关系》,载《法学研究》2014 年第 6 期。

5. 曾洋:《证券内幕交易的"利用要件"》,载《环球法律评论》2013 年第 6 期。

6. 曾洋:《证券内幕交易主体识别的理论基础及逻辑展开》,载《中国法学》2014 年第 2 期。

7. 陈海鹰、朱卫明、叶建平:《泄露内幕信息罪、内幕交易罪的若干问题探析——由"杭萧钢构案"展开》,载《法治研究》2008 年第 3 期。

8. 陈洁:《证券市场先期赔付制度的引入及适用》,载《法律适用》2015 年第 8 期。

9. 陈奇斌:《尤金 · 法马与有效市场理论》,载《福建论坛》2014 年第 1 期。

10. 陈舜:《操纵市场违法所得的计算方法》,载《中外法学》2005 年第 6 期。

11. 陈自强:《民法上和解之效力》,载《政大法学评论》1999 年第 61 期。

12. 程啸:《论共同危险行为的构成要件——以〈侵权责任法〉第 10 条为中心》,载《法律科学》2010 年第 2 期。

13. 戴铭昇:《证券市场操纵行为损害赔偿责任之因果关系与举证责任——"最高法院"2010 年年度台上字第二二四四号民事判决之评析》,载《月旦法学杂志》2011 年总第 193 期。

14. 董新义:《韩国资本市场法上内幕交易规制研究》,载《河北法学》2012 年第 2 期。

15. 段丙华:《先行赔付证券投资者的法律逻辑及其制度实现》,载《证券市场导报》2017 年第 8 期。

16. 樊纪伟:《日本金融商品交易欺诈民事责任制度及其借鉴》,载《经济法论丛》2013 年第 2 期。

17. 樊健:《我国证券市场虚假陈述交易上因果关系的新问题》,载《中外法学》2016 年第 6 期。

18. 冯果、李安安:《内幕交易的民事责任及其实现机制——写在资本市场建立 20 周年之际》,载《当代法学》2011 年第 6 期。

19. 冯果:《内幕交易与私权救济》,载《法学研究》2000 年第 2 期。

20. 冯果:《诱空型证券虚假陈述损害赔偿民事责任之认定——评张翰冰诉山东京博控股股份有限公司证券虚假陈述责任纠纷案》,载《法律适用》2016 年第 13 期。

21. 傅穹、曹理:《禁止内幕交易立法理念转换及其体系效应——从反欺诈到市场诚信》,载《法律科学》2013 年第 6 期。

22. 傅穹、曹理:《内幕交易规制的立法体系进路——域外比较与中国选择》,载《环球法律评论》2011 年第 5 期。

23. 甘培忠、彭运朋:《论证券虚假陈述民事赔偿中系统风险所致损失数额的认定》,载《甘肃社会科学》2014 年第 1 期。

24. 郭锋:《从大庆联谊股东诉讼案谈中国证券民事赔偿制度的构建》,载《法学杂志》2006 年第 1 期。

25. 郭锋:《内幕交易民事责任构成要件探讨》,载《法律适用》2008 年第 4 期。

26. 郭锋:《虚假陈述侵权的认定及赔偿》,载《中国法学》2003 年第 2 期。

27. 郭佳宁:《侵权责任免责事由类型体系的建构》,载《行政与法》2010 年第 4 期。

28. 郭雳:《证券欺诈法律责任的边界——新近美国最高法院虚假陈述判例研究》,载《中外法学》2010 年第 4 期。

29. 贺剑:《诉讼外和解的实体法基础——评最高人民法院指导案例 2 号》,载《法学》2013 年第 3 期。

30. 洪艳蓉:《证券投资者保护基金的功能与运作机制——基于比较法的制度完善》,载《河北法学》2007 年第 3 期。

31. 胡金焱、郭峰:《有效市场理论论争与中国资本市场实践——2013 年度诺贝尔经济学奖获奖成就实证检验》,载《经济学动态》2013 年第 12 期。

32. 黄辉:《中国证券虚假陈述民事赔偿制度——实证分析与政策建议》,载《证券法苑》2013 年第 2 期。

33. 季秀平、王朋:《证券内幕交易及其法律规制》,载《南京社会科学》1998年第3期。

34. 贾纬:《操纵市场行为的认定及其民事责任》,载《人民司法》2007年第17期。

35. 贾纬:《审理证券市场虚假陈述民事赔偿案件的几个疑难问题》,载《人民司法》2002年第5期。

36. 贾纬:《证券市场侵权民事责任之完善》,载《法律适用》2014年第7期。

37. 贾纬:《证券市场虚假陈述民事案件的赔偿范围》,载《人民司法》2002年第11期。

38. 江帆:《经济法实质正义及其实现机制》,载《环球法律评论》2007年第6期。

39. 金香兰:《中美证券内幕交易的法律责任及其启示》,载《延边大学学报(社会科学版)》2011年第2期。

40. 李开国:《侵权责任构成理论研究——一种新的分析框架和路径的提出》,载《中国法学》2008年第2期。

41. 李游:《证券内幕交易主体范围研究》,载《时代法学》2015年第4期。

42. 李有星、杨楠:《论我国内幕交易损害赔偿计算方法的建构》,载《时代法学》2012年第6期。

43. 李有星、董德贤:《证券内幕信息认定标准的探讨》,载《浙江大学学报(人文社会科学版)》2009年第6期。

44. 梁上上:《制度利益衡量的逻辑》,载《中国法学》2012年第4期。

45. 梁爽:《日本证券虚假陈述责任法律适用对我国的启示》,载《法学》2011年第1期。

46. 廖升:《操纵证券市场侵权责任之因果关系》,载《法学评论》2017年第1期。

47. 廖升:《诱空虚假陈述侵权责任之因果关系》,载《法商研究》2016年第6期。

48. 刘成墉:《内线交易免责抗辩事由之探讨》,载《铭传大学法学论丛》2011年第15期。

49. 刘道远:《创业板市场强制做市商法律制度研究》,载《河南大学学报(社会科学版)》2011 年第 3 期。

50. 刘东辉:《论“光大证券事件”中的期货内幕交易》,载《西南政法大学学报》2014 年第 5 期。

51. 刘凤根:《信息公平与公平信息披露制度——以证券市场为例》,载《情报杂志》2008 年第 4 期。

52. 刘振:《关于证券市场系统风险所致损失数额的认定》,载《人民司法》2008 年第 11 期。

53. 罗开卷:《利好型内幕信息复牌后未兑现的违法所得认定》,载《人民司法》2014 年第 8 期。

54. 马新彦:《内幕交易惩罚性赔偿制度的构建》,载《法学研究》2011 年第 6 期。

55. 梅夏英:《侵权法一般条款与纯粹经济损失的责任限制》,载《中州学刊》2009 年第 4 期。

56. 缪因知:《证券诉讼在中国——适用前景与改进方略》,载《北方法学》2012 年第 1 期。

57. 彭冰:《建立补偿投资者的证券行政责任机制——针对内幕交易和操纵市场行为》,载《中外法学》2004 年第 5 期。

58. 彭建华、李学辉:《双刃之剑:证券内幕交易民事赔偿诉讼的探究与规制——从光大证券“乌龙指”事件出发》,载《法治论坛》2014 年第 4 期。

59. 齐恩平、吕永学:《证券欺诈民事责任研究》,载《金融研究》2002 年第 3 期。

60. 孙笑侠:《法的形式正义与实质正义》,载《浙江大学学报(人文社会科学版)》1999 年第 5 期。

61. 汤欣、高海涛:《我国内幕交易案件中违法所得的算定及判罚——兼论域外法律实践及其启示》,载郭锋主编:《证券法律评论》,中国法制出版社 2015 年版。

62. 汤欣、高海涛:《证券市场操纵行为认定研究——行政处罚案例的视角》,载《当代法学》2016 年第 4 期。

63. 唐国平、黄帅:《有效市场:假说还是理论——基于现有研究成果的述评与展望》，载《湖北社会科学》2015 年第 10 期。

64. 田宏杰：《操纵证券市场行为的本质及其构成要素》，载《国家行政学院学报》2013 年第 3 期。

65. 投保基金公司专项补偿基金工作组：《证券市场投资者保护新机制探索》，载《证券市场导报》2015 年第 3 期。

66. 王坤等：《香港证券投资者赔偿基金制度改革评析》，载《证券市场导报》2005 年第 9 期。

67. 王轶：《民法典的规范类型及其配置关系》，载《清华法学》2014 年第 6 期。

68. 王越、郭献朝：《内幕交易罪违法所得的计算方法》，载《人民司法》（应用）2016 年第 22 期。

69. 王竹：《论连带责任分摊请求权——兼论不具有分摊能力连带责任人份额的再分配方案》，载《法律科学》2010 年第 3 期。

70. 吴昉昱：《我国证券内幕交易主体之理论解读与规则构建》，载《政治与法律》2015 年第 7 期。

71. 谢杰：《操纵证券市场民事诉讼机制——美国经验与中国选择》，载《财经 · 金融实务》2012 年第 2 期。

72. 谢晓霞：《有效市场假设理论在上海股市的实证检验》，载《经济体制改革》2007 年第 2 期。

73. 杨峰：《美国、日本内幕交易民事责任因果关系比较研究》，载《环球法律评论》2006 年第 5 期。

74. 杨峰：《操纵证券市场民事责任因果关系认定规则之完善——从对美国、日本相关规定的比较出发》，载《法商研究》2006 年第 6 期。

75. 杨立新：《多数人侵权行为及责任理论的新发展》，载《法学》2012 年第 7 期。

76. 杨明宇：《证券发行中不实陈述的民事责任研究》，载《证券法律评论》2001 年第 1 期。

77. 叶金强：《共同侵权的类型要素及法律效果》，载《中国法学》2010 年第 1 期。

78. 叶林：《证券投资者保护基金制度的完善》，载《广东社会科学》2009

年第1期。

79. 苑多然:《内幕交易的认定及其民事责任》,载《人民司法》2007年第17期。

80. 张爱球:《诉讼功能论》,载《政法论坛》2000年第1期。

81. 张斌:《内幕交易中因果关系认定和赔偿数额确定》,载《人民司法》2008年第22期。

82. 张东昌:《证券先行赔付制度的法律构造——以投资者保护基金为中心》,载《证券市场导报》2015年第2期。

83. 张锰霖:《从"过错"视角修正一般侵权责任的构成要件》,载《西华大学学报(哲学社会科学版)》2014年第3期。

84. 张平华:《连带责任的弹性不足及其克服》,载《中国法学》2015年第5期。

85. 张小妮:《证券市场内幕信息重大性认定研究》,载《私法研究》2014年第2期。

86. 张新宝:《设立大规模侵权损害救济(赔偿)基金的制度构想》,载《法商研究》2010年第6期。

87. 赵旭东:《内幕交易民事责任的价值平衡与规则互补——以美国为研究范本》,载《比较法研究》2014年第2期。

88. 赵旭东:《内幕交易民事责任的司法政策与导向》,载《法律适用》2013年第6期。

89. 周伦军:《从不当得利到损害赔偿:内幕交易民事责任的逻辑演进——〈证券法〉修订草案第92条之评析》,载《法律适用》2015年第8期。

90. 朱樊丽:《熔断机制的中国本土化及其法律适用——以2016年我国A股开市首日触发熔断为视角》,载郭锋主编:《证券法律评论》2016年卷。

91. 朱岩:《论侵权责任法的目的与功能——兼评〈中华人民共和国侵权责任法〉第1条》,载《私法研究》2010年第2期。

92. 主力军:《欧盟禁止内幕交易制度的立法实践及启示》,载《政治与法律》2009年第5期。

四、中文文集

1. 陈晨:《操纵证券市场犯罪要素认定的司法观察》,载黄红元、卢文道主编:《证券法苑》第21卷,法律出版社2017年10月版。

2. 陈莹、赖朝晖、李心丹:《内幕交易违法所得计算中对期初持股的处理——基于境外的典型案例与统计分析》,载黄红元、徐明主编:《证券法苑》第13卷,法律出版社2014年12月版。

3. 窦鹏娟:《探索证券内幕交易投资者损害救济的新路径》,载黄红元、徐明主编:《证券法苑》第9卷,法律出版社2013年11月版。

4. 高海涛:《试论信息型操纵的违法性及防控对策》,载黄红元、卢文道主编:《证券法苑》第22卷,法律出版社2017年12月版。

5. 刘连煜:《虚假陈述(财报不实)损害赔偿之真实价格如何认定及投资人是否与有过失问题——台湾地区"最高法院"2013年度台上字第1294号等民事判决研究》,载黄红元、徐明主编:《证券法苑》第16卷,法律出版社2016年5月版。

6. 彭冰:《内幕交易行政处罚案例初步探究》,载徐明主编:《证券法苑》第3卷,法律出版社2010年12月版。

7. 上海市第二中级人民法院课题组:《证券市场内幕交易民事赔偿责任问题研究》,载黄红元、徐明主编:《证券法苑》第18卷,法律出版社2016年12月版。

8. 汤欣、高海涛:《操纵市场行政处罚案例全景观察》,载黄红元、卢文道主编:《证券法苑》第18卷,法律出版社2016年12月版。

9. 中国社会科学院课题组:《证券法律责任制度完善研究》,载黄红元、徐明主编:《证券法苑》第10卷,法律出版社2014年3月版。

五、外文文献

1. Restatement (Second) of Contract, Chapter 7, § 159.

2. Stanford J. Grossman, Oliver D. Hart, *An Analysis of the principal-agent problem*, Econometrica, Vol. 14, 1983.

3. George A. Akerlof, *The Market of Lemons*, Quarterly Journal of

Economics, No. 84, 1970, August.

4. Eugene Fama, *The Behavior of Stock Market Prices*, Journal of Business, January, Vol. 38, 1965.

5. James D. Cox, Rober W. Hillman, Donald C. Langevoort, *Securities Regulation, Cases and Materials.*

6. Richard A. Booth, *Insider Trading: There Ought to Be a Law-or Not*, Regulation, Vol. 38, 2015.

7. W. Wang and M. Steinberg, *Insider Trading*, 3rd edition, Oxford University Press, 2011.

8. Thomas Lee Hazen, *Treaties on the Law of Securities Regulation*, West Publishing, 2009.

9. Richard Jooste, *A Critiaue of The Insider Provisions of the* 2004 *Securities Services Act*, South African Law Journal, Vol. 123, 2006.

10. H. M. Friedman, *The Insider Trading and Securities Fraud Enforcement Act of* 1988, North Carolina Law Review, Vol. 68, 1990.

11. Neha Jain, *Significance of Mens Rea in Insider Trading*, Company Lawyer, Vol. 25, 2004.

12. Donald C. Langevoort, *Insider Trading: Regulation, Enforcement, and Prevention*, West, a Thomson Business, Vol. 18, 2004.

13. D. L. Ratner, *Securities Regulation*, West Group & Law Press, 2009.

14. Donald C. Langevoort, "*Fine Distinctions*" *in the Contemporary Law of Insider Trading*, Columbia Business Law Review, Vol. 249, 2013.

15. Daniel R. Fischel, David J. Ross, *Should the Law Prohibite Manipulation in Financial Market*? Harvard Law Review, Vol. 105, 1991.

16. S. Austin King, *Proffering the Right Evidence: Proving Loss Causation and Damages under SEC Rule* 10*b* - 5, North Carolina Banking Institute, Vol. 2, 2013.

17. Korsmo Charles. Mismatch, *The Misuse of Market Efficiency in Market Manipulation Class Actions*, William & Mary Law Review, Vol. 52, 2011.

18. Jill E. Fisch, Jonah B. Gelbach, Jonathan Klick, *The Logic and Limits*

of Event Studies in Securities Fraud Litigation, Texas Law Review, Vol. 96,2018.

19. James D. Cox, Randall S. Thomas, Dana Kiku, *SEC Enforcement Heuristics: An Empirical Inquiry*, Duke Law Journal, Vol. 53,2003.

20. Tara E. Levens, *Too Fast, Too Frequent? High-Frequency Trading and Securities Class Actions*, University of Chicago Law Review, Vol. 82,2015.

21. Alkhamees Ahmad, *Private Action as A Remedy Against Market Manipulation in the USA*, Journal of Financial Regulation and Compliance, Vol. 20,2012.

后　　记

证券侵权民事赔偿标准是投资者有效主张证券侵权民事赔偿诉讼请求的关键,也是人民法院处理证券侵权民事诉讼案件中确定损害赔偿责任的难题。目前我国证券侵权民事赔偿标准尚未完全明确,现有制度构建限于虚假陈述民事赔偿,内幕交易和操纵市场的民事赔偿标准尚未形成。同时证券侵权民事赔偿标准与投资求偿模式之间关联关系尚缺乏体系化总结,先行赔付等替代性赔偿机制仍缺乏有效制度供给。进一步对证券侵权民事赔偿标准进行系统性的深化研究,有助于落实证券侵权民事责任并夯实投资者民事权利救济制度基础。我国《证券法》修订经过全国人大常委会四次审议,于2019年12月28日正式通过,但除原则性明确了先行赔付制度之外,在证券侵权民事赔偿问题上并未有太多突破,相关研究和立法仍然有进一步完善的空间。

在冯果教授的带领下,武汉大学资本市场法治研究中心致力于研究资本市场的重大理论和实践问题,其中证券法相关研究一直是团队研究的重点。在司法机关处理证券侵权类案件中确定民事赔偿责任的难题日益紧迫的背景下,团队承接了有关机关委托的研究课题任务,专门就证券侵权民事损害赔偿标准进行了相对深入的研究,并形成了本书成果。本书围绕证券侵权民事赔偿标准这一命题,结合具体证券侵权行为,按照“共性规律+特殊规则”的思路,一方面,从证券侵权一般规律抽象出证券侵权民事赔偿标准的范畴与要素;另一方面,结合具体证券侵权行为特殊性确定民事赔偿的具体标准与规则,为证券侵权民事赔偿提供理论基础和规则依据。

本书是武汉大学资本市场法治研究中心集体智慧的结晶。本书由本人牵头,与张弋羲博士、张阳博士、阎维博博士、张梁博士、张东昌博士共同撰写,刘雅琨、李洪健、卢宇等同学也为本书撰写工作作出了重要贡献。我的研究生唐峰和李雅荣参与了书稿整理与部分校对工作。团队成员严谨治学、认真负责的态度值得赞许。经冯果教授首肯和法律出版社沈小英、陈妮等编辑老师同意,将本书纳入"金融创新与法治发展丛书",是对本书作者团队莫大的鼓励。黄筝编辑和张泽华编辑对本书编校工作付出了大量的心血,她们的精益求精和耐心包容令人感动。

研究证券侵权民事赔偿标准这一复杂的问题,对我们作者团队都是巨大挑战。囿于知识结构和研究能力等诸多限制,本书对问题的剖析和提出的建议难言完美,我们不揣浅显汇集成书。因此本书与其说是"成果",倒不如说是对证券侵权民事赔偿标准的学习总结和整理,并就一些粗浅思考向学界和实务界方家求教的汇报,也算是和同门师兄弟们共同学习的纪念。

此记。

袁　康

初稿　2020 年 3 月 10 日　于珞珈山

定稿　2021 年 10 月 16 日　于珞珈山